U0634129

権威·前沿·原创

皮书系列为
"十二五""十三五""十四五"时期国家重点出版物出版专项规划项目

BLUE BOOK

智库成果出版与传播平台

广州蓝皮书

BLUE BOOK OF GUANGZHOU

广州国际商贸中心发展报告
（2025）

ANNUAL REPORT ON INTERNATIONAL COMMERCE AND
TRADE CENTER DEVELOPMENT OF GUANGZHOU (2025)

组织编写／广州市社会科学院

主　　编／张跃国
副 主 编／伍　庆
执行主编／何　江　魏　颖

社会科学文献出版社
SOCIAL SCIENCES ACADEMIC PRESS (CHINA)

图书在版编目（CIP）数据

广州国际商贸中心发展报告 . 2025 / 张跃国主编；
伍庆副主编；何江，魏颖执行主编 . --北京：社会科
学文献出版社，2025.8. --（广州蓝皮书）. --ISBN
978-7-5228-5750-3

Ⅰ . F752.865.1

中国国家版本馆 CIP 数据核字第 2025B4P810 号

广州蓝皮书

广州国际商贸中心发展报告（2025）

主　　编 / 张跃国
副 主 编 / 伍　庆
执行主编 / 何　江　魏　颖

出 版 人 / 冀祥德
组稿编辑 / 任文武
责任编辑 / 高振华
文稿编辑 / 张　爽
责任印制 / 岳　阳

出　　版 / 社会科学文献出版社·生态文明分社（010）59367143
　　　　　　地址：北京市北三环中路甲 29 号院华龙大厦　邮编：100029
　　　　　　网址：www.ssap.com.cn
发　　行 / 社会科学文献出版社（010）59367028
印　　装 / 天津千鹤文化传播有限公司

规　　格 / 开　本：787mm×1092mm　1/16
　　　　　　印　张：20.5　字　数：306 千字
版　　次 / 2025 年 8 月第 1 版　2025 年 8 月第 1 次印刷
书　　号 / ISBN 978-7-5228-5750-3
定　　价 / 128.00 元

读者服务电话：4008918866

《广州国际商贸中心发展报告（2025）》
编辑委员会

主要编撰者简介

张跃国 广州市社会科学院党组书记、院长,研究员,广州市法学会第七届理事会副会长。在权威期刊发表学术论文和理论文章多篇,主编系列丛书、集刊。多次主持或参与广州市委全会和党代会报告起草、广州市发展规划研究编制、广州经济形势分析与预测研究、广州城市发展战略研究、广州南沙新区发展战略研究和规划编制、广州老城市新活力理论内涵和战略策略研究,以及广州市委、市政府多项重大政策文件起草。

伍 庆 博士,研究员。现任广州市社会科学院副院长,广州城市战略研究院院长、广州一带一路研究中心主任、广州国际交往研究院院长,广州市人民政府决策咨询专家。主要研究领域为全球城市、国际交往。主持完成国家社会科学基金项目1项,省部级社科规划课题8项,决策咨询课题50余项。出版专著4部,发表各类论文30余篇。广东省第十四届人大代表,广东省人大外事委员会副主任委员。

何 江 广州市社会科学院国际商贸研究所所长,经济学副研究员。主要从事应用经济学研究,主要研究领域为产业经济学、数量经济学、流通经济学等。主持和参与省、市各类课题数十项,公开发表论文20余篇,研究成果曾获广东省哲学社会科学优秀成果奖二等奖和广州市哲学社会科学优秀成果奖二等奖。

魏　颖　广州市社会科学院国际商贸研究所经济学副研究员，兼任广州市公共绩效管理研究会常务理事，系第四届广州市宣传思想文化优秀人才第二层次培养对象。主要研究领域为城市经济、现代服务业和商贸流通业等。出版专著 2 部，参与编撰书籍 4 部，在国内核心期刊公开发表论文 20 余篇。近年来主持省、市级社科规划课题 6 项，承担和参与各级政府委托的应用决策研究课题 60 多项，10 余项决策咨询课题获得市委、市政府领导正面批示。

摘　要

　　《广州国际商贸中心发展报告》作为"广州蓝皮书"系列之一，由广州市社会科学院组织编写，社会科学文献出版社出版，被列入"中国皮书系列"并在全国公开发行，每年出版一册。本书是社会各界了解广州国际商贸中心发展情况、特点和趋势的重要参考读物，也是专家学者、业界人士和政府工作人员探讨广州国际商贸中心发展情况、总结经验、相互交流的重要平台。

　　《广州国际商贸中心发展报告（2025）》由6个部分组成，依次是总报告、国际消费中心篇、自贸区发展篇、对外经贸篇、商贸业运行篇及附录。全书共收录了广州市科研机构、高等院校和政府部门及业界专家学者的研究报告或论文18篇。

　　第一部分为总报告，由广州市社会科学院国际商贸研究所组织撰写。报告回顾了2024年广州国际商贸中心建设的主要成效、重要进展，对2025年及未来一段时间广州面临的全球环境、国内环境及区域环境做出分析，并对其形势和趋势进行研判，在此基础上报告采用建模预测与经验分析相结合的方法，对广州商贸业的主要指标进行预测，最后提出促进广州国际商贸中心建设的对策建议。

　　第二部分为国际消费中心篇，包括6篇文章。《广州商业新质生产力评价与比较分析》构建了适用于广州商业的新质生产力评价指标体系，研究显示2013~2023年广州商业发展经历了传统业态冲击、转型调整与创新发展的阶段变化。《从历史文化街区到城市IP：广州老城区文商旅提质路径研究》《广州首发经济发展模式的路径创新与对策建议》《应对街铺空置的国际国内经验及广州策略》3篇文章均采用了国内外经验借鉴、对标对比、案例研究等方法，探讨了广州老城区文商旅、首发经济、商业街铺建设问题。《推动广州时尚产业国际化 助力国际消费中心城市建设》分析了广州时尚产业国际化发展优势及现实制约，并从构建广州"时尚之都"城市形象、激发时尚产业"链式效应"、构建开放创新的生态系统等方面，提出广州时尚产业国际化的战略思路及实施路径。《推动广州养老服务业扩容提质增效的对策研究》针对广州养老服务业发展现状和问题，提出多项举措，推动银发经济扩容提质增效，将老龄化挑战转化为内需增长动能。

第三部分为自贸区发展篇，包括《以稳步扩大制度型开放为引领，深入实施南沙自贸区提升战略》《实施南沙自贸区提升战略的研究和建议》《对标自贸港推进南沙自贸区跨境金融高质量发展研究》3篇文章。这些文章对标国内先进自贸区，分别探讨了中国（广东）自由贸易试验区广州南沙新区片区扩大制度型开放、促进贸易投资便利化、打造特色产业集群、推进跨境金融等问题。

第四部分为对外经贸篇，包括4篇文章。《以对外贸易的高质量发展赋能广州中心型世界城市建设》探讨了广州外贸持续高质量发展赋能中心型世界城市建设的路径。《广州巩固国际会展之都地位的挑战与对策》论述了"二次创业"背景下广州会展业发展新使命，分析了全球会展业发展的动向与趋势、广州会展业的现状与问题，提出了巩固和提升广州国际会展之都地位与功能的对策建议。《广州市场采购贸易体系重构与转型升级研究》《推动广州汽车产业出海高质量发展的难点及建议》分别以市场采购、汽车出海为研究对象，探讨了广州外贸新业态的发展情况。

第五部分为商贸业运行篇，包括4篇文章。主要分析了广州消费、外贸、餐饮、会展等不同商贸领域的发展形势，并提出促进其高质量发展的对策。

第六部分为附录，收录了2012~2024年广州市商贸业发展指标。

关键词： 国际商贸中心 国际消费中心 商贸业

Abstract

As one of Guangzhou Blue Book series, Guangzhou Commerce and Industry Report into Guangzhou International Business Center Development Report is compiled under the joint organization of Guangzhou Academy of Social Sciences and Guangzhou Bureau of Commerce , published by Social Sciences Academic Press, listed in "China Red Data Book" series and published in public throughout China. One volume is edited and published every year. This book is an important reference reading book for government staffs, vast science researchers and social public to comprehend the construction and development conditions, characteristics and trends of Guangzhou International Business Center, and one important platform for specialists and scholars, experts of the industry to discuss the development of Guangzhou International Business Center, summarize experience and have mutual communication.

Guangzhou International Business Center Development Report (*2025*) comprises seven major sections: the General Report, International Consumption Hub, Development of Free Trade Zones, Foreign Trade and Economic Cooperation, Commerce and Trade Operations and Appendix. The book contains 18 research reports or papers of experts and scholars from scientific research institutions, colleges and universities, government and industry in Guangzhou.

Part I: General Report, presented by the Research Group of the Guangzhou Academy of Social Sciences, mainly examines the key achievements and advancements in establishing the Guangzhou International Commerce and Trade Center in 2024. This part examines the global, domestic, and regional context Guangzhou will face in 2025 and beyond and assesses trends and developments. The report combines modeling predictions and empirical analysis to predict key indicators of Guangzhou's commerce and trade industry. Finally, it proposes strategic plans for further developing the Guangzhou International Commerce and Trade Center.

Part II: International Consumption Hub. It comprises seven papers. The first paper, "Evaluation and Comparative Analysis of New Quality Productive Forces in Guangzhou's Commerce Sector," develops an assessment index system tailored to the new quality productive forces in Guangzhou's commerce sector. It reveals that from 2013 to 2023, the city underwent phase transitions— impacts from the traditional sector, transformation adjustments, and innovative development. Four papers, including "From Historic Districts to Urban IP: A Study on Enhancing the Cultural, Commercial, and Tourism Quality of Guangzhou's Old Towns," "Path Innovation and Countermeasures for Guangzhou's Debut Economic Development Model," "Research on Strategies for Developing the Yacht Economy in Guangzhou," and "International and Domestic Experiences in Addressing Vacant Street Shops and Guangzhou's Strategies," employ methods such as international best practices, comparative benchmarking, and case studies to explore cultural-commercial-tourism development, debut economies, the yachting industry, and development of street shops in Guangzhou. The paper "Promoting the Internationalization of Guangzhou's Fashion Industry to Support the Construction of an International Consumption Center City" analyzes the city's strengths and constraints in fashion globalization. It proposes strategies, such as shaping Guangzhou's "Fashion Capital" city image, fostering industrial chain synergies, and cultivating an open innovation ecosystem to drive internationalization. Finally, "Strategies for Expanding, Improving, and Enhancing Guangzhou's Elderly Care Services Industry" addresses current challenges facing the development status of Guangzhou's elderly care services. It offers measures across six aspects to boost the senior economy and transform aging-related pressures into drivers of domestic demand growth.

Part III: Development of Free Trade Zones. It features three papers, including "Steadily Advancing Institutional Opening-up to Lead the Upgrading Strategy of Nansha Free Trade Zone," "Research and Recommendations on Implementing the Upgrading Strategy of Nansha Free Trade Zone," and

"Aligning with Free Trade Port Standards to Promote High-Quality Cross-Border Finance in the Nansha Free Trade Zone. " These articles benchmark against leading domestic free trade zones. They explore topics such as expanding institutional openness, facilitating trade and investment, fostering specialized industrial clusters, and advancing cross-border finance in the Guangdong Pilot Free Trade Zone's Nansha New Area.

Part IV: Foreign Trade and Economic Cooperation. It comprises four papers. The first paper, "Empowering Guangzhou's Development as a Central World City Through High-Quality Foreign Trade," explores how sustained, high-quality foreign trade can drive Guangzhou's growth as a central world city. Two studies, including "Research on the Reconstruction and Transformation of Guangzhou's Market Procurement Trade System" and "Challenges and Recommendations for Promoting the High-Quality Development of Guangzhou's Automotive Industry Export Sector," examine emerging models in Guangzhou's foreign trade. They focus on market procurement and automotive exports, respectively. The final paper, "Challenges and Strategies for Guangzhou to Strengthen Its Position as an International Convention and Exhibition Hub," discusses the new mission of Guangzhou's exhibition industry within the framework of its "second entrepreneurship" and analyzes global trends in the sector. It also assesses the current state and challenges of Guangzhou's exhibition industry and proposes strategies to consolidate and enhance Guangzhou's position as a global exhibition capital.

Part V: Commerce and Trade Operations includes four articles, mainly discussing the development trends of various sub-sectors within Guangzhou's commerce and trade industry (consumption, foreign trade, exhibitions, and catering). Key issues within the industry are broadly examined, and relevant suggestions are proposed.

Part VI: Appendix includes the key development indicators of Guangzhou's commerce and trade industry from 2012 to 2024.

Keywords: International Trade Center; International Consumption Center; Commerce

目 录 ⤵

I 总报告

II 国际消费中心篇

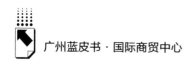

Ⅲ 自贸区发展篇

Ⅳ 对外经贸篇

Ⅴ 商贸业运行篇

皮书数据库阅读**使用指南**

CONTENTS 🡒

I General Report

II International Consumption Hub

III   Development of Free Trade Zones

IV   Foreign Economic and Trade

V Commerce and Trade Operations

总报告 ⧖

B.1
2024年广州国际商贸中心发展
形势分析与2025年展望

何江 魏颖 张小英*

摘　要： 2024年，广州积极落实稳增长促消费政策"组合拳"，着力推动商贸业高质量发展，国际消费中心城市建设取得新进展，国际商贸中心发展水平继续位居全国前列。商贸业实现稳健发展，社会消费品零售总额、商品进出口总额连续4年双双超过10000亿元。消费市场整体展现较强韧性，全年社会消费品零售总额增长0.03%，吃用类刚需消费规模扩大，医药类健康消费水平提升，家装家电、办公类焕新消费显成效，时尚消费及文娱体育消费增势明显。电子商务发展保持良好态势，线上消费品零售额占比持续提高，直播销售额、活跃店铺数位居全国第一。会展业延续了强劲的发展势头，展览场次和面积稳居全国第2位，国际性展会数量大幅增加，展会数智

---

* 何江，广州市社会科学院国际商贸研究所所长、副研究员，研究方向为产业经济学、数量经济学、流通经济学等；魏颖，广州市社会科学院国际商贸研究所副研究员，研究方向为城市经济、现代服务业和商贸流通业等；张小英，广州市社会科学院国际商贸研究所副所长、研究员，研究方向为商贸流通、商业地理与城市经济。

化绿色化转型步伐加快。商品进出口总额稳步增长,商品结构优化升级,贸易新业态蓬勃发展。餐饮业规模增速放缓,多元化、品质化、数字化发展特征明显。广州积极探索新业态新模式,专业市场优化升级取得显著成效。机场旅客吞吐量在全国单个机场排名第二,主要物流指标均实现正增长。展望2025年,广州商贸业的主要指标有望实现稳步增长,预计2025年广州社会消费品零售总额增长5.0%,商品进出口总额增长4.8%。今后广州要从国际消费中心城市建设、外贸高质量发展、国际会展之都建设、世界级航空航运枢纽打造等方面发力,推动国际商贸中心高质量发展。

关键词: 国际商贸中心　国际消费中心　商贸业　高质量发展

一　2024年广州国际商贸中心发展情况分析

2024年是实施"十四五"规划目标任务的关键一年。中国经济面临国际地缘政治冲突加剧、贸易保护主义抬头等超预期挑战。面对世界经济复苏乏力、国际地缘政治冲突加剧、贸易保护主义抬头以及国内有效需求不足、新旧动能转换阵痛释放的新形势新挑战,广州坚持以习近平新时代中国特色社会主义思想为指导,深入贯彻省委"1310"具体部署及市委"1312"思路举措,积极落实落细稳增长促消费政策"组合拳",强化政策统筹协调,以务实举措着力推动商贸业高质量发展,国际消费中心城市建设取得新进展,国际商贸中心功能进一步优化提升。

2024年,广州消费市场和对外贸易规模进一步扩大,社会消费品零售总额、商品进出口总额连续4年双双超过10000亿元。广州全年实现社会消费品零售总额11055.77亿元,在国内主要城市中排名第四,同比增长0.03%,在北京、天津、上海、重庆、广州、深圳、苏州、杭州八大城市中,增速排名第五。全年实现商品进出口总额11238.4亿元,增长3.0%,进出口规模在2024年全国进出口额十强城市中排名第七。2024年,广州会展、物流等商贸指标也继续位居全国前列。全市重点场馆举办展览358场，展览面积为1185.55万平方米，场次和面积均居全国第2位。机场旅客吞吐量为7636.93万人次，同比增长20.9%，在国内单个机场中客流量排名第二；机场货邮吞吐量增长17.3%，达238.25万吨，全国排名第二。广州港口货物吞吐量同比增长1.8%，达68741.07万吨，位居全国第五；集装箱吞吐量同比增长4.1%，达2645.13万标箱，位居全国第五、全球第六。

（一）消费市场稳步恢复向好，消费结构持续优化调整

1.国际消费中心城市建设成效显著

2024年，广州国际消费中心城市建设取得了一系列成效。推动商圈多核发展，打造"世界级、都会级、区域级"三级商圈体系，以及"5+2+4+22"商圈格局，认定首批15个都会级羊城夜市先行区，建设3个中西特色美食集聚区，广州塔广场正式开业并积极创建国家5A级旅游景区，成功获批开设市内免税店。集聚优质消费资源，商业活跃度更高，全市实有各类市场主体367.07万户，同比增长8%，较2020年增长36%。评选首批"必购必带"城市礼物67件。围绕1.6公里的超长海岸线，打造近20万平方米的大型商业项目。"珠江夜游"品质显著提升，2024年接待游客427万人次，同比增长3.09%，"湾区珠江游"入选全国交通运输与旅游融合发展示范案例。成功举办一系列促消费活动，召开第二届全球消费者大会，大力开展消费品以旧换新活动，消费品以旧换新工作资金规模和核销速度居全省第一，带动消费418.7亿元。发放1亿元餐饮消费券，打造"食在广州"金字招牌。积极推动首发经济发展，印发《广州市鼓励发展首店首发经济的若干措施》，对20个首店首发项目予以834万元财政资金支持，带动社会投资约6500万元。第136届广交会期间，举办435场新品首发活动，展出新品115万件。认定首批32个地标性首发载体，全年共引入404家首店，涵盖餐饮、时尚、娱乐、体育、健康等领域。营造国际化消费环境，商圈、会展等外来消费重点区域外卡POS机覆盖率大大提高，根据中国人民银行广东省分行数据，广州市重点涉外区域可受理外卡

商户比例超99%，全市移动支付"外卡内绑"及"外包内用"交易金额超25亿元，市内可受理外卡的ATM机覆盖率超99%，外币代兑机构、外币自助兑换机和特许兑换机构营业点达125个。离境退税商店数量从2023年的93家增加至349家。多语种公共服务平台全年话务量同比增长65.87%，满意率达100.00%。消费者满意度稳步提升，2024年中国消费者协会发布的《2024年100个城市消费者满意度测评报告》显示，广州消费者满意度综合排名跃居全国第9位，较2023年上升2个位次，在全国5个国际消费中心城市试点中排名靠前。[①] 政策引领性更强，在商务部组织的国际消费中心城市中期评估中，广州综合排名全国前三，政策引领度全国第一。

2. 社会消费品零售总额连续4年超万亿元

商务部将2024年定为"消费促进年"，广州陆续出台一系列扩内需促消费政策，集聚优质消费资源，创新多元化消费场景，打造国际化消费环境，不断激发消费潜能，推动广州消费品市场规模进一步扩大。2024年，广州实现社会消费品零售总额11055.77亿元，连续4年超万亿元，同比增长0.03%（见图1），增速在5个国际消费中心城市中排第二，高于上海（-3.1%）、北京（-2.7%）、天津（-3.1%），不及全国平均水平（3.5%）、广东（0.8%）、重庆（3.6%）（见图2）。从各月累计增速来看，1~2月社会消费品零售总额累计增速为6.5%，逐步回落到1~7月的-0.3%，增速自2023年以来首次为负；1~8月降幅扩大，为-0.5%；随着"两新"政策效应持续释放，消费品市场加速回暖，1~9月同比增长0.1%；1~10月增速进一步回升至0.5%；全年消费品市场以微增收官，同比增长0.03%。从当月增速来看，受需求不足、极端天气、网络零售和汽车零售增长乏力等因素影响，当月增速波动明显，3月同比下降2.5%；4月、5月降幅收窄；6月运行承压、降幅扩大，同比下降9.6%；从7月开始，当月增速呈回升企稳

①《广州市消费者满意度稳步提升，跻身全国前十》，广州市市场监督管理局网站，2025年3月17日，https://scjgj.gz.gov.cn/gkmlpt/content/10/10161/post_10161671.html#765。

态势；9月、10月随着消费品以旧换新等促消费活动密集落地，消费品市场快速回暖，同比增速为4.2%；各种促销策略刺激使得一些消费者产生提前消费的行为，11月、12月促销效应有所减弱，增速又回落至负区间（见图3）。

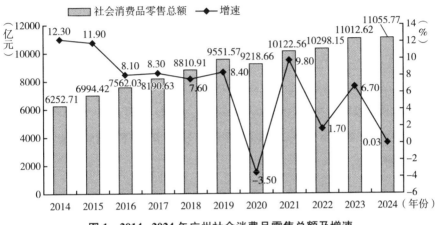

图1　2014~2024年广州社会消费品零售总额及增速

资料来源：根据2014~2024年《广州统计年鉴》和《2024年广州市国民经济和社会发展统计公报》整理。

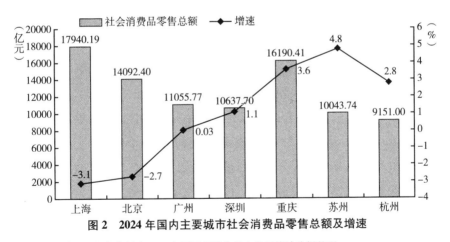

图2　2024年国内主要城市社会消费品零售总额及增速

资料来源：根据各城市2024年国民经济和社会发展统计公报整理。

3. 消费结构调整持续深化

2024年广州消费市场内部呈现以下特征。一是批发和零售业市场规模

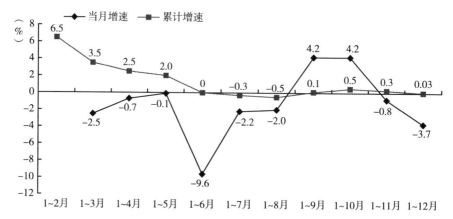

图3 2024 年广州社会消费品零售总额当月增速及各月累计增速

资料来源：广州统计信息网。

超万亿元，住宿和餐饮业市场运行表现好于批发和零售业。广州市批发和零售业规模连续两年超过 1 万亿元，2024 年达 10090.84 亿元，占社会消费品零售总额的91.3%，占比下降0.1 个百分点，增长动力较弱，有待进一步挖掘消费热点。限额以上住宿和餐饮业实现零售额 964.93 亿元，占社会消费品零售总额的8.7%，增速从上年的23.3%放缓至1.8%。二是吃用类刚需消费规模扩大，医药类健康消费水平提升。2024 年限额以上批发和零售业粮油食品类商品实现零售额 590.90 亿元，增长 9.0%。2024 年限额以上批发和零售业日用品类商品实现零售额 359.27 亿元，增长 5.3%，增速比上年提高 10.9 个百分点。2024 年限额以上批发和零售业中西药品类商品实现零售额 521.08 亿元，增长 5.2%，增速比上年提高 3.4 个百分点，拉动社会消费品零售总额增长 0.2 个百分点。三是消费品以旧换新政策成效显著，家装家电、办公类商品焕新消费显成效。广州积极推进消费品以旧换新专项行动落实落地，2024 年限额以上批发和零售业家具类商品表现良好，实现零售额 52.72 亿元，增长 55.4%，增速比上年提高 46.7 个百分点。限额以上批发和零售业文化办公用品类、家用电器和音像器材类商品分别实现零售额 218.77 亿元、307.43 亿元，同比分别增长 9.6%、4.5%。其中，计算机及其配套产品实现零售额 202.16 亿元，增长 10.1%。四是消费升级特征明显，时尚消费及文娱体育消费增势明显。美妆类时尚消费潜力不断增强。广州不断加强化妆品品牌培育和质量提升，打造化妆品产业集群，推动化妆品产业从"大体量"向"高质量"迈进，2024年限额以上批发和零售业化妆品类商品实现零售额354.09亿元，增长13.8%。体育娱乐类消费热度高涨。在限额以上批发和零售业中，2024年体育娱乐用品类商品实现零售额115.28亿元，增长13.1%，增速比上年提高9.0个百分点。

（二）进出口规模稳步增长，外贸强市建设取得新进展

1. 对外贸易实现高质量发展

2024年，广州坚持以体制机制创新推动外贸高质量发展，出台了推动外贸稳大盘促发展18条、促进汽车出口10条、加快内外贸一体化发展若干措施等政策，推动创新"外综服+专业市场""跨境电商+产业带"模式，积极培育国际分拨集拼重点企业，支持更多中小企业抱团出海，对外贸易实现高质量发展。进出口规模稳步增长。2024年，广州货物贸易进出口总额为11238.38亿元，同比增长3.0%，在2024年全国进出口贸易额十强城市中，广州排第7位（见表1），增速则低于全省（9.8%）和全国平均水平（5.0%），高于北京（-1.0%）和上海（1.3%），但不及深圳（16.4%）、宁波（11.1%）、东莞（8.3%）和苏州（6.8%）等城市。其中，出口额为7005.48亿元，同比增长7.8%，进口额为4232.89亿元，下降4.0%。按美元计价，2024年广州货物贸易进出口总额为1579.58亿美元，同比增长1.7%。其中，出口额为984.61亿美元，同比增长6.4%；进口额为594.97亿美元，同比下降5.2%。贸易顺差进一步扩大，达389.64亿美元。对外开放平台建设取得新进展。花都经开区成功获批升级为国家级经济技术开发区，广州知识城综合保税区优化调整方案获批，南沙综合保税区、白云机场综合保税区全域通过验收，形成"1+4+4+13"（1个自贸试验区、4个国家级经济技术开发区、4个综合保税区、13个外贸转型升级基地）高水平对外开放新格局。南沙综合保税区绩效评价排名全省第一，广州经开区综合发展水平连续7年排名全国第二。

表 1 2024 年国内主要城市货物贸易进出口额及同比增速

单位：亿元，%

城市	进出口		出口		进口	
	金额	增速	金额	增速	金额	增速
深圳	45048.24	16.4	28122.16	14.6	16926.08	19.6
上海	42680.87	1.3	18176.01	4.6	24504.85	-1.0
北京	36083.50	-1.0	6065.50	1.1	30018.00	-1.4
苏州	26193.11	6.8	16368.81	8.5	9824.30	4.1
宁波	14202.50	11.1	9455.30	14.1	4747.20	5.6
东莞	13880.40	8.3	8897.00	5.2	4983.40	14.5
广州	11238.38	3.0	7005.48	7.8	4232.89	-4.0
厦门	9326.12	-1.5	4980.11	11.3	4346.01	-13.0
青岛	9076.70	3.6	5278.20	12.0	3798.50	-6.2
金华	8794.90	14.3	7719.18	16.4	1075.72	0.9

资料来源：各城市 2024 年国民经济和社会发展统计公报。深圳、苏州数据来自 2024 年 12 月统计快报。

2. 对外贸易结构不断优化

从贸易方式来看，广州一般贸易比重持续增加，加工贸易呈现下降趋势。2024 年，广州一般贸易规模达 8031.0 亿元，同比增长 6.5%，一般贸易比重从 2023 年的 69.1%提升到 71.5%；加工贸易规模达 2030.6 亿元，同比下降 5.1%，加工贸易比重从 2023 年的 19.6%下降到 18.1%。从进出口产品结构来看，高新技术产品进出口、机电产品出口均实现较快增长，其占进出口总额的比重不断上升，商品结构持续优化。在出口方面，2024 年广州机电产品出口额为 3166.8 亿元，同比增长 5.4%；其中，劳动密集型产品出口额为 1034.5 亿元，同比下降 7.8%。同期，高新技术产品（与机电产品有交叉）出口额为 809.7 亿元，同比增长 11.8%，增速高于全国平均水平（6.0%）。在进口方面，2024 年广州机电产品进口额为 1375.4 亿元，同比下降 4.9%；高新技术产品进口额为 995.0 亿元，同比增长 6.5%（见表 2）。同期，消费品与农产品（两者有部分交叉）进口额分别为 934.8 亿元和 710.9 亿元，同比分别下降 4.4%和 1.4%。国际消费中心城市作用有效发挥，消费品进口额占全市进口额的22.1%，远高于全国平均水平（9.7%）。从贸易伙伴结构来看，广州外贸市场呈现多元化格局。从主要贸易伙伴来看，前五大贸易伙伴依次是欧盟、东盟、美国、中国香港、日本，其占比分别为16.20%、14.30%、14.20%、7.70%、6.70%，合计59.10%，同比上升0.29个百分点。欧盟是广州第一大贸易伙伴，东盟在广州外贸中的地位也举足轻重，中国香港超越日本。广州与共建"一带一路"国家（地区）实现进出口额4391亿元，占比约为40%。从增速来看，在广州前五大贸易伙伴中，对欧盟进出口同比增长0.8%，对东盟进出口同比下降2.9%，对美国和中国香港进出口同比分别增长11.6%和32.6%，对日本进出口同比下降7.4%。

表2 2024年广州不同贸易方式进出口情况

单位：亿元，%

贸易方式	金额			同比增速		
	进出口	出口	进口	进出口	出口	进口
进出口总额	11238.4	7005.5	4232.9	3.0	7.8	-4.0
其中：一般贸易	8031.0	5141.7	2889.3	6.5	10.9	-0.5
加工贸易	2030.6	1335.1	695.5	-5.1	-0.4	-12.9
其中：机电产品	4542.2	3166.8	1375.4	—	5.4	-4.9
高新技术产品	1804.7	809.7	995.0	—	11.8	6.5

资料来源：广州海关。

3. 外贸新业态发展态势良好

2024年，广州持续推进跨境电商、市场采购等外贸新业态发展，外贸新业态发展保持良好态势。高质量建设国家跨境电商综试区，出台跨境电商高质量发展17条、海外仓高质量发展12条等政策，集聚跨境电商卖家超1.1万家，跨境电商带电货物航空运输实现常态化规模化，希音出口规模超1000亿元，广州跨境电商综试区连续3年位列全国第一档。2024年，广州跨境电商进出口总额为1854.6亿元，同比下降3.3%，占全市进出口总额的16.50%。2024年，广州保税物流方式进出口额为962.1亿元，占进出口总额的比重为8.6%。市场采购贸易提速发展，2024年广州市场采购贸易出口额达 78.5 亿元，同比增长超 23.3%。新认定美博城为市场采购贸易集聚区拓展试点市场，形成 "1 个花都试点+9 个拓区市场" 联动发展格局，优化市场采购出口预包装食品方案。国际航行船舶保税油加注试点加快落地。获批开展高低硫保税燃料油混兑调和试点和国家生物柴油推广应用试点，广州保税燃油加注规模位居全国前列。积极推动汽车平行进口和二手车出口试点，广州港南沙汽车码头成为全国最大的内贸滚装汽车枢纽和第二大平行进口汽车口岸。广州二手车出口数量和金额均居全国前列，2024 年广州二手车出口量达 2.7 万辆，占广东省二手车出口量的 54%。①

（三）电子商务呈现平稳发展态势，直播电商实现高质量发展

1. 电子商务保持平稳发展态势

2025 年广州出台《广州市关于推动电子商务高质量发展的若干措施》，从主体培育、载体建设、融合创新、业态支持等方面提出 19 条政策措施，促进电子商务高质量发展。2024 年，广州市限额以上批发和零售业通过公共网络实现商品零售额 3070.00 亿元，同比增长 3.9%，占社会消费品零售总额的比重达 27.8%，较上年提高 2.1 个百分点。在电子商务的带动下，广州快递业呈现快速发展态势，2024 年广州快递业务量达142.51 亿件，同比增长 21.9%，占广东省快递业务总量的 33.5%，广州快递业务量在全国城市中排名第二，仅次于浙江金华（含义乌）。持续开展品牌线上促消费活动，先后成功举办 2024 全国网上年货节广州专场、第六届双品网购节、"618" 广州电商购物节、广州 "11·11" 城市购物节等大型线上促消费活动。广州积极培育壮大市场主体，推进京东智能供应链产业基地项目、唯品会时尚中心、小红书种草学堂、阿里产地学院等项目落地，吸引了淘天集团旗下自营电商平台喵住、科沃斯、添可等多家主体落地。目前，广州形成以唯品会等本土平台企业为代表，阿里巴巴、

---

① 《广汽商贸汽车出口基地启用，预计今年出口量可翻倍》，南都周刊网站，2025 年 3 月 25 日，https://www.dongchedi.com/article/7485693188582162970。

京东、抖音等全国性平台企业华南总部为补充的消费互联网平台经济格局。唯品会、洋葱集团、朱雀股权投资管理股份有限公司入选商务部数字商务企业名单，江苏高捷节能装备集团有限公司、卓志集团、若羽臣、广州探途网络技术有限公司、唯品会等5家企业被评选为国家电子商务示范企业。唯品会、若羽臣、逸仙电商成功上市。

2.直播电商实现高质量发展

2025年广州出台《广州市关于推动直播电商产业高质量发展 助力传统商贸数字化转型的若干意见》，从推动产业集聚发展、引进培育头部企业、推行"直播+"新模式等方面推动直播电商产业高质量发展。2024年，广州网络零售活跃店铺数达68.8万家、直播场次达731万场次、直播行业从业人数超60万人，活跃店铺数、直播销售额位居全国第一。3个案例入选2024年广东省电子商务优秀案例名单，数量全省第一。广州成功举办了一系列直播电商主题的大型活动。例如，成功举办了第四届直播电商节（中国·广州），其主流平台直播销售额达357.38亿元，同比增长10.46%，带动实现网上零售额1005.91亿元，同比增长13.79%，同期的直播场次、直播商品数、直播销售额均位居全国第一。花都区举办2024年数字农业直播节系列活动暨短视频（直播）大赛，成功促成56个院校专业团队与企业结对合作。大力推动直播电商助力"百千万工程"，电商平台通过减免费用、流量补贴和多样化直播等方式，帮助大批涉农企业参与线上促销活动，快速提升产品销量，其中2024全国网上年货节广州专场推出一系列农特产品，第六届双品网购节发放大量消费券助力肉禽、蛋奶等农产品销售。广州本土电商企业积极参与抖音集团助力广东"百千万工程"商家发展行动，广州参与活动商家数位列全省前茅。抖音、京东、淘宝直播等电商平台扶持广州花卉产业发展，举办花卉绿植商家培训会等，300余家花卉绿植企业参会，其中广州绿植产业带在抖音电商平台交易额同比增长44%，销量超3700万单，订单量同比增长57%。

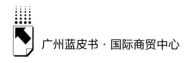

（四）会展业延续强劲发展势头，实现国际化数智化绿色化发展

1. 展会规模创历史新高

2024 年，广州会展业延续了强劲的发展势头，展览场次和面积稳居全国第 2 位。全市重点场馆举办展览 358 场次，展览面积达 1185.55 万平方米，参观人数达 2313.06 万人次，比上年增长 30.7%，展览面积和参观人数均创历史新高。一是稳住"基本盘"。在 2023 年举办的 279 场展会中，有 200 场展会于 2024 年继续举办。二是筑牢"压舱石"。举办面积 10 万平方米以上大型展会 15 个，合计展览面积达 621.64 万平方米，面积占比为 52.43%。其中，14 个展会规模实现增长，家博会（25.6%）、照明展（13.42%）、华南印包展（24.48%）等展会规模增速较快，灯光音响展的展览面积首次突破 20 万平方米，涂料展首次突破 10 万平方米。三是做大"增量盘"。全年新引进或新举办展会 45 场次，其中市外企业举办 29 场次，举办数量再创近年新高，展览面积合计 67.88 万平方米，同比增长 32.9%。全年新落户 7 家会展主办企业，其中上市公司米奥兰特落户华南总部，法国 ABE 国际商务会展有限公司和中联橡胶等注册子公司。

2. 会议数量保持较快增长

2024 年，全市重点场馆接待会议 6406 场次，比 2023 年增长 13.7%，其中，100 人以上跨市会议有 2348 场，比上年增长 15.3%；接待参会人员 106.88 万人次，比上年增长 14.7%，其中，100 人以上跨市会议接待参会人员 86.91 万人次，比上年增长 19.9%。2024 年 12 月 2~4 日，广州越秀国际会议中心迎来读懂中国国际会议（广州）。12 月 11~12 日，2024 从都国际论坛在西班牙马德里召开。此次系该高端对话平台创立 10 年来首次海外办会，论坛聚焦全球治理体系变革、多边经济合作及跨文明对话等战略性议题，通过构建中外高层对话机制，有效促进了国际秩序转型期的经验共享与务实协作。

3. 国际化水平大幅提升

2024 年，广州国际性展会数量大幅增加。全市共举办国际性展会 84 场次，展览面积合计 695.67 万平方米，场次、展览面积分别比 2023 年增加 47.37%、44.59%。全年广州共举办 20 场以对外贸易为主题的展会，展览面积达 357.83 万平方米，同比增长 2.16%。摩配展、长城宠物展规模同比分别增长 15.31%、22.98%。国际客流增长迅速。2024 年，广州展会接待境外展客商 289.88 万人次，同比增长 46.3%。其中，两届广交会参观人数达 308.00 万人次、330.42 万人次，同比分别增长 6.21%、15.30%。英国 SPG 集团的制罐工业展，超过 70% 的展商来自境外。家博会组织了超 5 万名境外专业采购商，采购商数量较 2019 年增长 43.11%。另外，广州出海办展数量创新高。广州全年共有 17 家会展企业在越南、新加坡、俄罗斯等 11 个国家（地区）举办展会 46 场，出海办展场次是上年的 3.07 倍，创近年来新高，反映会展企业开拓国际市场的需求强烈，企业链接海外资源、国际化运营能力显著增强，同时有效扩大了广州会展业辐射范围。

4. 数智化绿色化转型步伐加快

一是会展场馆智能化改造和展览业数字化升级，会展业数智化进程明显加快。如广交会提升展馆服务水平、证件申报效率，同时借助信息技术和线上服务平台，探索实施货车预约进场、统一驻馆搬运服务；灯光音响展同期举办数字光影展，集中展示数字文旅、沉浸式光影、智能显示等前沿技术及应用方案；中国国际建筑装饰博览会展区引入 AI 互动技术，实现在某一空间变换不同装修风格的效果，为采购商打造沉浸式体验。二是绿色展会驱动力增强。广交会、建博会、家博会、美博会等行业龙头展会提倡绿色布展、引导绿色参展、呼吁绿色撤展、践行绿色宣传。广交会在 100% 绿色展位的基础上，首次实现碳中和。鸿威·世界宠物博览会成为国内宠物行业首个碳中和展会。中国（广州）国际美博会实现原材料消耗减少 90%、碳排放量减少 532 吨、能源消耗减少 68%、废弃物填埋减少 52% 等，带动行业绿色转型升级。

（五）餐饮业实现平稳增长，多元化品质化数字化特征明显

1. 餐饮规模增速放缓

2024 年广州发布《广州市餐饮业高质量发展规划（2024—2035 年）》，

为餐饮业的长远发展提供了战略指引，是 5 大国际消费中心城市中率先出台餐饮业发展规划的城市。2024 年广州市政府发放"食在广州"消费券拉动消费，核销金额达 802.46 万元，带动实际交易金额 4384.31 万元，资金撬动比为 5.46，有效释放餐饮消费潜力。2024 年，广州住宿和餐饮业实现零售额 964.93 亿元，占社会消费品零售总额的 8.7%，增速从上年的 23.3% 放缓至 1.8%。但与商品消费相比，2024 年餐饮消费增长快于商品零售，商品零售额为 10130.43 亿元，占社会消费品零售总额的 91.6%，同比下降0.1%。餐饮收入为 925.34 亿元，同比增长 1.6%。从消费趋势来看，餐饮消费更多追求低价、便利，而以商务宴请、公司团建为主的高端餐饮需求日益收缩。2024 年，正餐服务营业额增速（2.5%）处于低位，而快餐服务（6.8%）、饮料与冷饮服务（11.2%）增长势头良好，消费呈现理性化的趋势。

2. 多元化品质化发展

作为"中国美食之都"和"国际美食之都"，广州消费市场规模庞大且网点密度高。截至 2024 年底，广州餐饮商事登记市场主体超过 24 万家，每万人拥有餐厅近 134 家，餐饮一刻钟便民生活圈实现全城覆盖，网点密度居全国之首。从结构来看，广州餐饮呈现以粤菜为主、海纳百川、国际多元的特点。截至 2024 年底，广州粤式餐饮门店超 10 万家，占比约为 40%，门店数量全国第一。其中，正餐类门店有 4.8 万家；其他地方特色菜类正餐门店有 3.5 万家；国际美食类门店有 2.1 万家，且呈持续增长的趋势。另外，广州酒家上榜《2024 胡润中国餐饮品牌 TOP100》，彰显其行业领导地位。2024 年，广州 52 家餐厅、28 个品牌食品和 6 家名店分别获评"食在广州"星级餐厅、品牌食品和名店。米其林餐厅发布会、全国餐饮品牌大会、2024年广州国际美食节、第二届广州精品美食周、首届"广州点心季"等美食活动相继在广州举办，"食在广州"金字招牌的影响力不断扩大。

3. 数字技术创新步伐加快

2024 年，随着平台线上化、智能化发展，广州为消费者提供多样化的餐饮选择和个性化的服务体验，"触网"餐饮消费发展态势良好。2024

年，广州限额以上住宿和餐饮业通过公共网络实现餐费收入 156.56 亿元，同比增长 5.4%，高于全市住宿和餐饮业零售额增速 3.6 个百分点。餐饮业场景数字化创新步伐加快，涌现出粤菜文化"博物馆+"、无人餐车、送餐机器人、机器人餐厅、元宇宙咖啡馆等丰富多样的数字化餐饮新业态。另外，餐饮业跨界发展态势进一步增强，餐饮和消费体验持续革新。如广州推出"羊城消费新八景"城市 IP，以八大开放场景为牵引，融合商旅文体健资源，推动餐饮消费与经典旅游、文化展演深度联动；结合美食地图推出四季美食旅游精品线路，联动广交会发布 67 件"必购必带"城市礼物，将广式点心、潮汕牛肉火锅等特色餐饮纳入文旅消费场景；广州酒家通过门店升级与数字化改革，打造了独具特色的粤菜文化"博物馆+"文商旅新场景。

（六）专业市场积极探索新业态新模式，优化升级取得显著成效

1. 深入推进国家商品市场优化升级试点工作

专业市场作为广州商贸业的重要组成部分，是广州千年商都的重要基础、建设国际消费中心城市的有力支撑。近年来，广州深入推进国家商品市场优化升级，出台《广州市支持商业网点建设若干措施》《广州市支持专业批发市场改造试点工作的意见》等政策，从支持专业市场数字化转型、内外贸一体化发展、线上线下融合、改善环境设施、强化金融支持、提升品牌培育能力和综合服务功能等方面提出具体措施，支持专业市场优化升级。制定专业批发市场转型升级创新激励试点实施方案，组织产业链要素集聚且具备一定园区化发展条件的专业市场开展试点，对珠江国际纺织城、万菱广场、国览医疗器械城、红棉中大门等市场给予奖励，推进服装、美妆日化、珠宝首饰等时尚产业高质量发展。组织开展一系列对接活动，促进专业市场优化升级、流通效率提高和消费潜力释放。举办广州市场产业高质量发展大会，开展星级市场评选，树标杆、促融合、广宣传，带动整个行业高质量发展。引导专业市场参加广州时尚产业大会、广州直播电商节等活动，与研发设计机构、直播电商平台高效对接，整合时尚资源和产业链，推动业态创

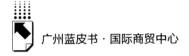

新。紧抓广交会举办契机，组织参展外商及驻穗机构"走进广州专业市场"，帮助市场商户面对面对接外国采购客商。

2. 持续推进专业市场数字化转型

近年来，广州市政府加快促进专业市场数字化转型发展。广州市商务部门及广州专业市场商会依托"专业市场行业数字化创新联盟"，开展行业模式创新创建和星级市场评定，为专业市场行业发展树立标杆示范。当前，广州专业市场积极探索专业市场数字化转型并取得阶段性成效。广州白马服装市场有限公司与致景科技、广州中大门与中国联通服装制造军团等数字化产业服务商合作，探索在园区开展智慧化管理，促进纺织服装行业协同化、智能化升级。流花服装批发市场建设了 LIUHUAMALL 商城，作为首个由专业市场自行开发运营的垂直服饰类跨境电商平台，目前已有 210 多个国家（地区）的客户访问，触达过亿人次，赋能商户拓展出口新通道，有效带动粤港澳大湾区服饰外贸传统产业转型发展。广州黄沙水产交易市场与中国工商银行合作开发集中结算系统，充分运用数字技术完善产业服务平台功能，创新交易模式，实现数字技术为专业市场"赋能"、实体市场为互联网行业"赋场"。专业市场商户广泛应用"淘抖快"、速卖通、一手、阿里巴巴国际站、eBay、TikTok 等电商平开展业务，助力广州以强大的货源地优势和供应链优势打造"跨境电商之城""直播电商之都"。

3. 加快内外贸一体化发展

近年来，广州专业市场积极探索发展新业态新模式，加快发展市场采购、跨境电商等新业态，推动内外贸一体化发展。大力拓展市场采购贸易试点。目前，万菱广场、中港皮具城、新大地服装城、流花服装批发市场、步云天地、南方大厦、广大商贸城、西城鞋业、美博城等 16 家专业市场被纳入市场采购贸易拓区试点。条件成熟的专业市场积极发展跨境电商，通过与"淘抖快"、速卖通、阿里巴巴国际站、eBay、TikTok 等互联网企业合作或自建平台等方式，多管齐下拓宽销售渠道。广州市商务部门创新开展"广州电商走全球""跨境电商+产业带"等活动近 50 场，首创全球跨境电商"三中心"，推动专业市场对接希音、Temu 等头部跨境电商平台，一站式解决出海难题，开拓海外业务。位于一德路、流花矿泉、石井等商圈的外贸型市场抢抓广交会机遇，推出多种优惠活动和便利服务吸引来穗客商，如广大商贸城举办国际客商采购对接活动，接待肯尼亚、坦桑尼亚等国采购商。

4. 促进批发业和零售业一体化发展

2024年，广州积极打造体验式场景，推动专业市场时尚化发展，促进批发业和零售业一体化发展。推出"特色产业消费购"精品旅游线路，拍摄广州专业市场宣传片并赴香港等地推广，推动"批发+零售""商贸+文旅"融合发展。市场商会牵头成立特色产业消费集聚区建设联盟，积极整合特色产业消费集聚区B端与C端优势资源，引进餐饮、娱乐等业态，推进批发业和零售业一体化发展。如壹马服装广场以"专业市场+潮流新零售"为路径，将自身打造为集新零售、艺术体验、摄影基地、服装批发于一体的大型服装专业市场；汇美开设户外咖啡厅，发展夜经济。纺织服装、皮具、珠宝等时尚穿戴类专业市场积极打造体验式场景，增设直播间、艺术主题场景、休闲轻餐饮等线上线下互动空间，培育艺术体验、时尚创意、个性定制等新业态，推动专业市场时尚化发展。如apM时代国际服装城签约韩国apM集团，引入年销售额过亿元的旭平首饰股份有限公司，向时尚全品类一站式体验基地转型。广州美博城通过开设线上展厅、线上平台、国际馆等多种方式，大力支持商户升级转型，打造美妆行业的时尚产业基地和时尚网红打卡地。

（七）国际航空枢纽地位进一步巩固，物流业运行总体平稳

1. 客运量实现平稳增长

2024年，广州客运主要指标运行平稳，部分指标稳中有进，其中白云机场旅客吞吐量位列全国单个机场第二，广州南站旅客到发量位列全国第一。全年实现客运量3.32亿人次，同比增长8.4%（见图4），其中，航空旅客客运量达1.05亿人次，同比增长15.3%。航空旅客吞吐量实现较快增长，全年白云机场旅客吞吐量迈上7000万人次台阶，为7636.93万人次，同比增长 20.9%；铁路客运量为 1.45 亿人次，同比增长 11.1%；公路客运量为 7708.67 万人次，同比下降 1.7%。广州南站全年发送旅客 8926.44 万人次，到达旅客 8705.96 万人次，累计到发旅客 1.76 亿人次，位居全国车站旅客到发量首位。截至 2024 年 12 月 26 日，广州白云站投入运营一周年，集散客流量已超 1300 万人次，日均客流量达到 3.56 万人次。

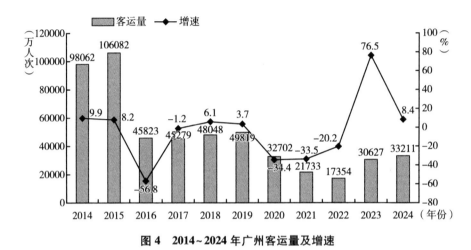

图 4 2014~2024 年广州客运量及增速

资料来源：《广州统计年鉴 2024》《2024 年广州市国民经济和社会发展统计公报》。

2. 货物运输量实现稳步增长

2024 年，广州物流活动规模稳步扩大，货运量、机场货邮吞吐量、货运周转量、港口货物吞吐量和港口集装箱吞吐量均实现正增长。全年货运量为 95092.94 万吨，同比增长 2.4%，增速比上年回落 0.2 个百分点（见图 5）；货运周转量为 24411.35 亿吨公里，同比增长 6.6%，增速比上年上升 3.3 个百分点（见图 6）。分运输方式来看，航空货运表现较好，全年完成航空货运量 151.38 万吨，同比增长 13.8%，公路、铁路及水路货运量实现平稳增长，全年完成公路、铁路和水路货运量分别为 52214.44 万吨、2553.91 万吨和 37657.05 万吨，同比增长 3.4%、1.2% 和 0.9%。港口货物吞吐量为 68741.07 万吨，同比增长 1.8%；港口集装箱吞吐量为 2645.13 万标箱，同比增长 4.1%，港口集装箱吞吐量位居全国第五、全球第六。机场货邮吞吐量为 238.25 万吨，同比增长 17.3%，继续稳居全国第 2 位（见表3）。整体来看，全市货物运输有序运转，货运总量稳中有升，物流业运行展现出较强韧性与活力，为我国和全球物流畅通与供应链安全提供了有力支撑。

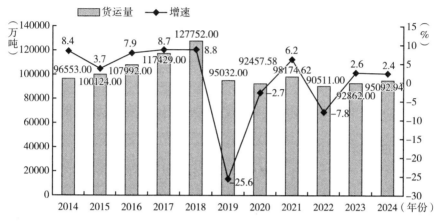

图 5　2014~2024 年广州货运量及增速

资料来源：《广州统计年鉴 2024》《2024 年广州市国民经济和社会发展统计公报》。

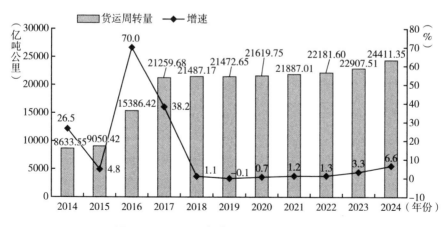

图 6　2014~2024 年广州货运周转量及增速

资料来源：《广州统计年鉴 2024》《2024 年广州市国民经济和社会发展统计公报》。

表3 2023年广州主要物流指标对比

指标	单位	绝对值	比上年增长(%)
货运量	万吨	95092.94	2.4
货运周转量	亿吨公里	24411.35	6.6
港口货物吞吐量	万吨	68741.07	1.8
港口集装箱吞吐量	万标箱	2645.13	4.1
机场货邮吞吐量	万吨	238.25	17.3

资料来源：广州市进度统计数据。

（八）南沙自贸区制度创新成效显著，开放门户枢纽功能持续增强

1.制度创新成果丰富

自2015年4月21日中国（广东）自由贸易试验区广州南沙新区片区挂牌以来，南沙以制度创新为核心，积极推动贸易、投资、航运、科技、金融、粤港澳合作等领域改革创新，开放门户枢纽功能持续增强。截至2025年4月，自贸区南沙片区累计形成的45项、136项制度创新成果分别在全国、全省复制推广，跨境电商监管新模式、"企业专属网页"政务服务新模式、智能化地方金融风险监测防控平台、跨境电商出口退货"一站式"监管新模式等案例入选全国自贸试验区"最佳实践案例"。推广知识产权海外侵权责任险、实施船舶安全检查智能选船机制、市场主体名称登记便利化改革等经验在全国复制推广。全国人大常委会法工委基层立法联系点授牌，全球数源中心（中国·南沙）纳入国家数据基础设施试点。

2.贸易便利化水平显著提升

近年来，南沙持续推进贸易监管模式革新，破除贸易壁垒。国际贸易"单一窗口"实现货物、运输工具及舱单申报100%线上化，实现"数据多跑路、企业少跑腿"。针对跨境电商退货难题，南沙在全国首创跨境电商出口退货"一站式"监管新模式，切实解决跨境电商出口退货渠道不畅问题。针对生鲜商品的"智慧审证+提前申报"组合措施，让冻肉、水果等新鲜易腐商品，在符合特定条件的前提下，尽可能在48小时内完成放行。2024

年，广州干鲜瓜果进口额达 54.4 亿元，同比增长 29.6%，助力南沙港区成为全国最大榴梿、车厘子进口口岸。作为国家进口贸易促进创新示范区，依托华南地区最大、种类最齐全的综合性枢纽港——南沙港区，2024 年南沙区进口规模达 1288 亿元。南沙不断强化国际贸易航运功能，带动外贸新业态繁荣发展。南沙港四期作为全球首个江海铁全自动化码头，以 70 多项专利技术推动南沙港区 2024 年集装箱吞吐量首次突破 2000 万标箱，位居全国单一港区前列；外贸航线增至 168 条，覆盖全球 120 多个国家（地区）的 310 多个港口，近 5 年年均新增航线超 10 条；汽车口岸年通过能力超 200 万辆，累计装卸量达 1151 万辆，稳居全国第一。在此基础上，南沙综保区连续 3 年获评全国 A 类，依托汽车出口"一站式"服务等政策，2024 年汽车出口额达 98.5 亿元，5 年间增长 5 倍；2014~2024 年跨境电商进出口额从 0.2 亿元增长至 460 亿元，尤其是进口业务稳定增长，跨境电商业务进出口额稳居全国综保区第一；保税油加注创新"一船多供"模式，累计加注 77 万吨，落地全省首单高低硫保税燃油混兑调和业务。

3. 营商环境持续优化

近年来，南沙以"放管服"改革为支点，以法治创新为保障，构建起市场化、法治化、国际化的一流营商生态。2017 年，南沙率先在全国启动商事登记确认制改革，推动审批去许可化，将许可审批赋予市场主体资格改为对其法律地位和法律关系的确认，并对外宣告公示，最大限度尊重企业经营自主权，这一改革获国务院督查激励，并在全国自由贸易试验区试点复制推广。全面推行市场准入"极简审批"，经营主体登记注册实行标准化申报，推行"AI 导办""AI 审批"智慧登记新模式。推出"一站式"证照主题联办套餐，通过"一网通办、一照通行"改革，全面归集电子证照信息，实现"一网通办、一照通行、E 证准营"的便捷服务，大幅提升市场主体登记注册的便利度。全区电子证照已关联 1717 个政务服务事项，关联率达 98.56%，助力企业办事材料免提交，提升企业服务满意度。

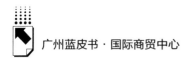

二 2025年广州国际商贸中心发展环境分析

（一）国际环境分析

1. 全球经济延续低增长态势，美国关税政策或进一步拖累全球经济

2025年，全球经济仍处于疫情冲击后的调整阶段，呈现"低增速常态"。2025年1月国际货币基金组织（IMF）、联合国和世界银行分别预计2025年全球经济增速为3.3%、2.8%和2.7%，预测值均低于2000~2019年3.7%的历史平均水平，表明世界经济仍旧低迷。然而，随着2025年4月世界各国政府调整政策重点、贸易紧张局势升级，不确定性攀升，形势发生了巨大变化。美国政府新的关税措施——尤其是所谓"对等关税"，将实际关税水平推升至一个世纪以来的最高水平，对全球经济造成重大负面冲击。加之实施过程中的不确定性，也对经济活动和经济前景产生负面影响。基于当前形势的复杂性和易变性，世界各大国际机构大幅下调2025年全球经济增长预期。国际评级机构惠誉评级于2025年3月18日发布最新报告，将2025年全球经济增长预期下调至2.3%。4月16日世界贸易组织（WTO）发布最新《全球贸易展望与统计》报告，预计2025全球经济增速为2.2%。4月22日，国际货币基金组织在最新一期《世界经济展望报告》中称，在考虑了美国于2025年2月1日至4月4日期间宣布的关税措施，以及其他国家采取的反制措施，将2025年全球经济增长率预测值下调至2.8%。国际货币基金组织表示当前的全球经济体系正在经历一个重塑过程，世界正进入一个新的时期。总的来看，当前世界经济仍处在探底通道，而美国关税政策不确定性将导致全球增长显著放缓。

2. 国际贸易复苏前景暗淡，货物贸易增速可能放缓

2024年，全球贸易额达33万亿美元，较2023年增长3.7%，但贸易增长势头在2024年下半年有所放缓。2024年，全球贸易增长主要由服务业推动，服务贸易额增长9%，而货物贸易额增长2%。① 4月16日世界贸易组织发布最新《全球贸易展望与统计》报告，称在当前条件（截至4月14日的关税情况）下，预计2025年全球商品贸易量将下降0.2%，比假设延续前期"低关税"基线情景下的预期下调近3个百分点。如果情况恶化，2025年全球贸易增速可能会进一步萎缩至-1.5%。在关税政策影响下，国际货币基金组织预计，全球贸易增速下降得更快，2025年将降至1.7%，相较1月预测值大幅下调1.5个百分点。彭博新闻社发布的全球贸易政策不确定性指数也升至2009年以来的最高水平。另外，受货物贸易不振影响，全球服务贸易增速也将明显放缓。世界贸易组织预计，2025年全球服务贸易量同比增速为4%，比此前预期减少1个百分点，其中航运、物流、投资服务等与货物贸易密切相关的领域将受到严重冲击，而信息技术服务、专业研发等需求也将出现下滑。总的来看，2025年全球贸易或已行至结构性转折点。全球贸易链条正在经历一个由"政策突变冲击—市场预期反应—经济实质调整"构成的多层次、递进式传导过程。若外部冲击持续，全球贸易面临步入长期结构性收缩通道的系统性风险。在这种大背景下，广州要稳住外贸基本盘将面临极大挑战。

3. 中美关税博弈，中美关系进入"再竞争、强博弈"新阶段

2025年4月，美国对华关税税率累计升至145%，这一政策叠加了此前以"芬太尼危机"为由加征的20%关税，标志着中美贸易摩擦进一步升级，中美关系进入"再竞争、强博弈"的新阶段。另外，此次美国关税政策还取消了长期以来对800美元以下小额进口商品的免税待遇。2025年5月12日，中美会谈在日内瓦达成突破性共识，两国共同发布联合声明，宣告关税问题破冰。美国对中国商品加征34%对等关税，其中24%的关税暂停加征90天，保留剩余10%的关税。相应地，中方取消对美国商品加征的共计91%的反制关税；针对美34%的对等关税，相应暂停其中24%的关税90天，

---

① 《贸发会议：2024年全球贸易额达33万亿美元新高》，中国贸易指南网，2025年3月17日，http://tradeinservices.mofcom.gov.cn/article/news/gjxw/202503/173871.html。

剩余 10%的关税予以保留。另外，此次调整后，美对华的小额豁免政策依然未恢复，从我国发往美国的小额包裹要缴纳 54%或 100 美元的关税。中美关税博弈本质是全球化范式转换的阵痛。短期内，两国经济均需承受增长放缓、市场波动的代价；长期来看，以规则为基础的多边体系将加速转向区域化、多极化的全球化形态，产业链重构与技术脱钩将重塑全球经济格局。这场博弈的最终结局，或将取决于谁能以更低的成本适应新秩序，而非简单的"输赢"判定。对广州而言，美国是广州第一大产品出口国，广州对美国出口额占全市的 16.86%，中美贸易摩擦无疑会削弱广州产品的竞争力，对广州出口贸易造成严重的负面影响。

（二）国内环境分析

1. 深化"一带一路"合作，构建全球供应链新网络

2025 年是"一带一路"倡议提出的第 12 个年头。12 年来，"一带一路"倡议从理念变为行动、从愿景变为现实，投资大幅增长。2024 年，开行 1.94 万列，累计开行突破 10 万列，通达欧洲 26 国 229 个城市，"丝路海运"命名航线通达 46 个国家 145 个港口，空中丝绸之路通航 56 个国家 107 个城市。积极发展"丝路电商"，与塔吉克斯坦、巴林等 33 个国家建立双边电商合作机制。统筹重大工程与民生项目，兰张高铁、中老铁路等标志性项目加速推进，同时注重"小而美"项目建设，巴基斯坦瓜达尔港自贸区吸引投资超 20 亿美元。面对地缘政治风险，我国建立境外投资风险预警机制，2024 年对外投资备案（核准）金额为 1160 亿美元，同比增长 3.5%，产业链布局更趋优化。广州是"一带一路"枢纽城市，应紧跟国家的战略布局，积极深化与共建"一带一路"国家和地区的经贸合作，加大对欧盟、东盟、非洲及拉美等其他市场的投资力度，以逐步实现广州出口市场的多元化布局。

2. 免签国家范围持续扩大，积极拓展多双边合作空间

自 2024 年以来，我国共分 5 轮逐步扩大单方面免签范围。至此，我国入境免签增加至 38 国。同时，免签停留期限由 15 日延长至 30 日。2025 年

4月4日，我国发布《国家税务总局关于推广境外旅客购物离境退税"即买即退"服务措施的公告》，将离境退税"即买即退"政策推向全国。随着中国"免签朋友圈"扩大、免签停留期限延长等多重政策和通关便利的效应释放，外国游客来华旅游更加便利，入境游市场不断升温。在区域合作层面，中国—东盟自由贸易区3.0版谈判实质性完成，加快加入《全面与进步跨太平洋伙伴关系协定》（Comprehensive and Progressive Agreement for Trans-Pacific Partnership，CPTPP）和《数字经济伙伴关系协定》（Digital Economy Partnership Agreement，DEPA）进程。2024年，我国与《区域全面经济伙伴关系协定》（Regional Comprehensive Economic Partnership，RCEP）成员国贸易额占外贸总额的30.8%，海南自由贸易港实际使用外资增长42%。在二十国集团、金砖国家、亚太经合组织等多边区域机制下，各方围绕贸易投资自由化便利化、贸易数字化、供应链互联互通、可持续发展等达成多份成果文件。实施与尼加拉瓜、厄瓜多尔、塞尔维亚的自贸协定，与新加坡的自贸协定进一步升级为议定书。签署与白俄罗斯的服务贸易和投资协定，与秘鲁的自贸协定升级为议定书。通过建立数字贸易国际枢纽港、绿色发展国际联盟等平台，我国正为全球经济治理贡献更多"中国方案"。总的来看，过境免签、"即买即退"政策成为中国不断扩大开放的"政策名片"；积极拓展多边合作空间，与全球主要经济体和广大发展中国家共同改革完善多边贸易体制规则，推动全球贸易投资自由化便利化，积极塑造友好型国际经贸生态，这些都将为广州带来更多的消费需求，以及更多的外贸伙伴和市场准入机会，为加快推动贸易多元化发展、吸引外资流入、优化外资结构带来更多机遇。

3. 市场预期较弱，消费者信心不足

2025年，国际环境不确定性增加，如美国加征关税等，短期内国内市场主体对2025年的经济预期依然较弱。另外，当前我国仍面临国内总需求不足的矛盾，尤其是消费不振问题较为突出，其主要原因是消费者信心持续不足。数据显示，2024年最终消费支出对经济增长的贡献率为44.5%，较2023年贡献率有所下降，对经济增长的拉动作用也同步减弱。

自 2023 年 4 月以来，消费者信心指数和消费者预期指数均在 90 以下低位徘徊，反映出居民对未来收入预期和市场环境的不确定性，进而导致预防性储蓄上升与消费倾向下降。总体来看，市场预期不稳会进一步影响 2025 年国内投资、消费和就业，供给和需求两端同时出现收缩状态。未来收入预期不稳将直接影响消费能力以及消费意愿，进而影响实体经济增速及就业预期。

4. 促消费政策加力扩围，重心由短期刺激转向长效机制建设

中央经济工作会议和 2025 年国务院《政府工作报告》都把大力提振消费、全方位扩大需求列为 2025 年经济工作重点任务之首，出台的《提振消费专项行动方案》（以下简称《行动方案》）为进一步提振消费提供政策保障。《行动方案》提出加快实施消费品以旧换新，并将补贴范围扩大至汽车、家电、家装等多个领域，推动绿色智能产品的大规模更新换代，既促进节能环保产品普及，也带动高端制造业增长。同时，鼓励发展"首发经济"和"场景创新"，支持各地因地制宜培育消费新业态，打造体验型、融合型、数字化的消费场景，实现从传统商品消费向服务消费、数字消费的升级拓展。《行动方案》将政策重心由短期刺激转向长效机制建设，相较于过往侧重消费券发放等短期刺激手段，此次提振消费政策在保持必要刺激力度的同时，更加注重构建惠及长远的制度性安排。通过完善工资正常增长机制、拓宽财产性收入渠道等基础性改革，着力提升居民持久收入能力；同步实施退休人员基本养老金调增、城乡居民基础养老金及医保财政补助标准提升等保障性措施，既增加当期可支配收入，又强化未来预期保障，形成消费水平的可持续增长机制。随着这些政策的逐步落实，预计"两新"政策将继续为汽车、家电、电子等重点商品的消费增长提供支撑，从而进一步激发消费市场活力。与此同时，要注意政策效用的边际递减风险。

（三）区域环境分析

1. 粤港澳大湾区建设向纵深推进，各类要素加快流动

2024 年"轨道上的大湾区"持续加快建设。深中通道、黄茅海跨海通道相继建成通车。5月，粤港澳大湾区最长城际铁路贯通，自东向西连接惠州、东莞、广州、佛山、肇庆。粤港澳大湾区航空枢纽建设取得突破性进展，现有7个运输机场，形成辐射全球的航线网络。在金融创新方面，"债券通"机制完成迭代升级，"跨境理财通"服务持续优化，推动粤港澳三地资本市场实现更深层次对接。标准互认工程取得阶段性成果，第二批"湾区标准"覆盖食品、交通、养老等32个领域，共计183项技术规范，促进区域协同发展。在政务协同领域，"数字湾区"建设全面铺开，108项高频政务服务实现粤港跨境通办，"湾区通"工程向纵深推进，港澳企业商事登记迈入"一网通办"时代。在医疗互通方面，粤港澳大湾区"港澳药械通"第三批指定医疗机构名单于2024年9月扩容，新增25家内地医院，实现粤港澳大湾区9个内地城市全覆盖。在跨境便利化措施中，"港车北上"、"澳车北上"及"一签多行"政策全面落地，粤港澳大湾区跨境消费呈现双向互动新态势。随着粤港澳大湾区"硬通道""软联通"的不断完善，加速推进各类要素便捷流动，广州作为粤港澳大湾区重要城市，将在扩大消费市场、拓展商业辐射范围、促进产业协同和贸易便利化等方面有更多机遇。

2.城市间消费资源的竞争加剧，消费外流压力加大

自《行动方案》全面实施以来，各地陆续出台配套实施方案，紧扣"供需两端协同发力"精准施策，构建起"一城一策"的消费提振格局。如2025年北京出台新一轮国际消费中心城市建设实施方案，并围绕"强信心、提品质、促升级"主线和"全球新品首发地、国潮消费策源地、服务消费标杆地"目标，推出近30项具体举措。上海推出服务业创新发展31条，鼓励企业"小升规"；打造消费新场景，培育壮大首发经济、夜间经济、银发经济等新业态，开发"谷子经济"、邮轮旅游等新消费产品。重庆与成都共建"国际消费目的地"，通过交通互通、消费券互认、文旅一卡通等政策，吸引四川消费者跨区域消费。杭州出台《杭州市大力提振消费打造"赛会之城·购物天堂"三年行动计划（2025—2027年）》。随着各个城市出台相关方案或政策规划，持续扩内需、促消费，这将加剧国内各城市之间高端消费资源的竞争。此外，一些新兴城市的崛起逐渐分流国内消费

资源。例如，西安、洛阳、淄博等依托全媒体营销手段打造网红文旅城市，收获了较高的网络关注度和城市美誉度，通过流量变现在新一轮城市消费资源竞争中抢占了先机。在城市间消费资源竞争加剧的情况下，广州需要更大力度调整政策并投入更多资源，有针对性地出台更多刺激消费政策，这给 2025 年广州进一步扩大消费、纵深推进国际消费中心城市建设带来一定挑战。

三 广州商贸业景气分析与预测

（一）广州商贸业景气预警系统

为跟踪分析与及时反映广州商贸业的运行情况，本报告构建了广州商贸业景气预警系统，该系统共引入 9 个预警指标（见表 4），涵盖物流、客流、消费、物价、外贸、旅游等多个领域。根据 2024 年 1~12 月各个预警指标的月度时间序列数据、广州商贸业发展目标和专家意见，可以得到预警指标的灯号临界值，据此将广州商贸业运行情况分为过冷、偏冷、正常、偏热、过热 5 种景气状态，分别用"蓝灯""浅蓝灯""绿灯""黄灯""红灯"代表。将上述 5 种景气状态的分数分别设定为 1 分、2 分、3 分、4 分、5 分，加总各个指标的得分，并将其换算为百分制，即得到商贸业景气指数，其灯号临界值分别设定为 20 分、40 分、70 分和 85 分。

表 4 广州商贸业景气预警指标及灯号临界值

序号	指标名称	浅蓝灯与蓝灯	绿灯与浅蓝灯	黄灯与绿灯	红灯与黄灯
1	货运量同比增长率（%）	1	3	8	15
2	港口集装箱吞吐量同比增长率（%）	1	3	9	14
3	机场旅客吞吐量同比增长率（%）	1	3	7	10
4	社会消费品零售总额同比增长率（%）	1	4	7	10
5	城市居民消费价格指数（同比）（%）	1	2	4	5

续表

序号	指标名称	浅蓝灯与蓝灯	绿灯与浅蓝灯	黄灯与绿灯	红灯与黄灯
6	商品进口额同比增长率(%)	0	3	9	15
7	商品出口额同比增长率(%)	0	3	9	15
8	城市接待过夜旅游人数同比增长率(%)	1	3	6	8
9	国际旅游消费同比增长率(%)	1	3	7	10
10	商贸业景气指数(分)	20	40	70	85

资料来源：各个灯号的临界值根据历史数据统计分析结果、广州商贸业发展目标和专家意见确定，数据来自广州市统计局公布的进度报表。

（二）广州商贸业景气分析

如图7和表5所示，自2024年以来广州商贸业景气指数基本运行在正常区间，表明广州商贸业已经全面恢复常态化。2024年1月至2025年3月，广州商贸业景气指数呈现"两落两起"的变化趋势，即回落—上升—再次回落—再次上升。2024年1~4月，由于货运量、港口集装箱吞吐量、社会

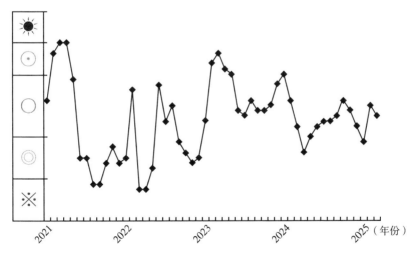

图7 2021年1月至2025年3月广州商贸业景气指数

说明：☀<过热> ⊙<偏热> ○<正常> ◎<偏冷> ※<过冷>。
资料来源：广州市统计局。

消费品零售总额、城市居民消费价格指数、商品进口额等指标表现不佳，商贸业景气指数有所回落。2024 年 5~10 月，得益于机场旅客吞吐量、商品出口额、国际旅游消费的良好表现，商贸业景气指数持续上升。其后，商贸业景气指数开始下降，2025 年第一季度有所回升。虽然 2025 年第一季度广州商贸业景气指数恢复至正常区间，但存在消费和外贸增长乏力等问题，未来有可能进一步探底，需要努力扩需求、调结构、提质量、保民生，以进一步增强广州商贸业发展动能。

表5　2024 年 1 月至 2025 年 3 月广州商贸业景气预警灯号图

指标名称		2024 年												2025 年		
		1月	2月	3月	4月	5月	6月	7月	8月	9月	10月	11月	12月	1月	2月	3月
货运量同比增长率		☀	※	※	※	◎	○	○	※	○	⊙	※	※	※	☀	○
港口集装箱吞吐量同比增长率		☀	※	○	◎	◎	※	○	○	※	※	※	※	※	☀	○
机场旅客吞吐量同比增长率		☀	☀	☀	◎	☀	☀	☀	☀	☀	☀	☀	☀	☀	☀	○
社会消费品零售总额同比增长率		※	☀	◎	◎	◎	◎	◎	○	○	◎	◎	◎	◎	◎	○
城市居民消费价格指数（同比）		※	◎	◎	◎	◎	◎	◎	◎	◎	◎	◎	◎	◎	◎	◎
商品进口额同比增长率		※	※	※	○	※	※	※	○	※	※	※	※	※	※	○
商品出口额同比增长率		☀	☀	☀	◎	☀	☀	☀	☀	☀	☀	⊙	☀	☀	☀	○
城市接待过夜旅游人数同比增长率		☀	◎	◎	◎	◎	◎	◎	◎	◎	○	○	○	◎	◎	※
国际旅游消费同比增长率		☀	☀	☀	☀	☀	☀	☀	☀	☀	☀	☀	☀	☀	☀	○
总体评价	灯号	⊙	○	◎	◎	○	○	○	○	○	○	○	◎	◎	○	○
	商贸业景气指数	70	58	45	33	40	45	48	48	50	58	53	45	38	55	50

注：☀<过热> ⊙<偏热> ○<正常> ◎<偏冷> ※<过冷>。
资料来源：广州市统计局。

（三）广州商贸业主要指标预测

1. 2024年预测结果回顾

2024年，广州社会消费品零售总额预测增速为6.0%，略低于2023年；广州外贸保持平稳增长态势，商品进出口总额预计增长2.6%。从2024年实际运行结果来看，广州内贸、外贸均实现正增长，与预测结果相符。其中，社会消费品零售总额小幅增长0.03%，实际值明显低于预测值，预测误差较大主要是因为基于模型的预测值较高，而且在做定性预测时，虽然预测2024年增速将低于2023年，但低估了一些制约因素对消费造成的负面影响；商品进出口总额增长3.0%，预测较为准确。

2. 方法和数据说明

本报告采用建模预测与定性预测相结合的方法，对2025年广州市社会消费品零售总额和商品进出口总额这两个指标的增长速度进行预测。首先，建立ARMA模型进行预测，主要操作步骤包括时间序列整理、平稳性检验、模型识别、参数估计、模型诊断、数值预测等；其次，通过定性分析进行预测，主要分析因素包括广州商贸业发展环境、专家和商贸业主管部门的预测、政府工作报告或工作计划设定的增长目标等；最后，结合模型预测结果和经验分析结果进行综合研判，并据此进一步深入分析或改进模型，以提高预测的科学性和准确性。

本报告使用月度时间序列数据构建ARMA模型，包括2015年1月至2025年3月广州社会消费品零售总额、商品进口额和出口额的同比增长率，数据来自广州市统计局公布的进度报表。选择指标的同比增长率而非指标的绝对值来建模预测，是因为建立ARMA模型必须使用平稳时间序列数据，而同比增长率序列数据一般没有持续上升或下降的趋势性，不受季节性因素影响，且自相关性较弱，往往不必进行差分等特殊处理，这为建模带来较大便利。

3. ARMA模型预测

（1）平稳性检验

构建ARMA模型首先需要检验所使用时间序列数据的平稳性，本报告用扩展的 Dickey-Fuller 检验方法进行平稳性检验。平稳性检验结果如表 6 所示，时间序列的检验统计量显著，因此可以建立 ARMA 模型。

表 6　平稳性检验结果

指标名称	t 统计量值	Prob.
社会消费品零售总额同比增长率	−5. 5032	0. 0000
商品进口额同比增长率	−4. 5153	0. 0003
商品出口额同比增长率	−7. 4070	0. 0000

（2）预测模型建立

本报告通过分析时间序列的自相关图和偏自相关图，构建 ARMA 模型。使用 OLS 方法进行估计，可以得到预测模型的最终估计结果（见表 7），模型的系数估计值都很显著，符合平稳性和可逆性条件，误差项也通过了诊断检验，表明 3 个模型的设定都是合理的。

表 7　预测模型

序号	被预测变量	预测模型
1	社会消费品零售总额同比增长率	$y_t = 0. 0461 + 0. 538\, y_{t-1} + \varepsilon_t - 0. 2992\, \varepsilon_{t-11} - 0. 5862\, \varepsilon_{t-12}$
2	商品进口额同比增长率	$y_t = 0. 0455 + 0. 7344\, y_{t-1} + \varepsilon_t - 0. 4686\, \varepsilon_{t-1} + 0. 2013\, \varepsilon_{t-2} - 0. 6335\, \varepsilon_{t-12}$
3	商品出口额同比增长率	$y_t = 0. 0701 + 0. 3208\, y_{t-1} + \varepsilon_t - 0. 9111\, \varepsilon_{t-12}$

注：在预测模型中，y 为预测变量，ε 为误差项，t 表示月份。

（3）模型预测结果

使用上述 ARMA 模型进行预测，可以得到 2025 年各月社会消费品零售总额同比增长率、商品进口额同比增长率和商品出口额同比增长率的预测值，据此可以计算全年各指标同比增长率的预测值。根据模型预测结果，预计 2025 年广州社会消费品零售总额增长 5.7%，商品进出口总额增长 6.9%，其中进口增长 8.1%、出口增长 6.2%。现实中商品进出口波动较大，往往难以利用模型进行准确预测，因此，对商品进出口的预测应足够谨慎，需结合定性预测进行调整。

4. 定性预测与综合研判

从政策层面来看，2024年中央经济工作会议和2025年国务院《政府工作报告》都把大力提振消费列为2025年经济工作的重点任务，国家和地方都加大了促消费政策力度。例如，近期我国出台《国家发展改革委　财政部关于2025年加力扩围实施大规模设备更新和消费品以旧换新政策的通知》《行动方案》等政策措施。可以预见，随着这些促消费政策落地生效，消费规模将持续扩大，政策环境将更加良好，居民消费能力、意愿和层级将得到进一步提升，消费潜力不断释放。从收入层面来看，收入是消费的前提和基础，而我国居民收入水平总体上仍呈上升趋势。以广州为例，2024年广州城镇居民和农村居民人均可支配收入同比分别增长3.6%和6.0%，都高于同期地区生产总值的增长速度。然而，当前扩大消费也面临一些制约因素。例如，居民对未来经济前景和家庭财务状况预期较弱，预防性储蓄和购买住房挤占效应限制了居民消费能力的提升，消费基础设施和供需适配性有待提升，消费者权益保护等因素也对居民消费形成了一定制约等。预计2025年广州消费市场有望实现较快增长，增速将显著高于2024年。定性预测结果与前面的模型预测结果基本上能够相互支持。预计2025年广州社会消费品零售总额增速为5.0%。

2025年，广州对外贸易具备较多有利条件和因素。例如，近年来我国实行更加积极主动的开放战略，稳步扩大制度型开放，主动对接国际高标准经贸规则，持续推动贸易和投资自由化便利化，积极推进双边、区域和多边经贸合作，出台了一系列促进外贸稳定增长的政策措施。近年来东盟、非洲、拉美等新兴市场经济增长较快，我国继续推动"一带一路"高质量发展，这些都有利于广州开拓全球新兴市场，构建更为多元的出口市场结构；当前全球服务贸易、数字贸易、绿色贸易蓬勃发展，这些新型贸易具有很大市场潜力。然而，广州外贸也面临一些严峻挑战。2025年世界经济很可能维持低迷态势，加之世界经济前景充满不确定性，导致广州外贸面临外部需求不足的挑战；逆全球化和保护主义思潮持续抬头，中美贸易战升温，全球贸易摩擦加剧，广州对外贸易，特别是出口贸易可能受到较大影响。综合来看，2025 年广州对外贸易面临较为不利的外部环境，应相应调低进出口模型的预测结果。预计 2025 年广州商品进出口总额同比增长 4.8%，其中进口增长 6.0%、出口增长 4.0%（见表 8）。

表8　2025 年广州社会消费品零售总额、商品进出口总额的增速预测

单位：%

指标名称	2024 年实际增长率	2025 年预测增长率
社会消费品零售总额	0.03	5.0
商品进出口总额	3.0	4.8
商品进口额	-4.0	6.0
商品出口额	7.8	4.0

四　推动广州国际商贸中心高质量发展的对策建议

（一）大力提振消费，高水平建设国际消费中心城市

1. 聚焦品质化特色化智慧化，推动城市商圈高质量发展

一是促进不同商圈特色化差异化发展。构建分层分类和业态互补的城市商圈发展格局。推进天河路—珠江新城、北京路—海珠广场等重点商圈品质化发展，着力建设国际知名商圈。加快推动万象城、SKP、太古里等地标性商业综合体落户广州，集聚全球优质消费品牌，打造广州城市消费新名片和粤港澳大湾区高端时尚消费新地标。推动传统专业市场商圈转型升级，将一批服装、皮具、珠宝等专业市场打造为国际时尚消费集聚区，建设以美妆、医美、大健康为主要内容的国际美妆健康消费集聚区。二是加快推进一刻钟便民生活圈建设。科学规划社区各类商业业态，着力补齐"一早""一老""一小"等基本生活保障业态和文娱、健康、体育等品质提升业态的发展短板。综合运用规划、土地、住房、财政等支持政策，引导各类主体提供普惠

性服务，推动社区养老和托育服务站点品牌化、规范化、连锁化运营。三是大力推进智慧商圈建设。采取"政府+商会+企业"的共建共治模式，积极吸引相关各方参与智慧商圈建设。优化数据共享支持体系，增强商圈内商业企业的数据开放意识，打通消费、能耗、投诉、停车场等系统端口，推进商圈智慧应用与云闪付、抖音等 App 对接，提升数据汇聚、存储和计算能力。搭建智慧应用创新研发平台，鼓励高校、研究机构、企业和个人共同参与智慧应用研发，开发体验感最佳的商圈智慧应用，促进智慧应用普及率提升。加强数据隐私保护、安全管理和知识产权保护，探索运用安全多方计算、同态加密、联邦学习、隐私计算等加密技术手段，实现数据可追溯、可信存储、可信计算和全流程安全。

2. 推动服务消费提质扩容，培育新的消费增长点

一是着力建设世界级文化旅游目的地，擦亮"花城""食在广州""珠江画廊""千年商都""海上丝路""革命之都"等城市名片，发展"旅游+""+旅游"多元融合业态，发展休闲度假旅游，培育邮轮、游艇、低空等旅游业态。高质量打造世界级滨江景观带，优化提升珠江沿岸文化旅游消费场景。全面提升黄埔军校旅游景区，融合发展红色旅游、军事旅游、军事娱乐、军事训练等旅游产品，打造具有较高国际知名度的旅游目的地。二是大力发展演艺经济，支持各类演出演艺业态高质量发展，打造一批能够展现广州城市魅力和文化历史的标志性演出项目。三是推动餐饮业高质量发展，扶持一批高品质餐厅，弘扬广州传统美食文化，不断扩大米其林、黑珍珠餐厅的规模。四是大力发展银发经济，促进养老服务供给专业化品质化发展，拓展老龄旅游、老年健康、老年教育等新型消费业态。五是完善家政服务标准体系，促进家政服务业专业化、规模化、网络化、规范化发展，鼓励发展家庭管家等高端家政服务。培育社区生活服务新业态新模式，探索建设家政、物业、医疗、养老、托育等社区服务线上平台。六是打造医疗康养高地，充分发挥广州医疗资源优势，支持社会力量提供多层次多样化医疗健康服务，发展医美、康养、体检和健康咨询等多层次多样化的服务业态。七是面向数字化、智能化，大力发展新型服务消费。培育"互联网+服务"新模式,发展线上医疗、线上健身、线上娱乐、线上赛事、线上学习、线上办公等新型服务业态。推动人工智能示范应用,发展智慧超市、智慧商店、智慧餐厅、智慧家居、智慧医疗、智慧看护等新型服务业态。

3. 促进消费跨界融合发展,塑造多元化高品质消费场景

一是促进消费与生态景观、历史文化、科学技术、数字智能、体育赛事、国潮时尚、创意艺术、广府美食、特色建筑等元素融合,打造趣味度高、沉浸感强、吸引力大的多元化高品质消费场景。二是促进线上与线下消费融合发展,大力发展平台经济,推动实体商业数字化转型,加快实体商业数字化升级和商业模式创新,丰富5G网络和千兆光网应用场景。三是开展一系列线上线下促消费活动,适时使用消费券等政策工具开展促消费活动,加力扩围消费品"以旧换新",重点支持汽车、住房改善、绿色低碳和文化旅游消费。四是大力发展夜间经济,高水平打造一批夜间文旅消费集聚区。进一步擦亮"Young 城 Yeah 市"品牌,着力发展沿江夜间经济,以北京路、天河路、琶醍、广州塔、长隆旅游度假区等为重点,打造全国夜间消费创新标杆。五是积极举办具有广州特色的各类主题节庆赛事,提升国际购物节、国际美食节等重大节庆活动影响力,以中华人民共和国第十五届运动会为契机,加快建设促进体育消费和赛事经济试点城市。六是进一步擦亮广州"花城"名片,大力发展花卉经济,研究创办"广州花城节"。

4. 加强消费者权益保护,营造安全放心舒适便利的消费环境

一是建立完善的消费者权益保障体系。加大市场监管力度,严厉打击制售假冒伪劣商品、虚假宣传、侵害消费者个人信息安全等各类违法犯罪行为。加强消费领域诚信体系建设,完善商家信用信息记录与发布制度,加大失信惩戒力度。建立便捷高效的消费者维权机制,建立符合国际惯例的消费纠纷快捷解决机制。健全新型消费领域技术和服务标准体系,加强对新业态的监管,规范直播带货、预付式消费等消费新模式新业态。选择新型消费重点领域,建立常态化的消费者满意度调查评估机制,定期发布消费者满意度调查评估报告。二是提升消费便利化水平,打造便捷高效的综合交通网络枢纽城市,推进大型消费和旅游场所与市政交通枢纽互联互通,支持发展共享停车、智慧停车体系，着力解决主要商圈的交通拥堵和停车难问题，提升市民及旅客购物出行体验。实施更加开放的免税购物政策，增设免税店、丰富退税商品种类。完善境外旅客购物离境退税政策，提升退税便利化水平。

5. 谋划打造城市 IP，提升城市知名度和吸引力

一是积极谋划打造广州城市 IP，彰显城市特质和形象。基于新媒体时代的视角和情境挖掘广州城脉、文脉、商脉元素，构建广州特色的多维媒介景观符号。通过拍摄广州题材的影视剧和纪录片，以及举办赛事、节庆活动、国际会议等，展现红色文化、岭南文化、海丝文化、创新文化的独特魅力。按照"处处是景点、行行都获益"的文旅发展思路，将市内特色街区、商业中心、工业遗产、文物古迹、特色乡村、自然景观、非遗产品等进行系统梳理包装，打造一批辨识度高的网红景观。二是顺应数字传播发展趋势，创新城市营销宣传方式。深化与新媒体合作，构建全覆盖、立体式的城市营销传播体系。全面布局新媒体各形态及平台，根据短视频平台及长视频平台的不同特点，实施精准推送和分发传播，不断提升城市品牌的辨识度和可认度。利用微博平台能够提供文字、图片、短视频、长视频和直播等不同宣发形式的优势，为城市议题提供广阔的讨论空间。

（二）做大做强贸易新业态，推动对外贸易高质量发展

1. 积极应对美国加征关税造成的影响

在中美贸易战的背景下，广州外贸企业主要通过市场转移（开拓非美市场）、产能转移（第三国设厂）、渠道转移（经墨西哥等国转口）"三个转移"等举措应对贸易冲突升级。当前，广州外贸企业普遍对美加征关税有所准备，但连续加税令企业担忧升级。下一步广州应积极探索出台过渡性财税支持政策，综合施策降低企业运营成本，同时将有"出口转内销"需求的外贸企业纳入新一轮促消费的合作商家清单，在线上平台和线下商圈设立"出口转内销"专场，推动内外贸一体化发展，帮助企业渡过难关。结合"三个转移"趋势，发挥广交会等平台作用，帮助企业开拓新市场，促进商品出口市场多样化，增强抵御外部冲击能力；用好83场商务部重点展会、332场"粤贸全球"境外展会，扩大中间品出口规模；聚焦企业产能转移后将集中出口中间品的需求，进一步强化与渠道转移的重点国家及重要中转港的航线布局，便利中间品出口。围绕广州"12218"现代化产业体系，优化出口产品布局，推动智能网联与新能源汽车、生物医药和健康、新能源与新型储能、绿色石化和新材料等战略性新兴产业集群开拓国际市场；推动纺织服装、美妆日化、定制家居等都市消费工业转型，加大设计、研发、营销、知识产权保护等环节投入力度，推动自主品牌建设，培育千亿级传统特色出口产业，增强优势出口产品竞争力。

2. 培育壮大外贸新业态

推动服务贸易创新发展，深入推进服务业扩大开放综合试点、全面深化服务贸易创新发展试点，争取新获批国家级特色服务出口基地。继续推动市场采购、跨境电商等贸易新业态做大做强，进一步拓展市场采购试点集聚区，培育化妆品、预包装食品等新增长点。建设跨境电商国际枢纽城市，提升跨境电商能级，打造全球跨境电商卖家服务中心、超级供应链中心、生态创新中心。积极发展"跨境电商+市场采购+产业带"模式，集聚美妆、箱包、灯光音响等传统优势产业，利用"跨境电商+市场采购+产业带"模式，实现"广货广出"、纳统广州。大力发展南航前置安检，支持跨境电商企业开展业务和扩大海外仓建设布局，为中小电商开拓海外市场提供更加有力的支持。继续扩大石油天然气进口规模，建设国际保税燃料加注中心，支持获得保税燃油加注资质的企业开展保税液化天然气（LNG）加注业务，争取扩大保税维修和再制造产品目录。推动汽车贸易全产业链发展，推动黄埔区汽车平行进口试点工作落地实施。依托南沙沙仔岛建设汽车国际贸易中心，引进汽车进口贸易总部，形成海外营销和售后服务网络。提升沙仔岛百万台级滚装汽车能力，打造华南地区中国汽车滚装出口基地，扩大汽车特别是新能源汽车出口规模，出台针对二手车出口的鼓励政策，鼓励建立二手车出口基地，简化审批流程、提高出口效率，推动二手车出口，建设二手车出口试点"广州样本"，打造广州外贸增长新亮点。

3. 加快数字贸易创新发展

强化顶层设计，落实支持数字贸易创新发展有关政策措施。充分发挥中央外经贸提质增效示范项目、中央外经贸促进外贸转型升级、省级经济高质量发展专项资金全球贸易数字化领航区事项等中央和省级资金效用，积极吸引社会资本，支持贸易数字化平台建设和贸易主体数字化转型。做大做强软件与信息服务、数字内容、数字平台、数据服务、跨境电商等贸易数字化优势领域。加快建设国家数字服务出口基地，在引导传统产业数字化、智能化转型过程中，促进数字技术向经济社会各领域广泛渗透，推进数字技术、应用场景和商业模式融合创新，推动贸易方式数字化和贸易对象数字化发展。推动数据安全有序流动，加快建设南沙（粤港澳）数据服务试验区。加快建设云和网络等新型数字化基础设施，在考虑碳中和与碳达峰约束的情况下，推进5G基站建设与数据中心建设。

（三）汇聚全球优势资源，大力推进国际会展之都建设

1. 强化全球资源整合，提升国际影响力

一是深化国际会展资源合作与引入。加强与国际会展组织和知名展览企业合作，积极引进符合本地产业发展需求的国际知名展会，打造具有全球影响力的会展品牌。利用国家重大外事活动平台，深化与中央部门及外国驻华机构的合作，提升展会的国际化程度，提高外资参展商比例。二是培育具有国际竞争力的会展集团。鼓励本市会展企业规模化、集团化、多元化发展，开展跨区域、跨行业、跨产业联合经营，采取国内外合作、收购兼并等模式增强组展实力。三是支持本土会展企业"走出去"布局海外市场。鼓励广州本土会展企业在境外自主办展或与境外展会机构合作办展。通过政策和资金支持，帮助企业加快开拓海外市场。四是强化与国际展览行业权威机构的对接。积极对接国际展览业协会（UFI）、国际大会及会议协会（ICCA）等权威机构，争取更多全球百强展会和行业领先项目落户广州。五是依托外事资源构建国际会展平台。充分发挥68家外国总领事馆和近百家境外商协会的资源优势，构建服务粤港澳大湾区、辐射亚太的国际会展平台。

2. 促进融合发展, 放大会展溢出效应

一是促进展产融合, 赋能现代化产业体系建设。围绕建设"12218"现代化产业体系, 按照"一产业一展会"的目标任务, 强化行业主管部门在展会引进和培育方面的主体责任。制定广州市会展招商图谱, 对标新质生产力要求, 筛选与广州"12218"现代化产业体系适配的优质会展项目, 在低空经济与航空航天、人工智能、新能源与新型储能等新赛道上培育新质生产力。积极引进策划半导体与集成电路、智能装备、智能制造、生物医药与健康、软件与互联网、文化创意等展会。围绕构建产业集群及发展所需, 推动展会向科技类、装备类、智能制造类方向发展。巩固建材、家居、美妆、灯光音响、酒店用品、文娱、动漫等领域展会优势, 补齐时尚服装、珠宝、餐饮、新型商业、游戏、大健康、都市现代农业、体育与健身、现代金融等领域缺少有影响力展会的短板。二是激发会展消费潜力, 拓展多元融合消费场景。围绕动漫节、家居展、车展等消费型展会的聚客优势, 推动会展与商圈、餐饮集聚区、文化场馆、羊城消费新八景等资源的精准对接。通过建设沉浸式、互动式消费场景, 推动展会经济与体验式消费有机融合。三是创新"会展+全城"融合模式, 扩大会展城市影响力。推广"全城皆展馆"的理念, 鼓励文化艺术、时尚设计、动漫潮玩、汽车消费等展会走出传统展馆, 延伸至博物馆、美术馆、音乐厅、图书馆、体育馆、历史文化街区、特色酒吧集聚区、创意餐厅茶馆等多样化场景, 将会展活动与城市日常生活、文化资源深度结合, 形成"会展+文化+生活"的融合体系。

3. 优化空间布局, 加快绿色化数智化转型

一是谋划建设新的空间载体, 补齐展览场馆短板。加快推进广州空港博览中心二期项目建设。依托白云机场枢纽优势, 在北部规划建设单层单体无柱、全馆承重力5吨以上、融合展览会议演出等多功能、室内展览面积在20万平方米左右的现代化会展场馆, 补齐广州缺乏现代化会展场馆的短板, 优化全市会展业空间布局, 与琶洲展馆集群形成错位发展格局。二是积极提升会展业绿色化数字化水平。引导展会绿色低碳发展。围绕"双碳"目标

的实施，通过绿色转型升级，加快会展业净零碳进程，实现展会和产业的可持续发展。充分利用展会碳中和奖补政策，联合相关部门、机构研究制定简化展会碳中和服务认定流程和大型活动碳中和实施指南，举办展会碳中和宣讲活动。依托海珠区人工智能大模型示范区，引导和支持有实力的会展企业与大模型企业联合探索会展业大模型解决方案，提供展会组织、现场服务、营销管理、内容推荐等多个层面一体化解决方案。支持本土有实力的展会企业提升数字化应用能力，探索数字会展新模式，用技术提升项目的组织、管理和服务水平。鼓励展会应用现代信息技术创新展示模式和场景。"盘活"会展数据"新资产"。针对沉淀多年的会展数据，联合数据交易机构，推动会展企业"盘活"会展数据"新资产"，提升展会价值。

（四）深入实施自贸区提升战略，着力推动高水平对外开放

1. 促进货物贸易自由化便利化

深化综保区监管方式创新，研究实施更加开放的海关监管政策。探索在有条件的特定区域封关运作，支持南沙综保区实施以"一线径予放行、二线单侧申报、区内不设账册"等为标志的特殊海关监管制度，分步骤分阶段简化申报流程。内地货物区内中转再运往内地无须办理报关手续，境外启运、区内换装或分拣集拼、运往境外的中转货物，简化办理海关手续。继续探索以信用为基础的新型海关监管机制，针对不同类型企业实施差别化通关监管措施，如实行诚信船舶通关零待时机制。切实落实简化随附单证政策，尽量避免出口企业向报关、货代等服务企业提供合同、发票、装箱清单等不必要商业单证的情形。积极寻求与前海、横琴和粤港澳大湾区机场共建国际货运中心，实现空运货物在机场外"一站式"完成申报、查验、放行等海关监管手续。

2. 促进生产要素自由有序流动

一是促进人员进出自由便利。借鉴上海经验，研究制定以国际商务交流为核心功能的合作区规划或方案。放宽外籍专业技术技能人员停居留限制，实行宽松的商务人员临时出入境政策，降低外籍人员赴南沙自贸区工作的条

件要求，实施工作许可负面清单。鼓励国内企业与国际知名会展企业、境外专业组展机构、国际展览业协会等加强合作，在区内举办国际知名品牌展会和经贸类展会。二是促进数据安全有序流动。加快建设南沙（粤港澳）数据服务试验区、国际光缆登陆站，建设南沙跨境贸易大数据平台，依托国际贸易"单一窗口"拓展应用场景，提供贸易、物流、金融全链条一站式服务。允许实体注册、服务设施在南沙自贸区的企业，面向南沙全域及国际开展在线数据处理与交易处理等业务，并在安全可控的前提下逐步面向全国开展业务。研究完善与国际接轨的数字身份认证制度，开展数字身份互认试点，并就政策法规、技术工具、保障标准、最佳实践等开展国际合作。探索实施数据保护委托书机制，在保护个人信息的同时促进跨境信息传输。对使用密码学并为商业应用设计的产品，取消相关技术法规或合格评定程序，以免将制造商或供应商专有技术信息或其他秘密参数转移或提供给第三方，作为该产品制造、销售、分销、进口的条件。对于进口、分销、销售或使用大众市场软件（不包括用于关键信息基础设施的软件）及含有该软件产品的商品，有关部门及其工作人员不得将转让或获取企业、个人所拥有的相关软件源代码作为条件。

3. 有序放宽外商投资准入限制

扩大鼓励外商投资产业目录，合理缩减外资准入负面清单，全面取消制造业领域外资准入限制措施，推动服务业有序扩大开放。进一步完善商事制度，实施准入前国民待遇加负面清单，争取相关开放举措率先在南沙自贸区落地。深入推进服务业扩大开放综合试点工作，进一步放宽服务业外资市场准入限制，推动扩大电信、互联网、教育、医疗、金融、养老、文化、旅游等服务领域开放，提升跨境服务贸易开放水平。破除跨境交付、境外消费、自然人移动等服务贸易模式下存在的各种壁垒，重点提升电信、互联网、金融、医疗、教育、文化娱乐、专业服务等领域的市场开放水平。对于医疗、养老、旅游、娱乐等本地优质服务供给不足、民生需求较大的领域，探索取消外资股比限制，对于增值电信、商务服务等行业（不含禁止外商投资）等领域，探索放宽外资股比限制。提高服务业国际化、专业化、精细化水平，鼓励专业服务机构提升国际化服务能力。

4. 积极对接国际高标准经贸规则

打造公平的外部市场竞争环境，探索完善公平竞争审查制度，确保国有企业和其他所有制市场主体在市场竞争中享有平等的地位。加大知识产权保护力度，建立健全知识产权领域市场主体信用分类监管、失信惩戒等机制，建立知识产权侵权预警机制。进一步完善商业秘密保护制度，为商业秘密权利人提供全面法律救济手段。加强区块链技术等新一代信息技术在知识产权交易、存证等方面应用。建立开放、公平和透明的政府采购市场，政府采购对内外资企业一视同仁，进一步规范采购程序、采购管理和采购监管，明确规定可采用单一来源方式采购的情形。积极发展低碳经济、绿色经济，探索打造绿色自贸区。依托南沙全球溯源中心，开展绿色产品和生态产品认证，建立认证产品溯源机制。允许南沙自贸区内企业以加工贸易或保税物流方式开展以船供为目的的高低硫燃料油混兑调和业务，扩大船舶绿色燃料加注业务范围。支持南沙自贸区内企业率先建立和谐劳动关系，全面落实劳动合同、集体合同制度，依法依规保障劳动者劳动报酬、休息休假、劳动安全卫生、社会保险等基本权益，建立劳动者工资集体协商和正常增长机制。强化工会劳动法律监督，开展劳动用工法治体检。建立健全南沙自贸区劳动保障监察员制度，实施智慧监察，加大劳动保障监察执法力度。健全协调劳动关系三方机制，通过平等对话和商讨协调劳动关系。探索劳动争议多元化调解机制，鼓励和支持社会力量参与劳动人事争议协商调解。

5. 积极争取南沙自贸区"扩区赋权"

建设海陆复合型自贸港，做到陆海兼顾、点面结合。积极向国家争取先将龙穴岛作为南沙自贸港先行区，然后将南沙全域纳入南沙自贸区，并研究将空港经济区纳入自贸港政策范围。借鉴迪拜世界贸易中心管理的"小特区"模式，合并地方政府管理职能和港区决策职能。借鉴海南自贸港、上海自由贸易试验区临港片区、广东自由贸易试验区珠海横琴片区、深圳前海自贸片区通过立法保障自贸区发展的做法，争取国家赋予南沙区和南沙新区片区更大的自主发展、自主改革和自主创新管理权限，争取国家授权广州市人民代表大会及其常务委员会可根据广州南沙改革创新实践需要制定法规，争取在行政、财政、土地、人才等领域给予南沙区更大的权力，努力补齐贸易监管模式、制度型开放、税收制度、要素跨境流动等方面的短板。

（五）打造世界级航空航运枢纽，增强国际物流中心竞争力

1. 提升国际航空枢纽能级

一是全面提升国际航空枢纽能级，构建以白云国际机场为中心，珠三角枢纽（广州新）机场、广州货运机场为辅，南沙、黄埔、从化等区通用机场为补充的"1+2+N"多机场体系。拓展"广州之路"辐射广度和深度，加快机场主体与集疏运设施建设，稳步推进广州白云国际机场三期扩建工程等项目，持续提升航空货站规模和作业能力。加快推进实现安检前置的市外异地货站建设，不断拓展航空货源腹地。积极拓展欧盟、东盟等国际货运航线，优化国际航空航线网络，打造全球"12小时航空交通圈"，提升中转服务能力，发展通程联运，优化航空中转网络。二是构建高效便捷的多层次空铁联运系统。完善以白云国际机场为中心的综合交通体系，推进T3航站楼综合交通中心建设，加强空铁联运，加强机场与高铁、城际、地铁联系，实现与珠三角枢纽（广州新）机场高铁互联。建设白云国际机场至广州北站快速轨道交通，增强机场对泛珠三角区域的辐射能力。加强机场周边快速路与主要市政干道的交通联系，畅通机场进出通道。三是加快推进空港型国家物流枢纽建设。加快广州国家临空经济示范区建设，完善白云国际机场与广州国家临空经济区协同发展机制，打造广州空铁融合经济示范区。依托白云国际机场，高标准建设空港中央商务区、粤港澳大湾区跨境电商国际枢纽港，加快白云国际机场综合保税区建设，规划建设大型物流枢纽，促进现代物流、制造业、商贸业集聚发展。

2. 加快广州国际航运枢纽建设

一是全面提升广州国际航运枢纽能级，构建以南沙港区为核心、新沙港区为重点、其他港区为补充的多港口体系。二是进一步提升广州港的综合通

过能力。加快实施广州港南沙港区三期堆场工程、南沙港南站货场设施改造等重点项目，提高铁水联运衔接转换能力。加快南沙港五期、国际通用码头、国际海铁联运码头以及20万吨级集装箱出海航道等设施建设，推动港口腹地向内陆延伸。优化广州港口客货功能布局，分离港口的客货功能，提升南沙港区、新沙港区、黄埔新港货运集聚功能；实施广州港航道扩建工程，提升航道、锚地适应能力和大型运输船舶停泊能力；完善港口集疏运体系，拓展广州港口腹地。三是深化广州港与其他港口及组织的航运合作。协同广州与珠江两岸港口发展，联合打造粤港澳大湾区世界级港口群；加强广州与国际港口协会的合作。进一步优化外贸航线布局，在巩固对发展中国家航线优势的基础上，争取更多班轮公司将南沙作为"最后挂靠港"。四是完善广州港航运综合服务体系。构建航运服务平台，支持港航企业信息互通；完善现代航运服务体系，支持专业特色航运物流公司、现代航运服务企业及机构发展；强化"港产联动"优势，发挥南沙汽车码头、粮食码头、跨境电商、冷链物流等综合优势，推动相关临港制造业做大做强；健全船舶调度管理机制，提升船舶进出港调度能力。

3. 打造国际供应链组织管理中心

一是增强区域辐射能力，形成国家供应链中心节点。充分发挥广州国家综合交通枢纽功能，依托京广、贵广、南广等铁路和珠江—西江黄金水道等重要物流通道，强化与京津冀、长三角、成渝等国家重点区域的战略对接，加强与海南自由贸易港等重要国际贸易枢纽联动，构建更广范围的功能互补、链条衔接、梯度发展的供应链体系。加快广州东部公铁联运枢纽电商转运中心等重点项目建设，积极培育"电商+外综服"新模式，密切华南地区与共建"一带一路"国家和地区的经贸往来。二是深耕全球市场，打造国际供应链组织管理中心。支持物流与供应链服务企业在全球开展业务，鼓励有条件的本地企业"走出去"建设商品集散中心、品牌连锁店、海外展厅、海外仓、产业园区及经济合作区等，开展品牌代理、供应链金融、售后服务等增值服务，拓展海外市场，优化供应链组织布局，加强供应商赋能与品牌输出。三是合作建设供应链协同平台，增强全球供应链协同能力。加快广州

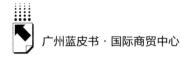
建设全国供应链创新试点城市步伐，鼓励本地供应链和物流企业做大做强，吸引国内外大型现代物流与供应链企业总部、区域总部、营销中心、数据中心、结算中心、研发中心落户广州。引导龙头企业培育全球采购配送服务商，提升全球资源配置能力。充分发挥广州作为国家综合货运枢纽补链强链城市的政策引导效应，构建"5+10+N"供应链物流枢纽体系，充分衔接物流设施与产业集群，形成"1+5+6+4"的产业链供应链布局体系，坚持产业物流融合发展。四是鼓励物流与供应链模式及业态创新发展，增强物流与供应链发展活力。积极创设低空物流应用场景，大力发展低空物流。持续增强冷链物流服务能力。鼓励发展"供应链协同""仓配一体化"等物流与供应链新业态新模式。通过推动白云机场口岸、南沙港口岸开展"智慧口岸"试点建设等创新举措，鼓励物流与供应链企业加强供应链管理、仓储物流、智慧港口建设等，推进物流与供应链便利化、智慧化、绿色化发展。

国际消费中心篇

B.2

广州商业新质生产力评价与比较分析[*]

林梨奎　徐印州　蔡立峰　姚宜[**]

摘　要：　在经济全球化与科技革命的背景下，新质生产力已成为商业发展的关键驱动力。本报告聚焦广州商业新质生产力，构建涵盖高科技、高效能、高质量三个维度及其相应二级指标的评价指标体系。运用熵值法进行计算分析，发现2013~2023年广州商业新质生产力呈现先下降、后上升再波动的趋势。在与北京、上海、深圳等城市的比较中，广州各有优劣。针对广州商业发展现状，提出加快商业科技创新驱动、重视金融科技在商业领域的应用、加强政策支持与配套、促进商业与其他产业

* 本报告系广东省哲学社会科学规划一般项目"老龄化背景下收入分配调整助力我国迈进高收入阶段的机制研究"（项目编号：GD24CYJ55）的研究成果；广东省第五批新时代高校党建示范创建和质量创优工作"党建工作样板支部"（广东金融学院金融与投资学院教工第一党支部）。

** 林梨奎，经济学博士，广东金融学院金融与投资学院金融系副主任、硕士生导师、讲师，广东省哲学社会科学规划决策咨询专家库入库专家，研究方向为新质生产力、科技金融、国际投资；徐印州，广东财经大学教授，研究方向为商业经济；蔡立峰，广东金融学院金融与投资学院硕士研究生，研究方向为科技金融；姚宜，广州市社会科学院城市国际化研究所副所长，研究员，研究方向为区域经济、城市创新。

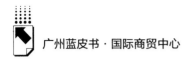

协同发展、加强商业人才培养与引进等有针对性的建议，以促进广州商业新质生产力的发展。

关键词： 商业新质生产力　熵值法　广州

一　引言

在经济全球化与科技革命浪潮的双重推动下，世界经济格局正经历深刻变革。新质生产力作为经济发展的全新引擎，正重塑商业运行的基本逻辑与竞争态势。近年来，以人工智能、大数据、物联网、区块链等为代表的新兴技术呈爆发式增长，深度渗透至商业活动的各个环节，从生产制造的智能化升级、供应链的高效协同管理，到营销与销售模式的数字化创新，以及客户服务体验的个性化重塑，无不彰显新质生产力的强大影响力。广州作为我国南方地区的经济重镇与国际消费中心城市，长期以来凭借其优越的地理位置、雄厚的产业基础与活跃的市场氛围，在国内商业领域占据重要地位。然而，面对新质生产力带来的机遇与挑战，广州商业既有向更高质量发展阶段跃升的契机，也面临周边城市乃至国际商业中心的激烈竞争。如何在新经济语境下洞察广州商业新质生产力的发展现状、优势与短板，成为广州商业实现可持续繁荣的关键命题。在这一重要的现实背景下，本报告致力于构建一套科学严谨、系统全面，而且贴合广州商业实际的新质生产力评价指标体系。通过公开渠道收集实时数据，并运用先进的分析方法，对广州商业新质生产力进行深度剖析，精确衡量其发展水平与内在结构特征。同时，选取国内具有代表性的商业城市与广州进行横向对比，深入分析广州在商业新质生产力方面的优势与劣势，基于研究结论，进而提出具有针对性、可操作性的政策建议与发展策略，为广州商业在新质生产力驱动下实现创新发展、转型升级提供理论支撑与实践指引，助力广州巩固与提升其作为国际消费中心城市的地位。

二 新质生产力相关理论概述

（一）新质生产力的定义与内涵

新质生产力理论是马克思主义生产力理论中国化的最新成果。习近平总书记深刻阐明了新质生产力的特征、基本内涵、核心标志、特点、关键、本质等基本问题。新质生产力是以创新为主导的先进生产力质态，代表科技革命与产业变革的新趋势。新质生产力以科技创新为核心驱动力，通过高端技术引入、知识积累和多主体协同，实现传统生产力的本质性提升。

与传统生产力相比，新质生产力更强调创新要素集成、科研成果高效扩散以及产业结构深度优化。新质生产力是在传统生产力的基础上，通过整合创新科技资源、生产要素创新性配置、产业深度转型升级，推动高质量、高效能发展的先进生产力。新质生产力摆脱传统生产力发展路径和经济增长方式，由技术革命性突破、生产要素创新性配置和产业深度转型升级而催生的，具有高科技、高效能、高质量特征。新质生产力以劳动者、劳动资料、劳动对象及其优化组合的跃升为基本内涵，以全要素生产率大幅提升为核心标志，凸显创新和高质量，其本质是符合新发展理念的先进生产力。

（二）新质生产力在商业领域的表现

新兴业态与商业模式创新，电子商务的蓬勃发展打破了传统商业的时空限制，线上线下融合的新零售模式成为趋势，如无人便利店、智慧门店等利用先进技术提升购物体验；共享经济在商业领域广泛渗透，共享办公、共享仓储、共享物流设备等模式提高了资源配置效率，降低了企业运营成本；平台经济崛起，各类商业平台汇聚了海量的供应商和消费者，促进了交易的高效达成和产业生态的协同发展，网络销售日益普及。

技术创新驱动的商业变革，以及人工智能技术在商业领域的应用，催生了智能客服、智能推荐系统等，提升了客户服务效率和精准营销水平；大数据分析帮助企业深入洞察消费者需求和市场趋势，实现精准的

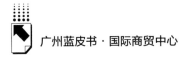

商品选品、定价和库存管理；沉浸式营销拓宽了营销传播渠道，提高了市场营销的效率，强化营销的效果；物联网技术实现了供应链的智能化管理，从原材料采购到产品销售的全过程实现实时监控和智能调控，降低物流成本和损耗。

商业运营效能与服务质量提升，数字化办公和管理系统提高了商业企业的内部运营效率，实现了流程自动化和信息实时共享；电子支付和金融科技的发展简化了支付流程，提供了多样化的金融服务，加速了资金周转；在物流配送方面，无人机配送、同城即时配送等新型配送模式不断涌现，提高了配送速度和准确性，提高了商业的服务能力和消费者满意度。

（三）新质生产力评价的重要性

在包括商业在内的各产业领域引导和布局新质生产力成为高质量发展的新课题，其前置性的课题是新质生产力评价。商业属于竞争性产业，商业新质生产力评价的重要性日益突出。

1. 引导资源合理配置

在宏观产业层面，对新质生产力的评价能够为政府和行业协会提供决策依据，引导资金、人才、技术等资源向新质生产力较高、发展潜力较大的产业和企业倾斜。对于展现出较强新质生产力的企业或产业集群，政府可加大财政支持、税收优惠等政策扶持力度，吸引更多资源汇聚，加速产业的发展与升级，推动产业结构优化调整。

2. 推动产业协同创新

评价新质生产力有助于发现不同产业之间的创新关联和协同机会。通过评价可以促进不同产业之间的融合创新，进而提升整个产业链的效率和附加值，促进产业生态的繁荣发展。

3. 反映经济创新活力

新质生产力作为经济创新发展的关键指标，其评价结果能够直观反映广州的经济创新能力和活力。较高的新质生产力意味着更多的新技术、新业态、新模式在经济活动中得到应用和推广，表明经济发展具有较强的内生动力和较多的创新驱动因素，有利于提升经济发展的质量和效益。

4. 预测经济增长潜力

持续监测和评价新质生产力的发展趋势，可以为经济增长预测提供重要参考。新质生产力的提升往往预示着未来经济增长的新动能正在形成，为经济的长期稳定增长奠定基础。

5. 明确区域竞争地位

在区域竞争中，对新质生产力的评价可以帮助广州了解自身在全国乃至全球商业版图中的位置。通过与其他城市的对比分析，发现自身的优势与劣势，进而制定差异化的竞争策略。

三 广州商业新质生产力评价指标体系

（一）指标体系设计

在现有研究中，多数学者从劳动者、劳动资料、劳动对象三个维度对新质生产力发展水平展开测度。部分研究认为新质生产力是以全要素生产率的大幅提升为核心标志，以新质生产力的表现特征界定与测度新质生产力发展水平。本报告参考彭桥等的做法，将广州商业新质生产力分为三个维度——高科技、高效能、高质量，并将其设定为一级指标，再对这三个维度进行细分，设定二级指标，运用熵值法对广州商业新质生产力评价指标进行赋权（见表1）。

表1 广州商业新质生产力评价指标体系

一级指标	二级指标	影响方向
高科技	R&D 经费支出	正向
	专利授权数量	正向
	物流业增加值占比	正向
	城镇居民家庭平均每百户年末移动电话与计算机拥有量	正向
	农村居民家庭平均每百户年末移动电话与计算机拥有量	正向

续表

一级指标	二级指标	影响方向
高效能	亿元以上商品交易市场交易额	正向
	货物周转量	正向
	旅客周转量	正向
	每万人拥有公交车辆数量	正向
	社会消费品零售总额人均水平	正向
高质量	城镇居民教育文化娱乐与医疗保健支出占比	正向
	农村居民教育文化娱乐与医疗保健支出占比	正向
	单位 GDP 能耗	正向
	现代服务业增加值占比	正向
	每十万人口高等教育平均在校生数	正向
	工资性收入占可支配收入比重	正向

（二）高科技维度指标

1. R&D 经费支出

企业研发经费投入是技术创新的关键，R&D（Research and Experimental Development）经费支出直接反映企业对技术研发的重视程度与资源投入力度。较高的投入通常预示着企业积极主动地探索前沿技术、研发新产品与新工艺。为持续创新提供坚实的物质保障，是企业在激烈的市场竞争中保持技术领先地位、实现差异化发展的核心动力。

2. 专利授权数量

专利作为技术创新成果的法定载体，是企业技术创新实力与市场竞争力的重要彰显。丰富且高质量的专利储备不仅为企业构建起强大的技术壁垒，巩固市场竞争优势，还在一定程度上反映了地区产业技术创新的活跃度与整体创新能力。

3. 物流业增加值占比

物流业作为连接生产与消费的关键纽带，其增加值在地区经济总量中的占比是衡量物流产业发展规模、技术创新应用水平与经济贡献度的重要指标。较高的占比表明物流业在地区经济体系中占据重要地位，且积极引入先进物流技术与管理模式，实现物流运作效率与服务质量的双提升。

4. 城镇居民家庭平均每百户年末移动电话与计算机拥有量

移动电话与计算机已成为居民接入互联网、参与数字生活与商业活动的基础终端设备。城镇居民家庭较高的拥有量反映出城镇居民具备较强的数字化生活与信息获取能力，为商业数字化服务的广泛应用与深度渗透提供了坚实的用户基础与市场需求。

5. 农村居民家庭平均每百户年末移动电话与计算机拥有量

农村地区居民家庭移动电话与计算机拥有量的增长趋势，是农村信息化建设进程与消费升级潜力的重要体现。随着信息技术的逐步普及与乡村振兴战略的深入实施，农村居民数字化消费能力与需求正稳步提升。这一指标的增长为农村商业发展带来了新机遇与新动能，有助于引导商业资源向农村地区倾斜，拓展农村电商、数字农业、乡村旅游等新兴商业领域。

（三）高效能维度指标

1. 亿元以上商品交易市场交易额

亿元以上商品交易市场作为大规模商品流通的核心载体与关键平台，其交易额是衡量地区商品交易市场繁荣程度与资源配置效率的关键指标。较高的商品交易市场交易额表明市场汇聚了丰富多样的商品资源与庞大的采购商、供应商，形成高度活跃的交易环境与高效的资源配置机制，不仅推动了广州本地特色产业的规模化发展与品牌化建设，还通过强大的辐射力将广州的商品与商业影响力拓展至全国乃至全球市场。

2. 货物周转量

货物周转量综合反映了货物运输的规模与效率，是衡量物流运输系统运行效能的核心指标之一。广州作为国际交通枢纽城市，拥有发达的综合交通运输体系，其港口货物吞吐量、机场货邮吞吐量以及公路铁路货运量均位居全国前列。庞大的货物周转量有力保障了商业物资的顺畅流通，降低了企业库存积压风险与物流成本，显著提升了商业运营的整体效率与经济效益，增

强了广州商业在全球产业链中的竞争力与影响力。

3. 旅客周转量

旅客周转量体现了城市人员流动的规模、活跃度与空间范围，与商业发展存在紧密的内在联系。广州作为国家中心城市与重要旅游目的地，每年吸引大量国内外游客与商务旅客。庞大的旅客周转量为商业发展注入了强劲的消费动力，推动商业业态不断创新与升级。

4. 每万人拥有公交车辆数量

公共交通是城市运行与居民出行的重要保障，每万人拥有公交车辆数量是衡量城市公共交通基础设施建设水平与服务供给能力的关键指标。对于商业发展而言，完善的公交系统有助于保障商业活动参与者的高效通勤，降低交通成本，促进人员在城市不同区域间的顺畅流动，增强商业区域之间的经济联系与协同发展，为商业繁荣创造良好的交通环境与基础条件。

5. 社会消费品零售总额人均水平

社会消费品零售总额直接反映了地区消费市场的总体规模与活力，人均水平则进一步聚焦居民个体的消费能力与消费倾向，是衡量地区消费市场质量与潜力的重要指标。随着广州经济的持续发展与居民收入的稳步增长，社会消费品零售总额人均水平持续提升，刺激商业企业加大产品创新与服务升级力度，推动商业业态多元化发展，促进商业结构的优化调整，进一步增强广州商业的市场吸引力与辐射力。

（四）高质量维度指标

1. 城镇居民教育文化娱乐与医疗保健支出占比

城镇居民教育文化娱乐与医疗保健支出占比是衡量城镇居民生活品质提升与消费结构升级的重要指标。随着居民对娱乐休闲体验与健康医疗保障的重视程度日益提高，居民愿意在这些领域增加消费支出，这一趋势促使商业企业积极拓展相关业务领域，以满足居民日益增长的高品质教育文化娱乐与医疗保健需求，进而提升城市商业的整体发展质量。

2. 农村居民教育文化娱乐与医疗保健支出占比

伴随农村经济发展与居民生活水平的提升，农村居民教育文化娱乐与医疗保健支出占比成为衡量农村消费升级与生活质量改善的关键指标。农村居民教育文化娱乐和医疗保健支出占比的提升，意味着农村消费市场在高品质服务领域的需求加速释放，吸引商业资源向农村地区倾斜，促进农村文化教育产业、乡村旅游、农村电商服务站等新业态发展，缩小城乡商业服务差距，推动商业新质生产力在城乡实现协同发展。

3. 单位 GDP 能耗

单位 GDP 能耗是衡量地区经济发展过程中能源利用效率与绿色发展水平的核心指标。较低的单位 GDP 能耗表明地区在经济增长过程中能够以较少的能源消耗实现较高的产出效益，反映出产业结构优化升级、技术创新应用在节能减排方面取得显著成效，体现了经济发展与环境保护的关系，符合商业可持续发展的内在要求，为商业长期稳定发展奠定了坚实的基础。

4. 现代服务业增加值占比

现代服务业作为知识密集、技术密集、高附加值的产业形态，是商业高质量发展的核心支撑与关键动力，其涵盖金融服务、科技服务、信息咨询、文化创意、电子商务等多个领域。现代服务业增加值在地区经济总量中的占比越高，说明地区产业结构越趋于高端化、现代化，能够为商业发展提供更丰富多样的专业服务。

5. 每十万人口高等教育平均在校生数

每十万人口高等教育平均在校生数是衡量地区高等教育人才培养规模的关键指标。充足的高等教育人才供给为商业创新发展提供了源源不断的高素质人力资源。高等教育人才具备的专业知识和创新思维能够在商业企业的技术研发、市场营销、商业模式设计等多个环节发挥关键作用，提升商业企业核心竞争力与行业整体创新水平，高等教育人才是商业新质生产力培育与发展的重要部分。

6. 工资性收入占可支配收入比重

工资性收入占可支配收入比重稳定且合理增长是居民收入质量提升与就业稳定的重要体现。在商业领域，较高的工资性收入占比有助于提升员工消费能力与生活品质，促进企业稳定发展与人才队伍建设。同时，居民消费能力提升进一步激发商业市场需求，形成企业发展与员工收入增长的良性循环。

四　广州商业新质生产力现状分析

（一）数据收集与处理

本报告数据均来自各年广州统计年鉴。本报告用熵值法从高科技、高效能、高质量三个维度测算广州商业新质生产力指数，熵值法赋权更加客观，可以较好地确定权重。

第一，标准化处理。由于各项指标的计量单位不统一，因此在用它们计算综合指标前，先要进行标准化处理，使数据位于区间［0，1］，从而具有可比性。在指标体系中，指标分为正向指标与逆向指标两类，值越大越好的指标即为正向指标，相反则是逆向指标。

对于正向指标的处理：

$$y_{ij} = \frac{x_{ij} - \min_t(x_{jt})}{\max_t(x_{jt}) - \min_t(x_{jt})} \tag{1}$$

对于逆向指标的处理：

$$y_{ij} = \frac{\max_t(x_{jt}) - x_{ij}}{\max_t(x_{jt}) - \min_t(x_{jt})} \tag{2}$$

其中 $i = 1, 2, \cdots, n$（n 为时间点的数量），$j = 1, 2, \cdots, m$（m 为指标的数量），t 表示时间点。

第二，定义标准化值。计算第 j 项指标下第 i 个时间点的比重 P_{ij}，比重 P_{ij} 反映了该时间点的指标值在该指标所有时间点值总和中的相对份额。

$$P_{ij} = \frac{y_{ij}}{\sum_{i=1}^{n} y_{ij}} \tag{3}$$

第三，计算熵值。如公式（4）所示，熵值 e_j 衡量了第 j 项指标的信息无序程度，熵值越大，说明该指标在不同时间点的取值越均匀，提供的信息越少；熵值越小，说明该指标在不同时间点的取值差异较大，提供的信息越多。

$$e_j = -\frac{1}{\ln_n} \sum_{i=1}^{n} p_{ij} \ln p_{ij} \tag{4}$$

第四，计算差异系数。如公式（5）所示，差异系数 g_j 反映了第 j 项指标的变异程度或离散程度，差异系数越大，则该指标对综合评价的重要性越大。

$$g_j = 1 - e_j \tag{5}$$

第五，计算各项指标的权重。其中，权重 w_j 表示第 j 项指标在综合评价中的相对重要性，所有指标权重之和为1。

$$w_j = \frac{g_j}{\sum_{i=1}^{m} g_j} \tag{6}$$

第六，计算综合得分。综合得分 z_{ij} 反映了该时间点在所有指标综合作用下的整体表现。

$$z_{ij} = w_j \times y_{ij} \tag{7}$$

根据上述步骤计算广州商业新质生产力指标权重，如表2所示。

表2　广州商业新质生产力指标权重

一级指标	二级指标	权重
高科技	R&D 经费支出	0.072470
	专利授权数量	0.089407
	物流业增加值占比	0.046938
	城镇居民家庭平均每百户年末移动电话与计算机拥有量	0.039486
	农村居民家庭平均每百户年末移动电话与计算机拥有量	0.060136

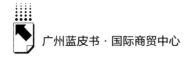

续表

一级指标	二级指标	权重
高效能	亿元以上商品交易市场交易额	0.022536
	货物周转量	0.052482
	旅客周转量	0.042775
	每万人拥有公交车辆数量	0.029529
	社会消费品零售总额人均水平	0.069514
高质量	城镇居民教育文化娱乐与医疗保健支出占比	0.049479
	农村居民教育文化娱乐与医疗保健支出占比	0.044367
	单位 GDP 能耗	0.063653
	现代服务业增加值占比	0.050213
	每十万人口高等教育平均在校生数	0.083446
	工资性收入占可支配收入比重	0.183570

（二）基于熵值法的分析

从表 2 的数据来看，一级指标的权重有一定差异。这反映出在整个评价指标体系中，各一级指标对广州商业新质生产力的贡献程度不同。"高质量"一级指标下包含多个二级指标，高质量指标占比为 47.5%，其整体权重相对较高，且在 3 个一级指标中占比最大。这说明在评估广州商业新质生产力时，高质量发展方面占据比较重要的地位，与城市追求可持续发展、提升居民生活质量等目标相关。高科技和高效能指标占比分别为 30.8% 和 21.7%，说明高科技指标对广州新质生产力的贡献度要大于高效能指标。对于各二级指标，专利授权数量的权重相对较大，这表明在高科技发展水平的衡量中，专利授权情况是一个比较关键的因素，反映出广州对创新成果产出比较重视，专利的多少在一定程度上代表了技术创新的水平和能力。每十万人口高等教育平均在校生数的权重同样较高，这说明对于广州新质生产力而言，高等教育水平是一个重要的影响因素。提高高等教育水平和质量，以满足城市发展人才需求，促进广州商业新质生产力提升。工资性收入占可支配收入比重指标的权重最大，达 18.357%，这表明居民的工资性收入在其可支配收入中的占比情况，即消费能力是巩固和发展广州商业新质生产力不可或缺的重要因素。

（三）评价结果分析

基于上述研究，最终得出 2013~2023 年广州商业新质生产力综合得分，如表 3 所示。

表 3 2013~2023 年广州商业新质生产力综合得分

年份	综合得分	年份	综合得分
2013	0.554078	2019	0.478822
2014	0.385719	2020	0.463524
2015	0.329853	2021	0.586904
2016	0.407881	2022	0.522557
2017	0.420281	2023	0.466594
2018	0.446432		

1. 整体评价

从时间序列来看，广州商业新质生产力指标呈现一定的波动变化趋势。2013~2015 年，指标数值呈现下降趋势，从 0.554078 下降到 0.329853，在该阶段广州商业面临一些挑战或转型压力，可能是由于传统商业业态受到新兴商业模式的冲击，市场竞争加剧，而商业创新和适应新环境的能力尚未完全跟上，商业新质生产力综合得分下降。2015 年后，综合得分总体呈现上升趋势，尤其是在 2021 年有较为显著的增长，这反映出广州在商业领域积极采取措施应对变革，推动新质生产力提升。可能是广州加大了对科技创新在商业应用中的投入力度，如推动数字化转型、加强数字商业设施建设等，促进商业模式创新和效率提高，使得广州商业新质生产力实现较大幅度的提升。但是，数据的波动也说明广州商业新质生产力的稳定性有待提高。综合得分在 2013~2023 年出现较为明显的起伏，这可能意味着广州商业发展受外部因素的影响较大。总体而言，广州商业新质生产力在过去一段时间内取得了可观的成绩,尤其是在后期呈现上升趋势,但仍面临提升稳定性、保持增长趋势等挑战。

2.各维度表现

广州商业新质生产力各维度得分如表4所示。

表4　2013~2023年广州商业新质生产力各维度得分

年份	高科技	高效能	高质量
2013	0.076551	0.080730	0.396797
2014	0.050940	0.114862	0.219917
2015	0.092864	0.090650	0.146339
2016	0.142155	0.117599	0.148127
2017	0.157858	0.126219	0.136204
2018	0.180814	0.139039	0.126579
2019	0.209123	0.155087	0.114612
2020	0.240267	0.120200	0.103057
2021	0.283210	0.141988	0.161706
2022	0.218548	0.134955	0.169054
2023	0.152929	0.144445	0.169220

第一,2014~2021年高科技维度的得分呈现上升趋势,在2021年达到0.283210,随后在2023年略有下降。这表明在这一时期内,广州在高科技方面的投入不断增加,持续增加的研发资金投入、科技人才的引进以及对科技创新的重视,推动商业领域高科技应用和创新成果产出。高科技维度在整体商业新质生产力中具有重要地位。较高的科技水平有助于提升商业运营效率和创新能力,提高广州商业新质生产力水平。

第二,2013~2014年高效能维度得分从0.080730增长到0.114862。2016~2019年,高效能维度得分呈现上升趋势,在2019年达到峰值0.155087,之后在2020~2023年出现波动。这反映出前期广州在商业高效能方面取得了一定的进展,但在后期面临一些挑战。例如,随着城市规模的扩大和商业活动的日益频繁，在物流配送、市场交易效率等方面可能遇到瓶颈，需要进一步优化和改进。高效能维度对降低商业成本、提高资源利用率至关重要。一个高效能的商业体系能够确保商品和服务的快速流通，减少库存积压和降低运营成本，提升企业的盈利能力和加快市场响应速度，进而对整个商业新质生产力的提升起到支撑作用。

第三，2013~2020 年高质量维度得分大幅下降，从 0.396797 降至 0.103057。2021~2023 年高质量维度得分呈现上升态势，在 2023 年达到 0.169220。这意味着广州在早期对商业高质量发展的某些方面有所忽视，但随后逐渐意识到其重要性并采取了相应的措施，例如，加强对商业服务质量的监管、推动企业提升产品质量和加强品牌建设等。高质量是商业可持续发展的关键因素，能够提高消费者满意度，促进商业的长期稳定发展。

总之，高科技、高效能和高质量三个维度相互关联、相互影响。在理想状态下，高科技的发展能够促进高效能和高质量水平的提升，先进的信息技术可以同时提高商业运营效率和服务质量；高效能的商业体系有助于更好地推广高科技成果和保障高质量产品与服务的供应；高质量的商业环境则为高科技和高效能水平的持续提高提供强大的市场需求。商业新质生产力在三个维度协同发展，避免出现某一维度过度发展而其他维度滞后的情况，是广州商业发展的重要任务。

五　广州与其他城市商业新质生产力比较分析

（一）选择比较城市

为将广州商业新质生产力与其他城市进行横向比较，选择发达程度、消费和现代化建设水平相近的城市会更具有说服力和可比性。本报告选取与广州同为国际消费中心城市的北京、上海、天津和重庆，以及广东省内另一座现代化与国际化城市——深圳。根据以上城市公布的统计年鉴，基于数据可得性和准确性，在广州商业新质生产力指标的基础上，最终确定各市商业新质生产力各项二级指标数值。采用熵值法对各城市指标数据进行处理，最终得出各城市商业新质生产力综合得分，如表5所示。

表5 2013~2023年部分城市商业新质生产力综合得分

年份	广州	深圳	上海	北京	天津	重庆
2013	0.554078	0.350200	0.490789	0.552165	0.397390	0.235919
2014	0.385719	0.410439	0.149601	0.539306	0.210463	0.285461
2015	0.329853	0.369897	0.227549	0.342740	0.256642	0.330368
2016	0.407881	0.363670	0.298710	0.394907	0.345832	0.411667
2017	0.420281	0.426240	0.292695	0.482375	0.351628	0.417974
2018	0.446432	0.413288	0.391125	0.511259	0.509322	0.509407
2019	0.478822	0.477292	0.427518	0.579205	0.483464	0.630234
2020	0.463524	0.430370	0.373177	0.397272	0.449231	0.507120
2021	0.586904	0.541386	0.521244	0.462616	0.605849	0.633096
2022	0.522557	0.572631	0.481084	0.437768	0.537472	0.575709
2023	0.466594	0.683983	0.723322	0.428895	0.574324	0.652979

（二）比较结果与差异分析

1. 深圳与广州的比较分析

深圳和广州在商业新质生产力指标上的数值较为接近。2013~2023年，深圳的商业新质生产力指标增长速度相对较快，这可能得益于其更灵活的市场机制、更高效的科技成果转化能力以及对新兴产业的大力扶持。2014~2015年，深圳的商业新质生产力综合得分超过广州，但随后广州在2016年超过深圳。这表明两市在商业发展上具有一定的相似性，都注重科技创新对商业的推动作用，且都拥有活跃的市场环境和较强的创新动力。深圳在高新技术产业对商业的赋能方面更为突出，在电子信息、互联网等领域的创新成果能够更快地应用于商业领域，催生了众多新兴商业模式，而广州在传统商业转型升级方面面临更大的挑战，但在商业与制造业协同创新、区域商业辐射能力等方面具有优势，其作为华南地区的商业中心，对周边地区的商业影响力较大。

2. 上海与广州的比较分析

2013~2023年，上海的商业新质生产力综合得分整体呈现先下降后波动上升的趋势，且波动幅度较大，广州同样呈现先下降后上升再回落的波动趋势。2013~2022年，广州商业新质生产力综合得分高于上海。2023年，上海的商业新质生产力综合得分超过广州，达到0.723322，大幅领先于广州的0.466594。这表明上海在商业新质生产力的持续提升方面表现更为出色，可能得益于其丰富的金融资源对商业创新的支持、科技创新人才集聚推动商业科技应用升级，以及更国际化的商业环境促进新型商业模式快速发展。广州在商业与金融深度融合、高端商业服务创新、国际商业品牌集聚度等方面与上海还存在一定的差距。

3. 北京与广州的比较分析

广州和北京的商业新质生产力综合得分均呈现波动态势。广州得分波动幅度相对较大，在2013~2015年呈明显的下降趋势，随后逐步回升，后期又有所回落；北京商业新质生产力综合得分虽也有起伏，但整体波动相对缓和，2013~2015年下降后，2016~2019年稳步上升，之后又逐渐下滑。2013年广州商业新质生产力综合得分略高于北京，2014~2015年北京实现反超，2016年广州再度领先，2017~2019年北京小幅领先，2020~2023年广州持续保持领先优势。从城市特质与产业结构角度来看，北京作为政治文化中心，资源高度集聚，消费市场庞大且科技研发实力强劲。在文化创意产业与商业融合方面独占鳌头，像南锣鼓巷、798艺术区等文化商业街区，以及故宫文创等产品，将文化元素深度融入商业，形成独特竞争力。同时，高校与科研机构云集，为商业智能化、数字化转型等提供了强大的智力支持。广州则凭借优越的地理位置和深厚的商业底蕴，在商贸物流领域优势显著，是重要的国际商贸中心和物流枢纽。其制造业基础雄厚，专业批发市场蓬勃发展，如广州白马服装市场等，实现了制造业与商业的高效协同。在创新发展

方面,近年来广州不断发力,加速在商业科技应用领域追赶,在直播电商等新兴商业业态上发展迅猛。

4. 天津、重庆与广州的比较分析

天津和重庆早期的商业新质生产力综合得分明显低于广州,但在后期呈现快速上升的趋势,并且在近年来实现对广州的超越。这反映出这两个城市在商业发展上起步相对较晚,但具有较大的发展潜力。广州的优势在于其拥有更成熟的商业市场体系、更丰富的商业运营经验以及在国际贸易和物流方面的优势地位。广州的港口物流在对外贸易中发挥重要作用,能够更好地连接国内外市场,促进商业发展。天津通过加强港口物流与商业的融合、以智能制造带动商业升级等措施,实现商业新质生产力的持续增长。重庆得益于其在西部大开发等政策背景下,积极承接产业转移,大力发展电子信息、汽车制造等产业,并推动这些产业与商业深度融合。

六　提升广州商业新质生产力的建议

(一)加快商业科技创新驱动

加大科技研发投入力度,政府设立专项商业科技研发基金,鼓励企业、高校和科研机构合作开展研究项目,重点关注大数据、人工智能、物联网、区块链等前沿技术在商业领域的应用。例如,支持企业研发智能营销系统,利用大数据分析消费者行为和市场趋势,实现精准营销;推动物联网技术在物流配送中的应用,实现货物的实时跟踪和智能调度。培育科技型商业企业,制定优惠政策,如税收减免、财政补贴、土地优惠等,吸引和培育一批具有核心技术和创新能力的科技型商业企业。为这些企业提供创业孵化服务、技术指导和市场对接平台,帮助其快速成长。同时,鼓励传统商业企业加大科技投入力度,进行数字化转型,通过技术改造提升运营效率和服务质量。

（二）重视金融科技在商业领域的应用

在数字经济时代，金融科技（FinTech）已经在商业领域广泛应用，并以前所未有的速度重塑商业行业的面貌。手机扫码支付、人脸支付已经普及；网上银行为客户提供在线转账、支付账单、查询账户余额、信用卡支付等全方位服务，使购物支付更加便捷；AI 客服快速、准确地为顾客答疑解惑，提供指引和帮助；区块链技术实现跨境汇款，提供可追溯且不可修改的交易记录，极大地提高了交易效率和安全性；商家利用大数据分析技术，更深入地了解顾客需求和行为，准确地制定营销策略和风险控制程序。总之，金融科技不仅为商业银行带来了一系列新的工具和技术，同时打开了商家、银行和客户之间互动与交易的新大门，极大地促进了商业发展。广州商业必须高度重视金融科技对商业的深刻影响和普及应用，让金融科技成为广州商业新质生产力发展的强大驱动力。

（三）加强政策支持与配套

政府根据广州商业新质生产力的发展现状和需求，制定有针对性的政策措施，出台一系列具有针对性的政策文件。具体包括财政补贴政策，对采用新技术、新模式的商业企业给予资金支持；税收优惠政策，对科技创新型商业企业、小微企业等实行税收减免或优惠；土地政策，优先保障商业科技项目和创新型商业业态的用地需求等。确保政策的精准性和有效性，切实推动商业新质生产力的提升。加强知识产权保护，完善知识产权保护法律法规，加大对商业领域知识产权侵权行为的打击力度。建立知识产权服务平台，为企业提供知识产权申请、评估、交易、保护等服务。鼓励企业加强知识产权管理和创新，提高自主知识产权的拥有量和质量，激发企业的创新积极性和创造力。

（四）促进商业与其他产业协同发展

推动制造业与商业深度融合，鼓励制造业企业加强与商业企业的合作，开展定制化生产、产品生命周期管理等。制造业企业利用商业渠道和市场反馈，优化产品设计和生产流程，提高产品的市场适应性和竞争力；商业企业则借助制造业的产品优势，拓展业务领域和服务内容，实现互利共赢。加强商业企业之间的协同合作，引导商业企业建立战略联盟、产业集群等，加强信息共享、资源整合和业务协同。在采购、物流、营销、售后服务等环节开展合作，实现规模经济和协同效应。例如，利用商业网络平台，通过集中采购降低成本；共同开展联合营销活动，提升品牌知名度和市场影响力。

（五）加强商业人才培养与引进

加强商业科技人才培养，推动高校调整学科专业设置，开设与商业科技相关的专业和课程，如电子商务技术、商业数据分析、智能物流管理等。建立高校与企业的人才培养合作机制，开展实习实训基地建设、人才培养等项目，使学生能够更好地将理论知识与实践相结合，满足市场对商业科技人才的需求。吸引高端商业人才，制定具有竞争力的人才引进政策，提供优厚的待遇和良好的发展环境，吸引国内外具有丰富商业经验、创新能力和科技背景的高端人才来广州创业和就业。例如，为高端人才提供住房补贴、子女教育优惠、科研启动资金等支持，帮助他们消除后顾之忧。同时，建立人才交流平台和社交网络，促进人才之间的交流与合作，营造良好的人才生态环境。

七 结语

本报告构建了适用于广州商业的新质生产力评价指标体系，涵盖高科技、高效能、高质量三个维度及相应二级指标，并运用熵值法进行了科学测算与分析。研究发现，广州商业新质生产力综合得分在 2013~2023 年呈现先降后升再波动的趋势，反映出其在商业发展进程中经历了传统业态冲击、转型调整与创新发展的阶段变化。在各维度表现上，高科技维度持续发展但稳定性有待提升；高效能维度前期大幅提升后期遭遇瓶颈；高质量维度前期表现不佳但后期逐步改善。与北京、上海、深圳等城市比较，广州在商业金融、高端服务、科技成果转化等方面存在一定差距，但在商贸物流、商业辐射等方面具有优势。总体而言，广州商业新质生产力发展取得一定成绩，但面临提升稳定性、强化创新驱动与实现协同发展等挑战，需在多方面采取措施实现突破与提升。当然本研究毕竟存在一些局限，未来研究在指标体系方面，需纳入更多新兴商业元素和动态因素，例如，新兴数字技术指标、商业生态系统韧性指标等，使评价体系更具创新性和全面性。在研究方法上，可以结合大数据分析、案例研究和实地调研等方法，更深入剖析商业新质生产力的微观机制和实际影响因素。同时，关注全球商业发展动态和政策环境变化，持续跟踪广州及其他城市商业新质生产力的发展演变，为广州商业发展提供更及时、精准和有效的决策支持与对策建议，实现商业的可持续繁荣与创新发展，稳固其作为国际消费中心城市的地位。

参考文献

习近平：《发展新质生产力是推动高质量发展的内在要求和重要着力点》，《求知》2024 年第 6 期。

宋佳荣、同雪莉：《新质生产力如何影响产业链韧性：理论分析与经验证据》，《统计与决策》2024 年第 14 期。

蓝文婷：《新质生产力发展需求下高校科技成果转化质效提升研究》，《江苏高教》2024 年第 10 期。

胡德鑫、逄丹丹：《新质生产力视域下高职教育与产业发展的耦合协调水平测度》，《教育学术月刊》2024 年第 5 期。

王珏、王荣基：《新质生产力：指标构建与时空演进》，《西安财经大学学报》2024 年第 1 期。

张哲、李季刚、汤努尔·哈力克：《中国新质生产力发展水平测度与时空演进》，《统计与决策》2024 年第 9 期。

王勇：《深刻把握新质生产力的内涵、特征及理论意蕴》，《人民论坛》2024 年第 6 期。

许恒兵：《新质生产力：科学内涵、战略考量与理论贡献》，《南京社会科学》2024

年第 3 期。

吴继飞、万晓榆:《中国新质生产力发展水平测度、区域差距及动态规律》,《技术经济》2024 年第 4 期。

蒋昀成、娄燚、李英祥:《基于熵值法的地方财政状况实证研究——以 S 省为例》,《开发性金融研究》2023 年第 3 期。

董庆前:《中国新质生产力发展水平测度、时空演变及收敛性研究》,《中国软科学》2024 年第 8 期。

B.3

从历史文化街区到城市 IP：广州老城区 文商旅提质路径研究[*]

张小英　魏　颖　王艺晓^{**}

摘　要： 老城区是广州千年城脉、文脉、商脉的重要承载地和历史文化名城的核心区，是广州打造中心型世界城市，集聚全球城市核心功能和展示国际形象的重要区域之一。近年来，广州推动老城区文商旅融合发展取得积极成效。接下来，广州可以学习借鉴伦敦、巴塞罗那、上海、西安等国内外城市的经验做法，加强规划引导与政策支持，探索多种空间活化利用开发模式，加强历史文化保护与活化展现，创造消费新业态新模式，打造文商旅消费场景，优化公共空间和慢行系统，加强城市品牌塑造与国际传播推介，推动文商旅融合发展，为广州加快推进现代商贸、文化创意、休闲娱乐等现代服务业发展，建设国际消费中心城市提供有力支撑，推动广州加快实现老城市新活力，建成具有经典魅力和时代活力的中心型世界城市。

关键词： 历史文化街区　城市 IP　文商旅融合　老城区　广州

2018 年 10 月 24 日，习近平总书记在考察广州市荔湾区西关历史文化街区永庆坊时指出，城市规划和建设要高度重视历史文化保护，不急功近

---

* 本报告系广东省哲学社会科学规划 2022 年度一般项目“COVID-19 疫情影响下广东省商业业态时空变化及优化策略研究”（项目编号：GD22CYJ05）的研究成果。
** 张小英，广州市社会科学院国际商贸研究所副所长，研究员，研究方向为商贸流通、商业地理与城市经济；魏颖，广州市社会科学院国际商贸研究所副研究员，研究方向为城市经济、现代服务业和商贸流通业等；王艺晓，广州市社会科学院国际商贸研究所助理研究员。

利,不大拆大建。要突出地方特色,注重人居环境改善,更多采用微改造这种"绣花"功夫,注重文明传承、文化延续,让城市留下记忆,让人们记住乡愁。① 中共广州市委十二届六次全会明确提出要促进广州千年城脉、文脉、商脉传承发展。2024 年 9 月,国务院批复的《广州市国土空间总体规划(2021—2035 年)》,赋予广州打造"具有经典魅力和时代活力的中心型世界城市"的新使命,中心城区作为"三核"之一的"历史文化核"明确提出"将合理疏解非核心功能,集聚总部金融、创新创意、文化旅游、国际交往、商贸会展等核心功能,成为集聚全球城市核心功能和展示国际形象的中心区域"。广州提出构建"12218"现代化产业体系,将现代商贸、文化创意、旅游休闲等列入重点发展的现代服务业之列。在此背景下,本报告以提升老城区文商旅活力为着力点,顺应世界城市及国际消费中心城市发展新趋势,让广州老城区在现代商业活动中焕发新的生机和活力,为广州构建"12218"现代化产业体系和推进国际消费中心城市建设提供有力支撑。

一 广州老城区文商旅融合发展现状与存在的问题

(一)发展现状

1. 老城区千年城脉、文脉、商脉交织汇集,文商旅资源丰富

广州老城区②历史悠久,广州千年城脉、文脉、商脉在此交织汇集,岭南文化、红色文化、海丝文化等多种文化交相辉映、融合发展。老城区集中

---

① 《习近平在广东考察》,中国政府网,2018 年 10 月 25 日,https://www.gov.cn/xinwen/2018-10/25/content_5334458.htm。

② 国际上一般认为建成 30 年以上城市地区为旧城区。因此,结合行政边界、城市道路,参考1990 年广州建成区范围,一般认为西至芳村大道、花地大道连线,北至黄石路延线,东至广州大道延线与天河体育中心周边,南至工业大道与新港西路延线为广州老城区范围。《老城提质:千年广州新韵味》,广东省住房和城乡建设厅网站,2024 年 6 月 14 日,http://zfcxjst.gd.gov.cn/zwzt/pzts/bhcc/whzy/content/post_4440228.html。

了全市 90% 以上的历史文化街区。在广州 26 片历史文化街区中，有 14 片位于荔湾区、9 片位于越秀区、3 片位于海珠区（见表 1）。① 骑楼等传统建筑在老城区广泛分布，构成广州旧城的骨架，并使老城区成为岭南建筑的"博物馆"。广州发布的《广州市骑楼街保护利用规划》确定了长达 26.5公里、囊括 3886 栋骑楼建筑、涉及北京路等 60 条道路的骑楼街，规划范围主要位于老城区，形成"一环三带，四片十街"的空间格局。② 老城区历史文化资源丰富，广州 6 处海丝史迹有 5 处在此，拥有李小龙祖居、陈家祠、圣心大教堂等文旅景点，以及粤剧艺术博物馆、广州十三行博物馆、白鹅潭大湾区艺术中心等文化设施。老城区非遗资源丰厚，仅荔湾区就拥有非遗代表性传承人 81 名、各级非物质文化遗产代表性项目 60 个。③老城区还拥有中共三大旧址、广州农民运动讲习所旧址、广州起义烈士陵园等类型多样的红色文化遗产。老城区商业街区密布，拥有北京路、上下九、永庆坊等商业步行街以及惠福路美食街、文德路书画街、清平路药材街、华林玉器街等特色商业街，形成流花矿泉服装、站西鞋材、一德路海味、黄沙水产、芳村茶叶等批发市场，批发市场数量占全市 50% 以上。老城区集聚广州酒家、陶陶居、泮溪酒家、莲香楼等广州百年老字号茶楼，是广府美食文化的集聚地。

---

① 《广东历史文化街区名单再更新，广州 26 个片区等你打卡》，"南方都市报"搜狐号，2021年 7 月 27 日，https://www.sohu.com/a/479818936_161795。

② 《广州骑楼街保护规划出炉 囊括 3886 栋骑楼 街区内新建重建均要建骑楼》，广州日报网站，2019 年 1 月 26 日，https://www.gz.gov.cn/zlgz/wlzx/content/post_2833582.htm。广州骑楼街"一环三带，四片十街"的空间格局如下。一环：上九路、下九路、第十甫路、恩宁路、龙津西路、龙津中路、龙津东路、人民中路组成的西关骑楼环。三带：恩宁路、上下九、大德路、大南路、文明路、东华路组成的综合功能发展带，"人民路"商贸发展带和"北京路"商业发展带。四片：西关风情旅游区、长堤商贸文化休闲区、中轴商都文化核心区、海珠民俗风情区。十街：海珠路、起义路、德政路、中山五路—中山六路、大新路、一德路—泰康路—万福路、珠光路、长堤大马路—八旗二马路、南华路、同福路。

③ 《荔湾区文广旅体局，荔湾区非遗概况》，广州市荔湾区人民政府网站，2023 年 6 月 16 日，https://www.lw.gov.cn/jsms/xgyk/lwfy/content/post_9055303.htm。

表1　广州历史文化街区名单

序号	街区名称	序号	街区名称
1	沙面历史文化街区	14	和平中历史文化街区
2	上下九一第十甫历史文化街区	15	光复南历史文化街区
3	传统中轴线（近代）历史文化街区	16	光复中历史文化街区
4	耀华大街历史文化街区	17	五仙观一怀圣寺一六榕寺历史文化街区
5	人民南历史文化街区（荔湾、越秀）	18	海珠中历史文化街区
6	北京路历史文化街区	19	海珠南一长堤历史文化街区
7	南华西街历史文化街区	20	文德南历史文化街区
8	逢源大街一荔湾湖历史文化街区	21	洪德巷历史文化街区
9	昌华大街历史文化街区	22	龙骧大街历史文化街区
10	宝源路历史文化街区	23	恩宁路历史文化街区
11	多宝路历史文化街区	24	新河浦历史文化街区
12	宝华路历史文化街区	25	华侨新村历史文化街区
13	华林寺历史文化街区	26	长洲岛历史文化街区

2.老城区积极打造文商旅融合发展载体，消费场景日益增多

近年来，广州老城区积极探索文商旅融合发展新路径，加快推动历史文化街区活化利用，"绣花"功夫微改造取得良好成效，打造了一批历史文化保护传承典范区域和精品项目。永庆坊为广州历史文化街区"微改造"的首个试点项目，2006年开启改造修缮工作，采取BOD模式（"政府主导、企业承办、居民参与"），通过修旧如旧、修新如故的"微改造"，以及新业态、新产业的导入，成为热门的citywalk打卡地和广州文化新名片，入选首批"国家级旅游休闲街区"以及国家4A级旅游景区。2024年，永庆坊客流量超2000万人次，其中夜间客流量约占40%。[①] 泮塘五约则通过引入艺术家工匠作坊、新青年艺术创作工作室等，搭建传统文化展示交流空间，形成"古村+文创"的独特模式，以非遗为代表的传统文化氛围浓厚。老城

---

① 《永庆坊"夜客"占比4成！广州这个区要造"岭南夜" | "广州夜经济"调研②》，"新快报"微信公众号，2025年1月17日，https：//mp.weixin.qq.com/s? __biz=MjM5OTA1M zIyMA==&mid=2651725847&idx=1&sn=13be369613bad2125228e306bdc108d6&chksm=bc0cc 24e1558605551b5c85a9ad532a8c7699065479479620eb74ff893ca37238b974b3caeed&scene=27。

区商业步行街也开启文商旅融合改造探索。2018 年，北京路成为全国首批 11 条改造提升的步行街之一，改造提升后实现街区布局由一条主街向纵深街群的转变，街区风貌由碎片化向特色化转变，业态品质由单一化向多元化转变，被评为"全国示范步行街""国家级夜间文化和旅游消费集聚区"，商圈客流量屡创新高。2025 年春节期间（1 月 28 日至 2 月 3 日），北京路商圈客流量达 359.27 万人次，营业收入达 3.61 亿元。

3. 老城区积极举办文商旅主题特色活动，消费引流初见成效

广州老城区通过举办一系列文化旅游消费活动，打造文化品牌，展现千年商都文化风貌。荔湾区作为非遗资源和文化大区，通过组织"广州非遗之夜"、"繁华荔湾、美好生活"非遗过大年、"广州少年爱非遗"、青春非遗等非遗品牌活动，打造了荔湾非遗新品发布会等知名文旅品牌项目，还举办了"非遗传奇——三雕一彩一绣非遗大师精品展览""水韵之美，极致之艺——荔湾区非遗精品"等专题展览。[①] 通过主题宣传、实物展示、活化展演等多种方式，擦亮广州非遗传承创新品牌。越秀区通过举办"广府味·幸福年"广府文化系列活动、迎春花市、广府庙会、红色研学季、二沙岛户外音乐季、海丝文旅周等特色文化品牌活动，提升广州文化品牌影响力。

4. 老城区积极开展文旅线路推广，部分景点成为打卡热门地

近年来，广州持续推出多条主题文旅路线，不断增加高品质文旅产品供给，打造文商旅宣传品牌。在小红书平台上搜索"广州 citywalk 路线一日游"等关键词，"沙面岛""上下九步行街""荔湾湖公园""永庆坊"等成为高频词汇。广州老城区形成几条知名的 citywalk 路线，包括"圣心大教堂—海珠桥—广州华侨博物馆—爱群大厦—粤海关大楼—沙面""如意坊—荔湾湖公园—逢源老街—永庆坊—恩宁路""中山纪念堂—夕阳红广场—花果山公园—雕塑公园—麓湖公园—白云山南门"等路线。在文商旅加速融合背景下，广州老城区一些文旅景点及旅游路线已有较高知名度，受到国内

---

① 《"非遗版春节"火出圈　消费市场"热气"腾腾》，羊城晚报网站，2025 年 2 月 14 日，http：//www.ce.cn/cysc/newmain/yc/jsxw/202502/14/t20250214_39292129.shtml。

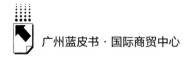

外游客青睐。携程集团公布的"2024 中国旅游目的地热力地图"显示,广州位列"全国热门目的地城市"排行榜第五、"外国游客入境热度城市"排行榜第三。2024 年,广州接待入境过夜游客 501 万人次,同比增长 32.5%,入境文旅消费收入达 35.7 亿美元,同比增长 33.2%。①

(二)存在的问题

1. 文化资源活化利用不够

广州老城区内的历史文化资源丰富,但总体呈现小而散的特点,历史文化资源整合度不高、吸引力不足。老城区历史人文景观仅有越秀公园、广府庙会、荔湾湖公园进入广州春节旅游景点人气榜前十。② 历史文化资源的活化利用水平有待提升,目前老城区一些历史文化街区沿街建筑已经改造成文创商铺、糖水店、餐馆等,但业态类型丰富性还有待提高,还有相当部分的建筑风貌较差,难以适应新业态新经济的需求。一些传统文化建筑由于产权归属复杂等原因长期处于闲置状态,无法被活化利用。一些传统老字号店铺面临租金过高无法续租、被迫搬迁甚至关闭的处境。

2. 文商旅融合深度不够

广州老城区文商旅资源缺乏深层次的互动与融合,难以形成强大的消费带动效应。例如,一些文旅设施周边餐饮、购物、住宿、娱乐等商业服务设施欠缺,文旅资源对消费的带动效应难以发挥,流量"变现"潜力有待挖掘。目前,广州老城区商业模式仍以上下九、江南西、北京路等传统商业街区为主导,一些商圈商业业态较为单一,新消费元素导入不足,特色商品与服务创新不足,面临客流流失、吸引力日益减弱的困境,亟待与文旅等元素融合,增强商圈吸引力。

---

① 《广州全部上榜!携程公布 2025 年春节热门目的地等六大榜单!》,"广州改革"微信公众号,2025 年 1 月 23 日,https://mp.weixin.qq.com/s?__biz=MzU2ODcxOTcxMA==&mid=2247541221&idx=1&sn=e25a05466bd02aca905a47dd2b4bb270&chksm=fd1d1b01066b0a62c20ff6ae31d070c5f87e151139587168ecbe15b4ddf9c2bdb0b6512d4a&scene=27。
② 《广州春节旅游十大好玩景点》,买购网,https://www.maigoo.com/top/410601.html。

3. 文商旅消费场景不够

广州老城区打造文商旅消费场景的整体性有待提升，消费环境有待优化。一是公共文化空间、节庆演艺活动在消费场景打造中的作用尚未充分发挥。老城区沉浸式消费场景不足，需要从打造大消费场景的视角，将历史古迹、绿植景观、公共广场、公园等公共空间作为景观节点，与周边商业空间建立联系，从而营造"移步易景、特色鲜明、主题丰富"的消费场景。二是公共交通和步行环境有待优化。老城区路网成型已久，难以满足通行需求，导致道路拥堵。一些道路人行道狭窄，一些街巷等低等级道路有待利用，需进一步完善公共交通和步行系统，将老城区不同主题景区联通起来，打造一个整体性的消费场景。

4. 特色品牌 IP 引流不够

广州老城区文商旅缺乏辨识度高、吸引力强的品牌 IP，部分文商旅项目引流效果不明显，对广州消费整体带动力有待提升。当前广州老城区已经形成北京路步行街、永庆坊等文商旅品牌，在国内具有一定知名度，但与西安大唐不夜城、成都宽窄巷子、重庆洪崖洞等相比，品牌吸引力和关注度还有待进一步提升，引流效应尚未充分发挥，对广州其他区域消费的带动力有待进一步提升。此外，老城区文商旅项目线上线下相互引流的综合传播效应仍有待加强。

二 国内外城市提升老城区文商旅活力的经验做法及启示

（一）国内外城市的经验做法

1. 伦敦：中心城区打造中央活动区，激发文化消费产业创新活力

伦敦中心城区通过打造中央活动区（以下简称"CAZ"），促进金融、零售、旅游和文化功能复合发展，吸引众多旅游者及人才回归，成为伦敦消费主阵地，也促进了科技创新产业发展及制造业回流。《伦敦规划 2004》提出以金融城为核心，打造 CAZ，促进金融、零售、旅游和文化功能复合发

展。CAZ 囊括核心 CBD、伦敦西区、伦敦东区硅环岛、泰晤士河南岸新 CBD、国王十字区等知名功能区，拥有丰富的文商旅资源，包括 2 项世界文化遗产、4 个皇家花园、4000 多栋保护建筑，以及 50% 的商业活动区。CAZ 在中央商务区的基础上，强化文化、商业、旅游等功能，成为伦敦国际消费中心的核心区。其主要做法包括以下几个方面。一是推出新旅游地标。CAZ 除了拥有伦敦塔桥、威斯敏斯特宫等享誉全球的历史地标外，还持续推出伦敦眼、千禧桥等新旅游地标，并将泰晤士河沿线的工业遗址改造为特色空间，如将 Bankside 发电厂改建成泰特现代美术馆，其现为世界三大现代美术馆之一。二是打造知名购物目的地。CAZ 将旅游环节中的购物与娱乐功能放大，精心打造购物空间。伦敦西区拥有牛津街（Oxford Street）、摄政街（Regent Street）、新邦德街（New Bond Street）等世界知名商业街。CAZ 还注重打造主题街，例如，Clerkenwell 创意设计街、Denmark Street 音乐街、Camden Passage 古董街、St. James's/ Mayfair 画廊街等，主题元素融入街道景观，形成独特的风景，吸引了不同人群。三是打造夜经济繁荣娱乐目的地。CAZ 最早提出"24 小时活动覆盖"理念。《伦敦规划 2016》提出夜间经济集群的构想，CAZ 成为主要承载区。例如，伦敦西区凭借 3000 处夜间活动场所，每年接待游客 2 亿人次。伦敦有超过 5000 家酒吧，其中大多集中在 CAZ。丰富的夜经济吸引了众多人才集聚金融城。四是打造文化娱乐、文艺休闲功能区。伦敦西区强化文化娱乐功能，在不足 1.6 平方公里范围内集聚 40 多家剧院，与纽约百老汇并称世界两大戏剧中心，其浓厚的戏剧文化，成功培育了相关产业链、吸引了众多消费人群。伦敦东区科创集聚区则强化艺术与休闲功能。伦敦东区的科技城、国王十字区等区域通过历史建筑更新，融合时尚餐饮、咖啡馆、酒吧、画廊等多种时尚元素，转型成为集聚年轻人的潮生活中心和科创人群的工作交流空间，成功从艺术区升级为科技创新区，进而成为老城活力中心。

2. 巴塞罗那：老城区持续推进更新改造，推动街区文商旅繁荣发展

巴塞罗那老城区通过实施"城市针灸"改造、借助举办奥运会等推动旧工业区转型，实施超级街区计划，不断激发街区活力，促进文商旅繁荣发展，其主要做法包括以下几点。一是以老城为核心实施"城市针灸"改造模式。1976 年，巴塞罗那制定"内部特别更新计划"（PERI），聚焦老城品质提升，提出一系列具体改造策略。① 将兰布拉大街设计为步行街，拓宽人行道，将两边改为单车道并限制车速。注重保留历史风貌和文化特色，保留传统商铺，改造提升波盖利亚市场，引入特色商店、餐饮店、文化纪念品店等业态，鼓励艺术家和街头表演者进行创作表演，增设休闲设施、指示牌等，提升街道公共空间品质。改造后的兰布拉大街成为巴塞罗那城市名片，吸引了大量游客。对废弃的工业用地进行功能置换，将之置换成城市公共空间，并激活小型公共空间。在老城建设了 2 个小公园、26 个小广场，铺筑了 308 条街巷，新开发了 6 个市民中心，老城区面貌得到显著改善。二是以举办奥运会等大事件带动更新改造。借助 1986 年申奥成功的机遇，巴塞罗那大力改造城市公共环境，加快公共艺术设施建设，增加绿化面积和公共空间，老城区新建了巴塞罗那当代美术馆、航海博物馆、加泰罗尼亚国家剧院等一批文化场馆。推动各类市场改造升级，1991 年，巴塞罗那市场研究所（IMMB）成立，对全市 43 个市场进行更新升级。奥运会的成功举办使巴塞罗那一跃成为知名的国际旅游城市。三是启动 22@ 计划，推动波布雷诺工业带改造。巴塞罗那于 2000 年启动 22@ 计划，对波布雷诺工业带进行再开发，从工业、历史、文化保护的角度出发，将区内历史建筑分为 A、B、C、D 4 个等级，进行改造，通过变换建筑用途激发创意活动，借助工业遗产的保护及活化利用，提高人流量及热度，不断加强周边街道及地块的建设开发，增加公园、绿地等公共空间，为引进的创新企业提供多元活力空间，形成国际创新产业集群。四是实施超级街区计划，提升街区活力。2015 年，巴塞罗那提出实行超级街区计划（"Superblock"计划）。圣安东尼街区是超级街区的示范街区之一，在空间单元上将 9 个街区合并为 3×3 的大型街区单元，居住人口一般为 5000~6000 人；超级街区提出"为行人赢回街区"

---

① 《"乘风破浪"的巴塞罗那——城市更新三部曲. 城市设计联盟》，澎湃新闻，2022 年 10 月 31 日，https://www.thepaper.cn/newsDetail_forward_20526486。

的口号，机动车在超级街区外部通行，超级街区内部禁止机动车通行和地面停车，营造慢行交通环境，步行覆盖率由 40% 提升到 94%，慢行通行速度可达到10km/h。超级街区的创意更新方案释放了 70% 的空间，减少了超过 50% 的交通事故，促进了城市公共绿色网络的构建，增加的公共空间有效提升了城市街区活力。

3. 西安：大唐不夜城打造盛唐文化主题 IP，激发西安文商旅活力

大唐不夜城是一个以盛唐文化为背景的仿唐建筑群步行街，是全国著名的现象级旅游项目。当前，大唐不夜城日均客流量已达 30 万人次，2024 年"五一"期间日均客流量更是超过 45 万人次。[①] 大唐不夜城先后获得多项国家荣誉称号[②]，并入选文化和旅游部产业发展司发布的"中国沉浸式产业数据库"。大唐不夜城步行街的主要做法有以下几点。一是依托盛唐文化资源，打造"文化+演艺+夜景"品牌。大唐不夜城以盛唐文化为底蕴，融入商业、休闲、娱乐、体验等多种功能元素，构建沉浸式的文旅场景，建立夜间文化旅游消费空间，打造沉浸式唐文化体验中心。采用国际一流团队创排《再回长安》《大雁塔水舞光影秀》等演艺作品，推出《戏演壁画》《霓裳羽衣》等多组沉浸式互动演出，生动展现西安深厚的历史文化底蕴与丰富动人的城市故事。二是注重宽街与小尺度街巷恰当的围合。在前期规划和后期策划中兼顾空间景点的连续性与小尺度街巷的"换镜"。不夜城步行街宽度超过通常商业街区的两倍，街区内由南向北设四大主题广场，中轴分布五组雕像群，东西布局大型购物广场与文化艺术展区，景点间保持连续性。后期策划注重一步一景的沉浸式体验氛围营造，通过新增花车店铺、市集、文化节点、景观节点等，进行不同场景分割，形成独立的小尺度街区，包括市集、店铺、主力店三个层次，在大空间内实现小尺度街巷的"步步换镜"。

---

① 《陕西："五一"假期大唐不夜城日均客流量达到 45 万人次着汉服、品国风的游客越来越多》，"央广网"百家号，2024 年 6 月 6 日，https：//baijiahao.baidu.com/s？id=1801077771 2866760841&wfr=spider&for=pc。

② 包括"首批全国示范步行街""首批国家级夜间文化和旅游消费集聚区""国家旅游科技示范园区""国家级旅游休闲街区"等。

三是将文化符号转变为传播符号。网红演艺是大唐不夜城的流量引擎。随着"不倒翁小姐姐"爆红，大唐不夜城不断推出"对诗李白""敦煌飞天""盛唐密盒"等网红演艺产品，并设立相应的抖音账号。西安政府通过与抖音合作，获得平台专人运营指导及大流量扶持；在抖音、微信公众号、微信视频号、微博等平台开设了官方账号，发布展览信息、活动预告等内容，构建传播矩阵。四是探索文旅数字化新业态。与太一集团联合打造全球首个基于唐朝历史文化背景的元宇宙项目《大唐·开元》，推进文旅产业数字化，积极探索"文旅元宇宙"新模式。以科技赋能，推出"盛唐幻境"AR 游，升级"篁唐楼""杌空间"等文化科技沉浸式体验空间，建立智慧文旅新场景，推动文旅产品及消费同步升级。

4. 上海：静安张园推动保护性城市更新，成为文化艺术商业新地标

张园是曾经的"海上第一名园"，是海派文化的策源地之一。历经 4 年的保护性修缮，张园西区于 2022 年 11 月焕新揭幕，凭借历史建筑"修旧如故"和文商旅融合等方面的出色表现，成为上海乃至全国较有影响力的文化商业地标。张园西区自对外开放以来，日均客流达到 3 万人次，峰值客流达 8 万人次；2024 年"五一"期间累计客流近 12 万人次。这一发展势头带动了周边区域的人气与消费力的提升，为沿街商户带来近 20% 的营业额增长。① 张园的主要做法有以下几点。一是加强历史建筑整体性保护。张园采取整体性保护方式，完整保留了街道面貌，成片保护屋顶平面，维持弄堂原有建筑肌理和空间尺度，并对老弄堂名称进行全面保留。对张园范围内 42 栋 170 幢建筑建立"一幢一档"房屋档案。二是挖掘人文性元素，打造商圈文化标签。在活化利用中，积极引导入驻品牌将自身品牌文化与张园建筑文化及其所代表的海派文化相结合，实现品牌与张园文化内核的有机融合，提升商圈核心竞争力。编制张园文化发展行动计划，通过设立澎湃城市更新大会永久会址、启动实施张园全媒体传播计划、出版《海上名园——张园

---

① 《张园大量撤店？实为国际大牌"快闪"不断 5 月起将有更多首店、首秀、首发》，"新闻晨报"百家号，2024 年 5 月 10 日，https://baijiahao.baidu.com/s? id = 1798655032160345558&wfr = spider&for = pc。

与海派文化》等举措，用好张园的文化元素，讲好张园故事。三是推进空间一体化利用，实现空间复合高效利用。充分利用地上存量空间，结合历史保护四类要求，对室内空间结构进行置换，满足商业空间和楼面楼板平层需求；大力拓展地下增量空间，采用原位基础托换、建筑移位等低扰动、低影响技术，建设8万多平方米地下空间，有效解决周边停车难的问题。张园东区将于2026年底改造完成，届时地下三层实现贯通，并无缝衔接地铁2号、12号、13号线，满足商业、配套用房等功能，实现地上、地下空间贯通及与周边商圈、楼宇的互联互通，构建功能复合的高品质、现代化国际街区。四是加强多主体合作，创新运营模式。与太古地产合作，对标最高标准、最高水平，联合开展品牌招商、营运管理、市场策划。西区商业瞄准国际顶尖品牌，与三大奢侈品集团建立紧密合作关系，目前已累计与25个国内外知名品牌签订租赁协议。在酒店、美术馆等板块，坚持高标准，优选国内外知名运营商。在文化板块，引入"文化合伙人"机制，通过多元主体参与，借助外部专业力量，增强商圈的文化吸引力和经济创造力。五是促进文商旅联动，激发消费新动能。依托专业力量举办"设计迈阿密"艺术展，邀请艺术家、设计师打造"张园天井画廊"，策划"六幕拾光·张园百年"主题光影秀等。将茂名北路打造成高品质限时步行街，策划举办各种快闪博物馆、艺术印象展、国庆特展、时尚文化周、迎春巡演等高品质活动。

（二）国内外案例的经验启示

1. 坚持久久为功，持续推动老城区更新改造

综观国内外城市，老城区的更新改造及文商旅融合发展经历了相当长的时间，其中不乏曲折的探索。巴塞罗那市政府启动旧城改造计划，抓住新政府上台、举办奥运会、知识经济转型等城市发展机遇，通过一系列更新改造策略，满足市民、游客的不同需求，营造了良好的消费环境，并持续优化老城区整体环境，促进文化旅游繁荣发展。西安大唐不夜城从2002年8月正式进行开发建设到现在，经过20多年的运营发展，已成为西安的地标性景区。

2. 加强历史文化保护与活化，促进文商旅融合

提升老城区文商旅活力需要高度重视历史传承与文脉延续，在保护历史文化资源、保留城市历史肌理的基础上，不断创新，提升空间品质，通过现代艺术、旅游娱乐、消费多业态等多种方式，促进文商旅融合发展。一是政府高度重视对历史文化资源的保护，如巴塞罗那对老城区的历史建筑进行分级保护和修复，确保历史风貌得以延续，为文商旅融合奠定文化基础。二是政府积极推动历史文化遗产的活化利用，如伦敦中心城区将历史建筑改造成博物馆、艺术馆、咖啡厅等文化休闲消费场所，让游客在游览中感受历史文化的魅力。三是提升老城区文商旅吸引力，注重文化、旅游娱乐、消费多业态融合发展，注重多场景空间的塑造，并与金融服务、科技创新等现代都市功能区形成良性互动，实现文商旅联动发展。

3. 实施公交优先和步行街改造，打造整体性消费场景

近年来，世界各地城市建设和发展越来越注重以人为本的发展理念，大力发展公共交通，优化慢行系统，提升公共空间品质，吸引人流重新回归线下街区，推动老城区可持续发展。如伦敦老城区通过大力发展公共交通，对小型街道实施步行化改造，以及增设街边集市、咖啡馆、座椅等休憩设施等，延长居民或游客逗留时间，让老城街区重现繁荣。另外，根据巴塞罗那、西安等城市经验，可以通过进一步完善公共交通和步行系统将老城区不同主题景区串联起来，使老城区景点资源与商圈"串点成线、连线成面"，打造整体性消费场景。

4. 以科技赋能沉浸式体验，打造虚实融通新场景

随着人工智能、AR、VR、数字孪生、元宇宙等技术的高速发展，以景区、文博场馆、休闲街区等多元场景为载体，虚实融合的大规模文旅场景植入带来文旅新产品、新场景和新体验。此外，借助各类声光科技手段丰富文化节事活动，以活动赋能消费新场景，如伦敦每年举办圣诞点灯仪式，城市各个主要街区都点亮圣诞灯光，中心城区的牛津街、摄政街等地因圣诞灯饰及邱园灯光秀表演等活动而闻名，成为伦敦最受欢迎的打卡地之一。

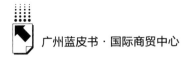

5. 打造城市特色文化 IP，构筑立体式传播矩阵

提升老城区的文商旅活力，一方面，要注重打造城市特色文化 IP；另一方面，要注重品牌塑造与传播推广，提升文化旅游形象。顺应自媒体传播的特点，利用互联网、社交媒体等新媒体平台，加强线上宣传和营销。如大唐不夜城推出一系列网红演艺项目，将现象级文化 IP 转化为传播符号，在抖音、微信公众号、微信视频号、微博等平台均开设了官方账号，发布大唐不夜城的相关内容，构建起大唐不夜城的传播矩阵，让"流量"成为"留量"。

三 提升老城区文商旅活力，焕发广州千年商都新魅力的对策建议

（一）大手笔：加强规划引导与政策支持，坚持一张蓝图绘到底

发挥政府规划的引导作用，加强政策支持与资金投入，依托老城区"老空间""老底蕴"，呈现文化"新价值""新内涵"，彰显老城区经济活力和人文魅力。一是加强政府规划引导。秉承一张蓝图绘到底的发展理念，研究制定老城区文商旅融合发展专项规划，保持战略定力，用 10～15 年甚至更长时间以"绣花"功夫精耕细作，以钉钉子精神久久为功，推动老城区整体改造和活化提升，把白鹅潭、沙面、荔枝湾、永庆坊、上下九、长堤、北京路、站前路、一德路等亮点文商旅功能区串联起来，打造彰显广州岭南文化与千年商都城市形象的大场景，使之与珠江新城的现代化大都市场景相互映衬，形成"一老一新"各具特色的消费场景。二是制定和完善政策支持体系。建立健全跨部门联动协调机制，根据老城区文商旅融合和商业街改造的实际需求，落实文化旅游产业专项资金等现有政策，完善现行的政策调控机制，如通过城市更新改造、低效土地再利用、提供商业街"微改造"资金补贴等政策，激励更多市场主体积极参与老城区更新改造和文商旅开发建设项目。

（二）大策划：引入专业商业运营管理主体，探索多种空间活化利用开发模式

遵循政府引导、市场主导原则，充分发挥市场资源配置功能，积极引入专业商业运营管理公司进行统一开发建设、运营管理、创意策划，推动多方共同参与，形成合力，增强经济社会综合效应。一是引入专业商业运营管理公司参与开发运营。西安大唐不夜城、上海张园等地经验表明，高水平的商业规划及专业化商业运营是推动文商旅项目成功的关键。广州应梳理老城区各类文化旅游资源的管理机制，积极引入专业化商业运营公司统一开发建设和运营管理文商旅项目，探索建设文商旅综合体、文商旅特色景区（街区）、文创产业园区等多种项目载体，结合不同历史文化街区的特色优势探索文化驱动型、商业驱动型等多种改造模式，鼓励企业跨界合作，借助外部专业力量，开发培育具有广州特色的文商旅项目，增强文商旅项目的文化吸引力和经济创造力。二是建立公众参与机制。落实"人民城市为人民"的规划理念，通过政府引导，推动市、区、街道、社区、居民、企业、社会组织等多方共同参与老城区改造治理，建立公众参与机制，使社区居民参与治理，共享改造成果，鼓励传统生活服务业发展，让老城区充满烟火气，改善人居环境品质，努力提高老城区居民生活水平，满足人民群众对美好生活的向往。

（三）大活化：加强历史文化保护与活化展现，打造兼具历史底蕴与现代活力的城区

提升广州老城区文商旅活力，既要加强对历史文化资源的保护传承，又要提升地方文化特色的展现能力，在传承中不断创新发展。一要保留与焕新历史文化风貌。完善历史文化保护机制和管理机制，加强对历史建筑的分级保护和修缮管理工作，加强对老城区建筑高度、体量、色彩等空间要素的管控，保护好城市历史肌理和风貌，保留老字号、传统手工艺、非遗产品等传统商铺和业态，将传统文化与现代艺术元素融入商业街区及商铺门店设计，

为游客提供丰富的购物体验。二要促进历史文化资源的活化利用和创新展示。坚持以用促保，积极推动符合条件的历史建筑对外开放，允许社会力量利用历史建筑开办民宿、茶社、咖啡馆、艺术馆等旅游休闲服务场所，对腾退的历史建筑内部进行现代化改造或导入新业态、打造新场景。积极引入耐心资本或第三方机构参与街区的保护活化与运营管理，以"绣花"功夫做好城市微更新工作，以沙面、恩宁路、逢源大街—荔湾湖、北京路、上下九—第十甫、五仙观—怀圣寺—六榕寺、新河浦等历史文化街区活化利用为示范，强化宣传推广和示范带动效应，激发各类主体的保护主动性和参与积极性，全面彰显广州老城区独特的历史文化。

（四）大融合：促进文商旅深度融合发展，创造消费新业态新模式

促进文化、旅游、商业等多产业融合发展，创新消费业态、消费模式，引领消费潮流，满足市民及游客多元化、沉浸式体验需求。一是促进文商旅多业态融合发展。顺应当前消费由商品消费向服务体验消费升级的趋势，在老城区充分挖掘历史文化资源，结合现代化消费需求，打造具有浓厚文化底蕴的服务品牌，如中华老字号、地方特色餐饮、传统手工艺等，让传统业态焕发新活力。引入时尚餐饮、书店、精品店、博物馆、艺术馆、酒店民宿等文商旅业态，让古建筑古街古城在传承与活化中变身网红打卡空间、创意空间、时尚消费空间。二是强化文商旅资源联动发展。强化景点资源与商圈串联，"串点成线、连线成面"，将位于老城区的南越国宫署遗址、光孝寺、怀圣寺光塔、佛光寺、圣心大教堂等景观与周边的商业街区进行联动，打造若干文旅精品线路，拓展北京路、上下九、永庆坊等商业街区，建设多功能、多业态的文商旅集聚区，吸引客流、商流。三是强化文商旅与文创、科技等产业联动发展。强化传统产业升级，推动批发市场时尚化、数字化转型发展，将废弃的工厂、仓库等改造成创意产业园区、艺术工作室，引进优质文创企业和时尚设计企业，吸引创意人才入驻，建强文化创意、时尚产业等产业链，推动产供销一体化融合发展，推动文商旅功能区与金融服务、科技创新、文化创意、会议展览等功能区形成良性互动。

（五）大场景：以科技与节事活动赋能，打造文商旅消费场景

当前，智能科技、节事活动等赋能场景创新，催生高质量的消费新业态新场景，这成为拓展消费市场的重要方向。广州应以科技赋能消费场景创新，以文化活动增强消费者体验感，提升广州老城区文商旅消费活力。一是科技赋能，虚实结合打造多维场景。广州应推动人工智能、AR、VR、数字孪生、元宇宙等技术在文旅行业的应用，以景区、文博场馆、历史文化街区等多元场景为载体，大规模植入虚实集成的文旅场景，打造多元化的沉浸式文旅体验空间，依托声光电等高科技手段布置夜间消费网红打卡点，形成文旅新产品、新场景和新体验，满足消费者多样化和体验式消费需求。二是活动赋能，动静结合提升文化体验。用现代艺术激活历史建筑，赋予其更多功能，利用现代科技手段进行数字化展示和互动体验，引入非物质文化遗产手工艺，开展非遗创作与传播活动，结合迎接全运会等重大活动契机，通过举办广府庙会、迎春花市、中秋灯会、端午龙舟赛等传统节庆活动以及艺术展览、音乐节、街头演艺等现代文化活动，增强街区与游客的互动性，丰富市民和游客的文化体验，提升老城区的吸引力、知名度和影响力。

（六）大服务：优化公共空间和慢行系统，提升文商旅消费体验

当前，越来越多大都市坚持以人为本的规划理念，致力于打造低碳出行的绿色之城和配套设施完善的宜居之城。广州老城区应注重打造公共空间和步行道等慢行系统，改善居民生活环境，提升游客消费体验。一是优化公共空间，增强文商旅要素联动。以公共空间更新带动私有空间更新，加强珠江沿岸岸线资源整合和地标性文化空间建设，通过地标性文化设施和开放空间建设，增强老城区的商业、旅游功能。打造"10分钟文化圈"，鼓励用地兼容，促进文化设施与其他功能融合发展，利用公共空间实现空间缝合，激发街区活力。持续提升广场、街道转角等公共空间品质，增设座椅、花坛、雕塑等，增加沿街绿植、花卉布景等，推动沿街商铺广告牌设计和铺面升级改造，用"绣花"功夫持续提升街区景观品质，不断丰富街区功能。二是完

善公共交通，优化慢行系统，提升交通网络通达性和舒适性。坚持慢行优先、公交优先，加强公共交通设施建设，如优化地铁、公交站点及线路设置，提高公交分担率和绿色出行比例；通过挖掘地下地上空间开发潜力，增设停车场等，完善交通配套设施；打造城市慢行系统，推动步行化改造，将部分街道设计为步行街，或分时段禁止机动车通行，加宽步行道，增设街边小集市等功能空间，延长行人逗留时间，让客流回归实体商业，实现街区繁荣发展。

（七）大品牌：加强城市品牌塑造与国际传播推介，推动文商旅融合发展

广州老城区应创新打造城市特色 IP，塑造具有鲜明个性和独特魅力的文化旅游品牌，吸引国内外游客关注广州、光顾广州、体验广州。一是打造城市特色 IP。提炼老城区文化精髓，通过挖掘广府文化、红色文化、海丝文化、时尚文化等文化内涵，进一步凸显广州粤语、粤菜、粤剧等粤文化元素，打造"广州过年 花城看花"等一系列节庆活动品牌，顺应时代发展大势，持续激活广州岭南文化中心、千年商都、世界美食之都、"Young 城Yeah 市"、时尚之都等城市特色 IP，打造特色文创产品和人物形象，结合沉浸式演出、传统工艺展示、非遗体验等互动体验方式，生动展示广州老城区深厚的文化底蕴，让广州城市品牌形象更加立体鲜活。二是开展线上线下宣传推介活动。做强广州文旅海外社交媒体平台账号，用好境外旅游推广中心，通过举办旅游推介会、参加国际旅游展会、拍摄旅游宣传片等多种方式，向世界展示广州老城区的独特魅力，扩大广州文旅品牌海外影响力；通过拍摄影视节目、创作动漫作品、开发游戏等创新方式，让影视文创作品IP 与广州旅游相结合，以开发独具特色的联名款文旅产品，实现联名宣传；利用小红书、抖音等新媒体平台，向各类群体精准推送老城区文商旅消费新场景，加大热门文旅景区的宣传力度，打造网红"打卡点"，提升广州国际消费中心城市的知名度和美誉度。

参考文献

麦婉华：《千年古荔湾擦亮"非遗"传承创新品牌》，《小康》2023 年第 32 期。

华高莱斯：《世界著名城市更新》，中国大地出版社，2022。

徐云凡：《城市更新之巴塞罗那的实践》，《城乡建设》2021 年第 1 期。

李佳敏、贺慧：《街道重组的激进主义——巴塞罗那超级街区的思考》，《当代建筑》2021 年第 4 期。

王天泥：《元宇宙背景下文旅数字化转型发展研究》，《图书与情报》2022 年第 3 期。

《CBD+，伦敦国际消费中心建设密码》，"华高莱斯"百家号，2024 年 3 月 7 日，https：//baijiahao. baidu. com/s？id＝1792820550481250820。

B.4
广州首发经济发展模式的路径创新
与对策建议

王先庆　欧阳明荟　张倩　魏颖*

摘　要： 本报告以广州首发经济发展为主线，系统梳理其历史演变脉络，结合国内外首发经济发展模式经验，提出"专业市场+产地优势+会展经济+设计师驱动"的复合型首发经济模式。研究表明，广州应强化产业集聚优势、激活设计师生态、升级国际化展示交易平台、将专业市场转变为高端商贸采购中心，通过文化与科技双引擎激发广州消费活力，推动首发经济与广州商贸和特色产业深度融合，打造具有全球影响力的首发经济高地。

关键词： 首发经济　国际消费中心城市　消费活力

2020年，国家发展改革委等多部门联合印发《关于促进消费扩容提质加快形成强大国内市场的实施意见》，提出支持中心城市做强首店经济和首发经济。① 2024年，党的二十届三中全会审议通过的《中共中央关于进一步

---

* 王先庆，教授，广东白云学院应用经济学院院长，广东省商业经济学会会长，研究方向为产业经济、商贸流通、区域经济、消费经济等；欧阳明荟，广东白云学院首发经济研究中心助理研究员，广东省商业经济学会副秘书长，研究方向为数字经济、对外贸易、时尚产业；张倩，广东白云学院商贸新业态研究中心助理研究员，研究方向为经济学、市场经济、消费经济；魏颖，广州市社会科学院国际商贸研究所副研究员，研究方向为城市经济、现代服务业和商贸流通业等。

① 《关于促进消费扩容提质加快形成强大国内市场的实施意见》（发改就业〔2020〕293号），国家发展改革委网站，2020年3月13日，https：//www.ndrc.gov.cn/xxgk/zcfb/tz/202003/t20200313_1223046.html。

全面深化改革　推进中国式现代化的决定》强调，完善扩大消费长效机制，减少限制性措施，合理增加公共消费，积极推进首发经济。^① 作为现代商贸领域的标志性新业态，首发经济通过"产品创新+场景革命+消费体验"的三元架构重构商业逻辑，其本质在于通过渠道重构、场景再造等路径，打破传统商贸"生产—流通—消费"的线性模式，为商贸与消费注入内生增长新动能。

一　首发经济的内涵与战略价值

（一）首发经济的内涵

首发经济指企业新产品、新业态、新模式、新服务、新技术的推出，以及首店开设等经济活动的总称。它涵盖从产品或服务的首次发布、首次展出，到首次落地开设门店、首次设立研发中心，直至设立企业总部的整个链式发展过程。这种新的经济模式以首次发布新产品、新服务、新文化内容为核心，通过创造市场稀缺性、构建体验场景、整合产业链资源，提振国内消费、吸引国际资源，从而助力构建以国内大循环为主体、国内国际双循环相互促进的新发展格局，实现消费引领与价值增值的经济形态。其本质在于通过"首发权"的争夺，抢占市场先机、定义行业标准、重构价值链。

首发经济作为一种新兴的商贸业态和经济形态，其起源可追溯至"首店"经济，并已从品牌门店的开设拓展至首发、首秀、首展、首场、首演等多个领域。在一定意义上，首发经济的产生和发展遵循商贸业态进化、产业升级、消费升级协同演进的逻辑主线，是对传统商贸业态的一种范式突破。

（二）首发经济的战略价值

首发经济是对商贸业态的系统性创新和重构。一方面，它改写了商贸空

① 《中共中央关于进一步全面深化改革　推进中国式现代化的决定》，中国政府网，2024 年 7 月 21 日，https://www.gov.cn/zhengce/202407/content_6963770.htm？slb=true。

间的重构逻辑。首发经济推动商贸载体从"物理交易场"向"价值创造体"转型，形成"研发—发布—体验—量产"全链条空间布局。上海静安商圈通过 LVMH 美妆亚洲研发中心与商贸综合体联动①，实现新品概念验证、旗舰店首展与供应链响应的空间闭环。这种空间重构使专业市场成为技术转化的场所。另一方面，它改变了业态融合的创新路径。商贸主体通过"首店+首展+首秀"的复合模式重构业态组合。它打破零售、文娱、服务的业态边界，形成"消费流量入口—品牌价值放大器—产业生态连接器"的立体架构。

1. 消费流量枢纽功能

商贸综合体通过首发活动构建流量引力场，在"Z 世代"消费者中，有87%的人将参与首发经济视为社交资本积累，华为 Mate X3 折叠屏手机在深圳万象天地首销创造单日客流量 12 万人次的纪录。这种流量集聚使商圈从"交易场所"转型为"消费数据中枢"，推动产业链上游的研发创新。

2. 产业升级的核心引擎

专业市场通过首发经济实现"商贸反哺制造"。义乌小商品城联动 3 万家商户建立新品首发联盟，将"市场洞察"转化为"产品创新"，推动制造业服务化转型率提升至 58%。商贸产业园区的"首发加速器"模式，使新品上市周期从 18 个月缩短至 6 个月，重构"设计—生产—流通"的产业模式。

这种进化形成"市场洞察—首发验证—产业升级—城市跃迁"的闭环：商贸综合体捕捉消费新需求→专业市场组织柔性供应链响应→产业园区加速技术转化→商圈构建全球化首发网络，最终商贸体系实现从"交易中介"向"价值链主导者"的转变。

3. 城市商贸能级的跃迁支点

国际消费中心城市通过构建首发经济指数重塑全球竞争力。397 家首店

---

① 《上海静安建设"千亿商圈"，首发经济点亮南京西路》，"澎湃新闻"百家号，2025 年 1 月 17 日，https：//baijiahao.baidu.com/s？id=1821487803482883243&wfr=spider&for=pc。

入驻成都春熙路商圈，将该商圈的国际品牌首发率提升至42%，带动商圈客单价增长210%。① 这种升级使城市商贸体系从"商品集散地"转变为"标准制定者"，如上海通过首发经济标准体系建设，主导制定奢侈品数字首发国际标准。

二　广州首发经济：历史演进、政策驱动与升级实践

（一）改革开放初期：首发经济的萌芽

广州的地理位置与政策优势吸引众多跨国企业首发项目落地。1988年，日化巨头宝洁在中国的第一家合资企业落户广州黄埔区，其看重广州毗邻港澳的地理优势，以及良好的政策环境。宝洁的到来带动广州日化产业链形成，催生本土代工企业崛起，如立白集团通过代工积累技术经验，为后期的自主品牌打造和首发经济发展提供了可能性。

同时，广州本土品牌在这一时期崭露头角。广州第一棉纺织厂推出"牛头牌"牛仔服装，凭借产业与地理优势创造销售佳绩。万和、万家乐在燃气热水器领域以技术创新打破外资垄断、开创规模化生产先河。这些本土品牌的成功，为广州首发经济发展奠定了产业与品牌基础。

（二）自主品牌培育期：首发经济的多元拓展

2008年国际金融危机后，受国际市场环境变化等多重因素影响，广州一批以加工贸易为主的龙头企业开始打造自主品牌。在美妆行业，众多品牌从代工厂发展为具有影响力的"国货之光"。丸美以特色眼霜切入细分市场，其重组胶原蛋白技术填补国货抗衰空白。完美日记凭借创新营销模式与跨界合作成为国货彩妆佼佼者。在时尚产业方面，一些品牌通过参加国内外展会，向世界展示中国原创设计的魅力，推动广州时尚产业在首发经济中的多元化发展。

---

① 《聚集各类首店600余家　成都春熙路商圈"首发经济"持续火爆》，"封面新闻"百家号，2025年1月29日，https://baijiahao.baidu.com/s? id=1822576530198579018&wfr=spider&for=pc。

（三）"国潮尚品"主导下的消费升级期：首发经济的全面升级

2020 年至今，广州实现从首店经济到首发经济的跃迁，进入全面升级阶段。2020 年，国家发展改革委等多部门联合印发《关于促进消费扩容提质加快形成强大国内市场的实施意见》，提出"支持中心城市做强首店经济和首发经济"，这是国家级文件中首次同时提出首店经济和首发经济。此后，广州积极出台一系列政策举措，推动首发经济发展。2021 年，《广州市加快培育建设国际消费中心城市实施方案》提出建设全球新品首发地的目标，设立 2 亿元首发经济扶持基金。① 2023 年 8 月发布的《广东省扩大内需战略实施方案》提出，支持做强"首店经济"和"首发经济"，推动国内外知名品牌率先在广东首发或同步上市新品。2024 年初，广州印发《广州市鼓励发展首店首发经济若干措施》，对成功引进品牌首店的商业设施运营方、街区运营管理机构等择优给予奖励，每新引进 1 家品牌首店奖励不超过10 万元，每年同一机构最高奖励 200 万元。②

在具体实践中，政府还鼓励行业协会、企业、媒体等各界共同发力，推动首发经济的全面落地生根和持续发展。2024 年 11 月，广州正式推出首发经济发展共同体、"首发广州"IP 和《广州首发空间指南》，精选广州塔、海心沙、广州大剧院等 32 个首发空间，为时尚产业、品牌、设计师提供首发地选择，助力树立品牌形象、提升品牌知名度，促进城市空间载体、产业品牌、时尚消费的有机融合。③

---

① 《广州市人民政府关于印发广州市加快培育建设国际消费中心城市实施方案的通知》，广州市人民政府网站，2021 年 11 月 5 日，https：//www.gz.gov.cn/gkmlpt/content/7/7925/post_7925835.html#12624。

② 《广州市培育建设国际消费中心城市工作领导小组办公室关于印发广州市鼓励发展首店首发经济若干措施的通知》，广州市商务局网站，2024 年 1 月 9 日，https：//sw.gz.gov.cn/xxgk/tzgg/tz/content/post_9434069.html。

③ 《广州正式推出首发经济发展共同体、"首发广州"IP 和〈广州首发空间指南〉》，"中国发展改革"百家号，2024 年 12 月 3 日，https：//baijiahao.baidu.com/s？id=1817409485181176691&wfr=spider&for=pc。

三 全球首发经济模式的典型范式与效应

从全球首发经济的发育成长及演进史来看，各地依托自身的产业、市场、资源、人才等不同条件，形成了不同的发展模式和路径，从而形成不同的经验，这些模式和经验对广州发展首发经济具有重要的参考和借鉴价值。

（一）"时尚演出·文化赋能"：巴黎首发模式的创新引领与经济辐射

会展首发模式以具有全球影响力的展会为平台，在推动产业发展与经济增长方面发挥关键作用。以巴黎时装周为例，作为全球时尚界的顶级首发平台，它汇聚了众多奢侈品集团和高定时装发布会。通过独特的双周期发布以及高定时装周的"超季节发布"策略，成功构建起"时间霸权"，主导全球买手和媒体的日程安排。

巴黎以时装周等文化演出为核心载体，通过"双周期发布"策略掌握全球时尚议程主导权。例如，巴黎时装周通过高定时装周的"超季节发布"机制，将产品首发与文化艺术深度融合，形成"时尚霸权"效应。巴黎强调文化认同与品牌打造，通过奢侈品集团与高定工坊的协同，实现"创意—生产—传播"的全链条文化输出。

这种模式不仅是产品的展示，更在于将首发经济与文化、科技、商业等多产业深度融合。在提升活动品质与观众体验的同时，为产业创新升级注入强大动力，产生显著的经济辐射效应，如巴黎时装周带动的经济贡献高达127亿欧元，成为会展首发模式推动产业与经济发展的生动例证。

（二）"设计先锋·品牌塑造"：意大利设计师首发模式的时尚变革与全球引领

在意大利，设计师首发模式成为推动时尚产业走向全球的核心力量。意大利作为纺织品服装生产大国，在时尚领域底蕴深厚。20世纪70年代，设计师们瞄准中上层女性的定制服务市场，巧妙地与传统服装工业建立起紧密

合作关系。

佛朗科·阿尔比尼、乔治·阿玛尼等杰出设计师凭借独特设计理念与精湛工艺,为意大利成衣业带来了重大变革。随后,Gianfranco Ferre、Gianni Versace 等一批设计师品牌在米兰崭露头角,以先锋设计引领全球时尚潮流。时至今日,众多意大利设计师品牌依旧稳居全球奢侈品牌前列,持续展现出强大的品牌塑造能力与全球引领效应,为时尚产业发展积累了宝贵的经验。

(三)"产地优势·闭环拓展":东京模式下首发经济的本土深耕与全球辐射

东京首发经济模式依托自身独特的产地优势,通过构建自产自销的闭环体系,实现从"本土创新"到"全球辐射"的跨越式发展。东京在电子科技、时尚制造业、动漫产业、音乐娱乐等多个领域,凭借顶尖的产业集群和高度集聚的资源,形成垂直整合的产业链条。

这种自产自销模式与首发经济深度契合,产品先在本土市场经过高标准验证,并获得文化认同,而后成功输出至全球市场,转化为全球爆款,引领全球消费潮流。同时,东京具有的"城市实验室"属性,为企业快速验证新商业模式提供了得天独厚的条件,进一步推动了首发经济在本土的深耕与全球的拓展。

(四)"国际会展·原创首发":上海首发经济的全球贸易枢纽地位与生态赋能

上海首创"国际会展+首店经济+数字贸易"三位一体模式,形成全球新品首发"超级枢纽"。依托进博会打造"6 天展会+365 天交易"生态,2024 年实现 58%首发产品即时转化为商品订单,远超巴黎时装周 42%的产业转化率。其创新性在于构建"政策—场景—数据"协同体系:一方面,通过全国首创的"进口非特化妆品审批绿色通道",将新品上市周期从 6 个月压缩至 15 天;另一方面,在静安嘉里中心落地元宇宙首店聚合空间,形成"虚拟首发—跨境直购—社交裂变"闭环,带动首店客单价提升至南京西路商圈平均水平的 2.3 倍。

相较于巴黎的"文化霸权"和东京的"闭环验证",上海更强调全球要素的生态聚合。通过"首店经济扶持基金"吸引国际品牌亚洲首店,同时孵化出 23 个本土设计师品牌,形成"国际品牌入华跳板+本土品牌出海平台"的双向通道。2024 年数据显示,上海首发经济带动准海路等核心商圈租金上涨 25%,重塑国际消费中心城市的功能范式。

(五)"市场联动·供应链协同":义乌模式下首发经济的市场集聚与全球分销

义乌作为全球最大的小商品集散中心,其首发经济模式以专业市场、高效供应链和全球触达的分销网络为支撑,实现新品首发与全球分销的高效协同。

专业市场在其中扮演着全球新品发布"信息枢纽"的关键角色,汇聚海量的产品信息与市场动态。高效供应链则凭借强大的生产与调配能力,快速响应市场需求,确保新品能够及时推向市场。全球触达的分销网络更是将首发新品直接送达海外消费者手中。通过这三大核心要素的紧密联动,义乌成功将传统的集散中心升级为全球新品首发引擎,重塑"中国式快时尚"的产业范式,为区域经济发展与全球贸易合作提供有力支撑。

(六)模式比较:不同模式的特点与效应

通过对上述模式进行分析和比较,明确首发经济主要模式的特点与效应,从而为进一步提升广州首发经济发展水平提供经验借鉴(见表1)。

表 1　全球首发经济主要模式的特点与效应

主要模式	模式特点与效应
首秀演出驱动型(巴黎模式)	以巴黎时装周为例,凭借双周期等形成"时尚霸权",融合多业态,推动产品与服务创新升级,经济带动作用强
设计师引领型(意大利模式)	意大利设计师发挥关键作用,推动成衣业发展,众多品牌引领潮流,品牌影响力大

续表

主要模式	模式特点与效应
会展带动型(上海模式)	依托进博会以及全市主要高端商圈,实现"国际会展+首店经济+知名品牌"协同发展,形成全球新品首发"超级枢纽"
产地辐射型(东京模式)	产品经本土验证,输出成爆款,"城市实验室"助力创新
市场联动型(义乌模式)	依托专业市场、高效供应链、全球分销网络,打造全球新品首发引擎

四 广州首发经济模式的核心内容与场景构成

作为中国首批国际消费中心城市,广州通过构建"专业市场+国际会展+设计师生态+商业综合体"四位一体的首发经济模式,形成差异化竞争优势。广州首发经济的发展模式和路径依赖,既借鉴和吸收了全球其他城市发展首发经济的主要经验,又根据自身的产业特色、资源条件和优势,形成多元化模式。广州市商务局数据显示,2021~2024年广州首店数量年均增长25%,超600家国际品牌抢滩入驻,打造出一条具有鲜明广州特色的"首发活动—品牌曝光—消费转化—产业链联动"的全生态链条。

(一)"专业市场+产地优势":产业集聚区的规模效应

广州是全国专业市场数量最多的城市之一,其最大特色是产地型专业市场与主要产业带、产业集群深度融合。正是这些专业市场的整合和协同效应,使广州一批优势产业从最初的"前店后厂"向全球新品策源地转型升级,从而助力首发经济发展,并推动产业链与供应链体系重构。

广州产业基础雄厚,产业链完整,规模庞大。广州拥有全国41个工业门类中的35个,具备从原材料供应到产品制造再到市场销售的完整且高效的产业链供应链体系,综合实力领先全国。目前,广州已形成纺织服装、皮具箱包、美妆日化、珠宝首饰、灯光音响、定制家居、汽车制造等优势产业集群,相关企业超6万家(见表2)。全国80%的高端男装品牌来自广州,依托中大布匹市场和番禺区、东莞市的服装加工带，广州已实现"设计—打样—量产"48小时完成；全国1/3的持证化妆品企业来自广州；广州珠宝首饰加工产业的全球市场份额达到30%；定制家居企业年产值超1000亿元。依托雄厚的产业基础，广州能够吸引来自全球各地的品牌，形成一批在国内外有一定影响力的特色产业带和集群。

表2　广州重点产业区域分布

产业类别	核心区域	代表企业/集群
纺织服装	海珠区	中大布匹市场
	荔湾区	十三行
	增城区	新塘牛仔城
皮具箱包	白云区	三元里皮具城
	花都区	狮岭镇
美妆日化	白云区	白云美湾
	黄埔区	黄埔科妆生物医药园
珠宝首饰	番禺区	沙湾珠宝产业园
	荔湾区	华林玉器街
灯光音响	番禺区	石碁镇
定制家居	黄埔区	索菲亚
	天河区	欧派
汽车制造	番禺区	广汽集团
	黄埔区	小鹏汽车
新型显示	黄埔区	视源股份、LG显示
集成电路	黄埔区	粤芯半导体

通过专业市场与产业带的深度融合，广州形成"新品研发—样衣制作—市场首发—批量生产"的"首发模式"。以白马服装市场为例，其首创的"四季T台"模式每年举办超200场新品发布会。2024年数据显示，专业市场场景占全市首发活动总数的32%。2024年9月，广州红谷皮具有限公司在此发布与意大利设计师联名系列，吸引东南亚客商现场下单超5000万元，带动周边代工厂新增订单量提升40%。而在番禺区珠宝产业带，周六福珠宝在番禺区大罗塘珠宝小镇建立起全球新品发布中心，2024年通过"线上直播+线下订

货"的双首发模式，实现新品销售额同比增长 67%。根据广州市商务局数据，专业市场贡献了全市 43% 的首发订单量，但高端品牌占比不足 15%。

（二）"会展经济+首发平台"：全球商贸枢纽与首发高地

从巴黎模式等全球首发经验来看，会展模式是最具影响力和被广泛采用的模式，而广州作为"国际会展之都"，拥有广交会、中国（广州）国际美博会等一系列知名会展品牌，因此，以会展为平台进行首发，成为国内外不少品牌商家的主要选题。

根据广州市商务局发布的《2024 年时尚产业活动规划》，从广东时装周到番禺珠宝行业大会，从广州国际美妆周、中国（广州）国际美博会到中国（广州）定制家居展览会，从广州国际皮具箱包采购节到广州国际灯光节、广州国际专业灯光音响展览会，2024 年广州全年共举办首发活动超 120 场，涵盖时装周、美妆周、灯光节等六大时尚领域。

第 134 届广交会设立"全球新品首发专区"，面积超 1 万平方米，覆盖智能制造、绿色能源、健康生活等十大主题。新品首发首展首秀活动超过 200 场次，参展企业带来的新展品大约有 68 万件，其中新能源、工业自动化等高技术含量、高附加值的新展品大约有 10 万件。[①]

第 135 届广交会，参展企业举办 334 场新品首秀活动，企业在线上平台累计上传展品超 254 万件，现场展出的新品超 100 万件，绿色产品超 45 万件，自主知识产权产品超 25 万件。[②] 第 136 届广交会现场展出新品 115 万件、绿色产品 104 万件、自主知识产权产品 111 万件，数量均比上届大幅增加。举办约 400 场新品发布活动，比上届增长超 30%。[③] 从现场来看，在首

---

① 《第 134 届广交会参展企业展出新品大约 68 万件》，中宏网，2023 年 9 月 28 日，https：//www.zhonghongwang.com/show-257-292378-1.html。
② 《第 135 届广交会多项数据超往届同期：已有 9.3 万采购商预注册，数智化趋势更明显》，21 世纪经济报道，2024 年 4 月 1 日，https：//m.21jingji.com/article/20240401/herald/44771cac1d4d6a64b7d827ddc76312e.html。
③ 《第 136 届广交会今日开幕：高新技术等高质量企业较上届增长超 40%》，观察者网，2024 年 10 月 15 日，https：//www.guancha.cn/ChengShi/2024_10_15_751835.shtml。

秀产品中，无论是技术含量，还是品牌影响力都有显著提升。

此外，一批行业性展会的首发活动也取得显著成效。2024 广州国际美妆周，完美日记联合欧莱雅发布"AI 肌肤检测仪"，通过"展馆首发+保税仓直发"模式，72 小时全球订单破百万台，其中 30%通过跨境电商平台销往 RCEP 成员国。

（三）"设计师驱动+时尚消费"：本土创意的国际化表达

广州作为"世界工厂"核心区，在过去 40 多年工业化过程中，培育和集聚了数万名来自不同行业的产品设计师，这些设计师为时尚首发注入天然的动力。据初步统计，广州现有注册设计师工作室超 1200 家。2024 年设计师品牌首发活动占全市总量的 15%，贡献了 28%的媒体曝光量。以广州市例外服饰有限公司为例，其 2024 年伦敦时装周首发的"广绣元宇宙"系列，将粤剧脸谱与 3D 打印技术相结合，带动品牌海外销售额增长 300%。

广州设计师工作室基本上集聚在专业市场和产业带周围。例如，每一届广东省时装周以及广东大学生时尚周，都有一批国内顶尖的设计师展示他们的首秀作品。例如，红棉国际时装城设立了设计师孵化基地，提供"样衣制作—走秀发布—渠道对接"全链条服务，2024 年助力 23 个新锐品牌完成首秀。此外，广州国际时尚周活动期间，广州塔成为时尚盛典举办之地，每年吸引超 50 个国家设计师参与。

（四）"商业综合体+时尚首发"：消费场景重构与科技赋能

从国内外首发经济的发展经验来看，一座城市的高端商圈往往是"首店"集聚的地方，而且城市商圈能级越高，首店集聚度越高。2023 年，广州市商务局发布《广州市重点商业功能区发展规划（2020—2035 年）》，提出将在广州打造"5+2+4+22"的重点商圈格局，涵盖 5 个世界级地标商圈、2 个具有世界影响力的岭南特色商圈、4 个枢纽型国际商圈、22 个都市特色商圈，共 33 个重点商圈。其中，天河路—珠江新城商圈被打造为国际时尚消费地标汇聚地，广州塔—琶洲商圈被打造为商业商务集聚、互动体验功能突出的世界级地标性综合商圈。商圈可以集聚大量商业资源，形成浓厚的商业氛围，吸引更多国内外知名品牌入驻，从而吸引越来越多的首店入驻。

广州天河路—珠江新城商圈更是华南地区首店入驻的首选地。自 2018 年首店经济概念首次提出以来，广州仅天河区累计新增首店 532 家，包括亚太地区首店 9 家、全国首店 86 家、华南地区首店 77 家，在数量与质量上持续引领全市。从国际知名香水品牌 LOEWE、Creed、Byredo、阿蒂仙之香等广州首店扎堆落户，到潮牌 HAHALULU 华南首店、萨洛蒙广州首店抢先登陆，19 个国家和地区共 181 个国际品牌首店先后落地，不仅彰显了广州的全球性吸引力、强大的经济实力、开放的国际环境、雄厚的商业基础和良好的营商环境，也进一步巩固了广州作为国际消费中心城市的领先地位。2023 年，广州全市引进首店 416 家，相比 2021 年，数量实现翻倍，其中 2/3 集中在天河区。

在广州高端商圈内，通常有 3~5 个龙头性商业综合体，如广州天河路—珠江新城商圈有天河城、正佳广场、太古汇等。这些商业综合体不仅是广州年轻人的集聚地和时尚消费高地，而且业态丰富，场景创新一直走在国内商业领域前列，甚至融入大量的科技创新元素，从而更能吸引国内外知名品牌在商圈内首发。

（五）"广州模式"的主要特点与短板

"广州模式"在首发经济发展中展现出独特性和创新性，主要表现在以下三个方面。

1. 全产业链快速响应
广州专业市场集群构建了全球最快的产品响应体系，如沙河服装市场通过 AI 选款系统提升爆款预测准确率，并与生产基地紧密合作，实现高日产能。相比之下，巴黎设计师品牌交付周期较长。

2. 专业市场资源配置效率高
广州会展经济构建了从技术首发到全球分销的完整链条，例如，广交会上技术成果转化率高于东京电玩展，珠江钢琴利用区块链技术实现快速量产。

3.设计师品牌赋能

广州通过非遗 IP 与设计师生态结合，提升品牌价值，如广州永庆坊非遗街区结合 NFT 技术提升传统工艺品溢价率。

尽管"广州模式"在供应链支撑和首发经济成长方面具有优势，但存在短板，如高端品牌矩阵缺失、技术标准话语权削弱和文化符号碎片化。因此，广州首发经济需要进一步突破，如建立技术认证中心和全球分发网络。

五　广州首发经济发展模式的路径创新

（一）精准施策强支撑，夯实首发经济发展基石

政策是推动首发经济的关键。广州需制定政策，为首发经济打下坚实基础。针对时尚产业布局分散的现状，广州应出台政策、整合资源、设立专项资金，以广东时装周为核心，打造具有国际影响力的时尚盛会。提供场地、资金、宣传等支持，提升广东时装周规模与品质，吸引国际品牌参与，进入全球时装周前列。

鼓励产业集群举办首发仪式及相关活动，制定扶持政策，重点支持创新引领项目。提供定制化服务，如税收优惠、补贴、审批绿色通道等。重点支持本土设计品牌在广州首发，设立专项扶持基金，提供新品研发、设计制作、品牌推广资金。搭建对接平台，促进国际合作，提升品牌国际知名度。全方位加强政策保障，包括知识产权保护、人才培养，为本土品牌首发创造良好环境。

（二）聚焦产业融合发展，拓展首发经济多元空间

推动首发经济与多产业融合。时尚产业须加强与文化、艺术、科技等领域的合作，如举办时尚文化节，结合时尚秀场与文化展览、艺术表演，打造

有文化内涵的时尚活动。提供虚拟试衣、线上看秀等服务，提升消费者的参与度和体验感。

广州拥有强大的产业基础，包括多个千亿级产业集群和服务行业，以及丰富的传统企业和专业批发市场。广州应利用产业集聚优势，进行首发、首秀、首展。同时，支持首店、新品首发等与产业升级融合，拓展服务功能。构建完整的商务服务产业链，增强商贸企业价值创造能力，发挥首发经济辐射效应。提升首发主导企业在供应链中的地位，利用数字技术实现资源高效管理，建立一体化数据处理系统和产销信息共享机制，实现快速响应，提升供应链整合效能。

（三）优化城市空间布局，打造首发经济特色载体

合理的城市空间布局能够为首发经济发展提供优质的载体。广州应根据不同区域的功能定位和产业特色，打造一批标志性的首发经济集聚区。继续完善广州首发经济空间布局，在中心城区，依托高端商业街区和购物中心，打造不同形态的特色时尚首发街区，汇聚国际知名品牌和设计师品牌，举办各类时尚首发活动，形成时尚产业集群。

在新兴产业园区，建设科技首发创新中心，吸引科技企业设立研发中心和创新平台，举办科技新品发布会和创新论坛，推动科技产业创新发展。同时，加强城市基础设施建设，提升交通、通信、公共服务等配套设施水平，为首发经济活动的举办提供便利条件，打造具有吸引力和竞争力的首发经济特色载体。

（四）升级专业市场，打造高端商贸采购新引擎

广州宜将打造本土品牌、发展首发经济作为专业市场升级的重要方向。一方面，加快专业市场数字化转型。建立选品数据中心，整合广州专业市场的实时交易数据，并结合亚马逊、TikTok 全球热销趋势，生成爆品预测指数，为企业精准开发新品提供有力指导。另一方面，以社区模式运营专业市场。在红棉中大门、白马服装城、美博城、白云美湾等专业市场成立创新力

品牌社区，进一步引进设计师品牌，打造创新力品牌展贸区，推动传统批发市场向线上线下批发零售相结合的高端商贸采购中心转变，实现品质化转型。

此外，在专业市场发展跨境电商、市场采购贸易等新业态。促进内外贸一体化，为首发经济中的品牌和产品提供更广阔的市场空间，提升产品供应能力与质量，满足新品首发需求，吸引品牌集聚，加大品牌建设与推广力度。

（五）发挥设计师优势，深度激活设计师生态

广州作为设计之都和时尚之都，拥有庞大的设计师群体和浓厚的设计氛围。

以广州纺织服装产业为例，其集群效应明显，吸引超过 5 万名服装设计师驻扎于此，规模居全国首位。中大纺织商圈集聚了约 5000 名服装设计师，占全省的 1/20。[①]

广州应充分利用设计师资源，深入激发设计师生态的活力，充分发挥设计师这一核心创新力量在推动首发经济成长中的作用。首先，建立产学研相结合的设计教育体系，培育具备创新精神和实际操作经验的专业设计人才，促进时尚设计领域的高端人才培养；其次，创建设计师孵化与商业化平台，在中大纺织商圈、白马服装市场、永庆坊等地设立设计工场，为设计师提供从创意孵化到商业转化的全方位支持；最后，加强知识产权保护与价值实现，制定并完善相关政策，全面强化知识产权保护，激发原创动力，提升原创成果的转化效率，确保品牌和企业能够安心地开展首发、首秀、首展等活动。

（六）文化科技双轮驱动，赋能首发经济发展

文化与科技双轮驱动能够为广州首发经济注入强劲动力。文化赋予产品

---

① 《广州市商务局关于政协十四届广州市委员会第二次会议第 2141 号提案答复的函》，广州市商务局网站，2023 年 8 月 28 日，http://sw.gz.gov.cn/xxgk/jyta/content/post_9179248.html。

深厚内涵与独特魅力，提升首发产品附加值，增强首秀、首展吸引力；科技则在研发生产、展示与营销环节发挥重要作用，依托 VR/AR 等技术为消费者带来全新消费体验。广州作为岭南文化的发祥地，拥有醒狮、粤剧、龙舟、武术等丰富独特的文化元素。一方面，将这些元素融入新品设计，丰富产品文化内涵与特色，提高辨识度与吸引力；另一方面，依托广州丰富的文化旅游资源，推动首发经济与文旅产业深度融合。通过举办文化节庆、艺术展览、体育赛事等活动，吸引国内外游客体验消费，为首发经济注入新的活力。

科技的发展为文化传播和产品创新提供先进技术支持。利用 5G、VR/AR 等技术，创造沉浸式、互动性的文化体验产品，增强产品竞争力。同时，"概念店""体验店"等聚焦场景创新的首店融合前沿科技，依托 VR/AR 等新技术为消费者带来更多元的消费体验，进一步推动首发经济发展。

（七）加强品牌营销推广，塑造首发经济城市名片

品牌营销推广对提升首发经济的知名度和影响力至关重要。广州应加强整体品牌策划和宣传，打造"首发广州"城市品牌形象。通过举办大型首发经济活动、参加国际知名展会等方式，展示广州首发经济的成果和优势，提升广州在全球首发经济领域的知名度和美誉度。

利用新媒体平台，开展线上营销推广活动。制作精美的宣传视频、图片和文案，通过社交媒体、短视频平台等渠道进行广泛传播，吸引全球消费者的关注。加强与国际媒体的合作，邀请知名媒体来广州采访报道首发经济活动，提高广州首发经济的国际传播力。同时，鼓励企业加强品牌建设和营销推广，培育一批具有国际影响力的本土品牌，共同塑造广州首发经济的城市名片。

（八）加强人才培育引进，激发首发经济创新动力

人才是首发经济发展的核心驱动力。广州要加大人才培养和引进力度，尤其是营销策划、品牌传播、时尚设计等方面的人才，建立多层次的人才培

养体系。在高校中，开设与首发经济相关的专业课程，培养时尚设计、品牌策划、市场营销、科技研发等方面的专业人才。加强与企业的合作，建立实习实训基地，开展产学研合作项目，提高人才的实践能力和创新能力。

积极引进国内外高端人才和创新团队，制定具有吸引力的人才政策，提供住房、子女教育、医疗保障等优惠待遇，吸引优秀人才来广州创新创业。建立人才交流平台，举办各类人才交流活动，促进人才之间的交流与合作，为首发经济发展注入源源不断的创新活力。

结　语

首发经济既是满足消费升级的有效方式，更是推动高质量发展的重要引擎。首发经济正逐渐从拼"首店数量"转向拼"首发生态"。在消费升级与数字化转型的交汇点上，首发经济不仅成为激活内需的强劲动能，更是一场对政策引导力、企业创新力及城市竞争力的深度考验。扩大内需是经济发展的基本动力，也是满足人民日益增长的美好生活需要的必然要求。广州不仅是千年商都，更是时尚之都。广州要立足城市资源禀赋，营造良好的消费氛围、优化消费环境、完善消费政策，通过"产地优势+设计师驱动+专业市场+会展经济"的复合型首发经济模式，更好发挥国际消费中心城市引领带动作用，推动实现老城市新活力。

B.5

推动广州时尚产业国际化　助力
国际消费中心城市建设

广州时尚产业国际化发展课题组*

摘　要： 广州时尚产业基础好、要素全、规模大，产业链供应链完整，综合实力领先全国。推动广州时尚产业国际化发展，有利于创造时尚潮流和产品，吸引全球消费群体集聚，助力国际消费中心城市建设。广州时尚产业拥有产业基础雄厚、产业链完备、优质品牌持续打造、数字化转型加快等优势，也存在自主创新能力较弱，品牌国际影响力有限，高端、专业人才匮乏，时尚生态系统需完善等问题。本报告从完善产业政策、构建载体体系、实施品牌战略、加强人才培养、搭建产业平台、健全保障机制等方面提出对策建议。

关键词： 时尚产业　国际消费中心城市　广州

　　作为时尚资源集聚之地，广州形成纺织服装、皮具箱包、美妆日化、珠宝首饰、灯光音响、定制家居等时尚产业集群，综合实力领先全国。推动广州时尚产业国际化发展，有利于加强时尚供给，升级消费需求，打造独具广州特色的时尚文化，以时尚潮流引领消费，吸引全球消费群体汇聚，为国际消费中心城市建设提供有力的产业支撑。

---

　* 课题组成员：杨勇、张彦、高晓东、李小青、郭馨梅、李英、余清娜。杨勇，广州市外办主任，广州市贸促会原主任；张彦，广州市贸促会副主任、二级巡视员；高晓东，广州市贸促会联络部部长；李小青，广州市贸促会会务信息部四级调研员；郭馨梅，北京工商大学经济学院副院长，中国商品交易市场专家指导委员会委员；李英，广州市场商会、广州现代产业创新发展促进中心秘书长；余清娜，广东现代专业市场研究院研究员。

一　广州时尚产业国际化发展的情况

（一）广州时尚产业发展总体概况

广州时尚产业基础好、要素全、规模大，产业链供应链完整，经历从贴牌代加工到自主品牌创建的演进历程，正向品牌国际化迈进，逐渐由价值链低端向高端跃升，呈现以下特征。

1. 产业规模领先全国

2021 年，广州时尚产业增加值超 8500 亿元。在时尚产品制造方面，2023 年广州规模以上纺织业，纺织服装、服饰业，皮革、毛皮、羽毛及其制品和制鞋业，化学原料及化学制品制造业，家具制造业等产值合计达 2196.49 亿元。在时尚产品消费方面，2023 年，广州服装鞋帽针纺织品类、化妆品类、金银珠宝类、化工材料及制品类、家具类等共实现销售额 8235.87 亿元。

2. 市场集群特征明显

在广州 500 余家专业市场中，与时尚穿戴、搭配、家居等消费相关的市场近 300 家，包括纺织服装类 170 家、皮具箱包类 49 家、钟表眼镜类 21 家、鞋帽类 20 家、珠宝首饰类 16 家、家居装饰类 12 家、美容化妆品类 5 家，近 9.5 万户商户主体，超百万名从业人员，形成流花服装、中大纺织、三元里及狮岭皮具、白云美妆、番禺珠宝、新塘牛仔等全国乃至全球知名市场。

3. 产业人才层次丰富

广州是全球时尚策源地，时尚产业人才层次丰富，拥有一定的研发设计能力，为原创设计产品和品牌的培育输送了力量。以服装产业为例，据了解，2021 年广州拥有超过 5 万名服装设计师，数量位居全国第一，是全国最大的设计师和服装品牌集聚地，设计人才的能力得到业界的普遍认可。

4. 产业发展活力十足

广州每年举办超百场发布会、时装周、品牌大秀等时尚活动，包括中国

（广州）国际时尚产业大会、广东时装周、中国（广东）大学生时装周、中国国际美博会、广东美妆节、中国流花国际服装节、中国（狮岭）皮革皮具节、广州番禺珠宝文化节等，在展示宣传、供需对接、产业升级等方面发挥作用，为产业创新注入活力，增强时尚产业影响力。

（二）广州时尚产业的国际化水平

1.国际化水平较高的行业情况

（1）纺织服装行业

广州纺织服装行业基础扎实、业态丰富、品类齐全，品质优良且性价比高，深受国内外消费者喜爱。广州是我国重要的纺织服装生产基地、集散中心和出口中心。广州纺织服装行业出口规模较大，2023年出口额达463.77亿元。广州纺织服装行业出口市场以美国、日本、韩国等为主，近几年这些市场贸易增长缓慢；以印度、印度尼西亚、菲律宾为代表的新兴市场正在不断壮大。出口市场的多元化突出广州的区位优势，为行业带来新的发展空间。当前，广州纺织服装行业面临复杂的出口环境，加上近年来劳动力生产成本上升，其国际化发展受到一定挑战。

（2）皮具箱包行业

当前，全国近1/3的皮具箱包生产企业集聚广州，已形成以白云三元里与花都狮岭为代表的皮具箱包产业集群。其中，花都狮岭既是国内外皮具品牌的生产基地，也是孵化国际化品牌的"大本营"。"狮岭皮具"区域品牌已在全球19个国家成功注册，品牌价值达200亿元，皮具产品销往法国、英国、美国、意大利、俄罗斯、南非等142个国家和地区。近年来，花都狮岭依托国家级市场采购贸易方式试点，积极开展出海业务，出口规模持续增长。花都狮岭年产皮具箱包超7亿只，年产值达300亿元，70%以上的皮具箱包产品出口世界各地，占欧美大众流行仿真皮箱包市场50%以上的份额。

（3）珠宝首饰行业

广州作为全国重要的珠宝首饰生产制造基地和供应链基地，产品涉及钻石、黄金、宝玉石等全门类珠宝。番禺、荔湾、花都等多区联动，推动珠宝首饰行业国际化发展。其中，番禺珠宝首饰产品在全球市场的份额达30%，在香港、澳门市场占据70%的份额。2023年，番禺区珠宝产品进出口总值达530.7亿元，占全区进出口总值的45.6%；2024年1~10月，番禺区珠宝进出口总值达393.4亿元，成为推动外贸发展的强力引擎。

2. 国内领先行业情况

（1）美妆日化行业

广州美妆日化行业发展较早，生产企业众多，产业集群实力强劲。在政策支持、平台赋能、企业集聚的综合作用下，广州美妆日化行业应势而上，不仅成为国内美妆日化市场中首屈一指的力量，也逐步拓展海外市场，取得令人瞩目的成绩。广州化妆品出口额呈现逐年增长的良好态势，2021~2023年出口额从44.96亿元增长至70.25亿元，保持15%以上的同比增速。当前，70%的广州化妆品头部企业都有出口业务。

（2）灯光音响行业

广州灯光音响产业集群规模超百亿元，约占全国灯光音响产值的一半，拥有灯光音响核心企业600多家，广州市锐丰音响科技股份有限公司、广州市珠江灯光科技有限公司、广东保伦电子股份有限公司等一批龙头企业脱颖而出。2021年，广州灯光音响已销往比利时、法国、美国、加拿大、印度尼西亚、新加坡等全球20多个国家和地区，广州市珠江灯光科技有限公司、广州市新舞台灯光设备有限公司、广州市浩洋电子股份有限公司、广东保伦电子股份有限公司等多家企业的产品被奥运会、亚运会、青奥会、世博会、G20峰会等国际场合使用。2022年北京冬奥会上，超过10家广州灯光音响企业的产品广泛应用于开幕式、各个赛场以及颁奖典礼等。

（3）定制家居行业

目前，广州家居产业规模突破2000亿元，而定制家居作为行业标杆享誉海内外。在11家上市的核心定制家居企业中，广州占据5席；在全国十大定制家居品牌中，广州有6个。近年来，随着国内市场环境的变化，定制家居行业增速开始放缓。很多家居企业开始将目光投向海外，欧派家居集团股份有限公司、广州尚品宅配家居股份有限公司和索菲亚家居股份有限公司等头部企业已开启全球化布局,在本土化探索和运营的基础上,探索独具特色的海外业务模式,扩大品牌影响力,促进海外市场供产销一体化。如索菲亚家居股份有限公司已有30多家海外经销商,覆盖美国、澳大利亚等20多个国家。

二 广州时尚产业国际化发展的优势与不足

(一)优势

1. 产业基础雄厚,集聚效应明显

数据显示,广州位居"2020新国货之城"榜单第二,仅次于上海;天猫广州卖家75%从事美妆个护和服饰行业,是全国的1.6倍,广州被誉为"新国货美丽之城"。①

广州纺织服装行业呈现专业市场集中、产量和交易量全国领先的特点。据不完全统计,广州拥有服装企业及关联企业近5万家、服装服饰品牌7000个以上,纺织服装销售额约占全国的10%,具有总体规模大、经营品种多、供货能力强等优势。同时,广州拥有纺织服装专业市场170家,数量居全国首位,形成全球规模最大的中大布匹市场群(58个布匹面料专业市场)和流花矿泉、十三行、沙河、石井、新塘五大服装市场群(112个服装专业市场),商圈特色鲜明。

广州美妆日化行业集聚度较高,共有1841家化妆品生产企业,约占全省总量的56%、全国总量的31%,主要集中在白云区、黄埔区和花都区。广州正着力打造"白云美湾""南方美谷""中国美都"等化妆品产业基地。广州美妆日化产业年产值超1000亿元,占比超全省的70%。目前,广州拥有美博城、白云美湾广场等化妆品类市场5家,经营商户6000多家,是全国最大的化妆品交易集散地,享有"全球化妆用品采购中心"的美誉。

---

① 第一财经商业数据中心联合天猫发布的《城市商业创新力——2020新国货之城报告》。

皮具箱包行业形成北产南贸的产业格局。广州花都狮岭生产制造和白云三元里展示贸易两大产业集聚区，在中国皮具产业中具有举足轻重的地位。白云区三元里形成以越秀·中港皮具城、广州白云世界皮具贸易中心等为代表的皮具箱包市场集群，拥有 1200 多个皮具品牌，年交易额超百亿元。花都区狮岭汇聚 8 万多家各类企业和商户，形成"高度集成"的协作关系，被誉为"中国皮具之都"，获选工业和信息化部首批中小企业特色产业集群。

作为全球珠宝产业集聚地和中国珠宝生产、出口的主要基地，广州珠宝首饰行业主要集聚在番禺区和花都区。其中，番禺区共有珠宝首饰市场主体 1.3 万家，从业人员超 10 万人，专业性工匠超 4 万人，主要集中在沙湾镇、沙头街、市桥街、东环街和石基镇。

2. 产业链完备，实现柔性供应

广州时尚产业涵盖研发设计、生产制造、品牌营销、商贸展示等领域，产业链条较为完备。其中，纺织服装行业产业链最为完整。广州纺织服装行业形成涵盖面料辅料、设计打版、加工生产、批发零售、时装发布以及相关配套的产业体系。完成整个流程最多需要两周时间，最快只要 7 天，快速、高效、联动的产业链优势，为纺织服装行业创新、引领时尚潮流奠定基础。同时，美妆日化行业上下游配套齐全。广州是全国化妆品产业链配套较为齐全的地区之一，也是全国最大的化妆品贴牌（OEM）和代工（ODM）生产基地，拥有化工原料、模具制造、包装设计、生产制造、品牌营销、商贸展示和美容商超等上下游产业。广州打造一款全新的彩妆粉饼盒，从接订单到产品上市，只需要 3 个多月。

3. 优质品牌持续打造，影响力不断扩大

经过多年发展，广州时尚产业涌现出一批国内知名品牌，也孕育了多个新锐品牌，影响力不断提升。纺织服装行业拥有例外、UR、MO&Co.、比音勒芬、欧时力、茵曼、Edition、歌莉娅、单农、卡宾、素肌良品、辰辰妈、希音等知名品牌，美妆日化行业拥有立白、蓝月亮、卡姿兰、丹姿、水密码、美肤宝、滋源、温碧泉、膜法世家等知名品牌，同时培育孵化完美日

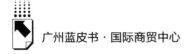

记、溪木源、丸美、珂拉琪、阿道夫等新锐品牌，涵盖美妆、护肤、个人洗护、家居清洁、母婴、香氛等品类。皮具箱包行业知名品牌有红谷、Hello Kitty、米菲等。目前，广州三元里皮具商圈云集众多皮具箱包企业和商户。珠宝首饰行业集聚柏丽德（APM Monaco）、卓尔珠宝、皇庭、米莱、元艺、ZEGL（真柳首饰）、亨利、Aporro、名工、素金银、佰零壹、第一福等品牌。灯光音响行业集聚广州市锐丰音响科技股份有限公司、广州市浩洋电子股份有限公司、广州市珠江灯光科技有限公司、广州市升龙灯光设备有限公司、广东保伦电子股份有限公司、广东久量股份有限公司等一批实力强大、科技水平领先的企业。定制家居行业则有欧派、尚品宅配、索菲亚、好莱客、司米厨柜、诗尼曼等品牌。

4. 数字化转型加快，实现新旧动能转换

以人工智能、大数据、物联网为代表的信息技术引发了一系列数字化变革，顺应数字经济的发展，广州时尚产业正加快数字化转型，主要体现在企业的智能制造和柔性生产能力增强、数字技术的应用范围扩大、数字化营销水平提升等，覆盖研发设计、生产制造、展示贸易、品牌营销等产业链环节。在研发设计方面，广州时尚企业运用大数据创造新产品、预测流行趋势等，使产品与不断变化的消费需求相适应。在生产制造方面，广州时尚企业以网络化、信息化、智能化的新技术促进传统产业从"低端制造"向"高端制造"转变，实现产业提质增效。在展示贸易方面，广州时尚产业相关的专业市场推出相关软件平台促进产品销售。在品牌营销方面，互联网、大数据的发展改变了时尚企业品牌营销模式，形成线上线下相融合、全媒体深度整合的数字营销模式。

（二）不足

1. 自主创新能力较弱

广州时尚产业自主创新能力较弱，这是制约其国际化发展的重要因素。与国际时尚之都相比，广州时尚产业发展水平存在一定差距，权威性、引领性、国际性有待进一步增强。目前，广州时尚产业虽然整体规模较大、企业数量较多，但传统制造类企业数量占比较高，ODM 和 OEM 生产较多，缺乏先进的生产技术和高效的管理模式，产品质量和标准不高，成为广州时尚产业国际化发展的障碍。

一方面，研发环节薄弱，科研和技术投入不足。原创性欠缺、关键核心技术难以突破是广州时尚产业与国际时尚之都之间差距较大的主要原因。另一方面，广州时尚产业设计端的实力有待增强。当前，广州本土时尚设计以模仿为主，虽然紧跟国际流行趋势，但产品同质化严重、缺乏创意，没有形成特色鲜明、不可替代、充分融合中华优秀传统文化和现代风格的设计。

2. 品牌国际影响力有限

广州时尚产业本土品牌的影响力大部分局限于国内，与国际时尚之都拥有的顶级品牌相比，国际化水平较低。广州时尚产业大部分品牌为中小品牌，知名品牌数量较少。受行业特征、产品性质、所处地域及销售渠道等因素影响，广州时尚企业普遍存在品牌建设意识淡薄、能力不足的问题。一方面，没有充分认识到打造品牌对企业发展的重要性，认为只要现有产品质量好、价格合理，不必投入时间和精力在品牌建设上，对品牌建设不重视，导致利润空间有限，产品附加值较低；另一方面，部分企业虽意识到品牌的重要性，但由于缺乏品牌营销能力和经验，以及品牌建设整体规划，对建立起来的品牌宣传推广不到位、运营力度不足。

3. 高端、专业人才匮乏

人才是产业发展的重要支撑力量，广州时尚产业蓬勃发展带来巨大的人才需求，但当前广州时尚产业专业人才较为匮乏。一是时尚专业人才欠缺。广州集聚国内数量最多的设计师，但具有国际先进水平、可引领国际时尚潮流的高水平设计师匮乏。目前，广州的城市时尚氛围不浓厚，对高端人才吸引力不足，具有国际视野及经验的复合型管理人才较少，企业的国际化步伐相对较慢。二是高端教育资源不足。广州拥有的设计学院数量全国最多，在人才培育方面具有一定的领先优势，但在高端时尚教育资源方面与国际时尚之都相比有较大差距。广州高校时尚相关的专业课程较少，特别是时尚管理专业开设较少。三是时尚人才认定体系有待完善。目前，广州尚未对纺织服装、皮具箱包、美妆日化、珠宝首饰等时尚产业各层级的人才进行认定,时尚人才认定体系需进一步完善。四是学习深造机制尚未形成。广州没有时尚人才培育专项支持,尚未形成稳定的时尚人才培养机制。

4.时尚生态系统需完善

广州发展时尚产业具有产业基础扎实、贸易流通便利的优势等,但整个生态系统并不完善,存在短板。

一是国际交流的高端平台较少。广州每年有超百场与时尚相关的活动,覆盖纺织服装、皮具箱包、美妆日化、珠宝首饰等时尚行业,但是时尚活动比较分散且影响力不强,缺少如上海时装周等具有国际影响力、号召力的高端时尚发布展示平台。时尚企业亟须借助国际化平台宣传推广其品牌,分摊较高的独自办会成本。交流与合作的层次不高,交流平台国际化水平有待进一步提高。

二是城市整体的时尚氛围不浓厚。时尚潮流只有通过传播,才能触达更多消费者,辐射全国乃至全球。时尚媒体整体实力有待增强,影响力局限于国内,国际话语权亟须进一步提升。同时,"时尚之都"城市品牌尚未形成宣传效应,难以向国内外消费者展现广州时尚产业的品牌、特色和实力,城市时尚氛围不浓厚。

三是产业发展的空间载体较差。广州时尚产业空间载体大部分是自发形成的,比较分散,条件一般。大部分生产制造企业分布在番禺区、白云区、花都区的城中村,规模不大、管理不规范。随着各个城中村逐步纳入旧改范围,城市更新将促使这些企业外迁,对时尚产业生态将产生较大的影响。很多时尚相关的专业市场产业服务配套不足,条件水平参差不齐,大部分属于租赁的二手物业,空间老旧;受制于复杂产权和租赁关系,升级成本高,导致改造动力有待增强。城市更新给时尚产业发展预留的空间非常有限,需要与其他产业融合发展。

四是知识产权保护不到位。时尚产业的创意、设计、品牌、营销等环节与知识产权保护息息相关,每个环节都需要相应的法律制度和市场监管来保护经营者、所有者的核心利益。广州时尚产业存在不少侵权现象,全新的创意设计刚出来，很快就被人仿冒，专利维权成本高，对企业及品牌影响大。不少中小企业通过低层次模仿、压低价格、以次充好等方式生产，存在劣币驱逐良币的现象，不利于时尚产业发展。

五是产业政策支持需加强。时尚产业的发展壮大与政府的产业政策及大力扶持是分不开的，政府在财政扶持、金融资本、政府采购等方面都给予时尚产业大力支持。当前，广州已出台《广州市打造时尚之都三年行动方案（2020—2022年）》《广州市时尚产业集群高质量发展三年行动计划》，对时尚产业的发展做出相关规划，但对土地、资金、人才等产业核心要素没有具体的扶持措施，关于时尚产业的研发设计、品牌培育、人才培养、创新业态、国际宣传等领域尚未形成专项实施方案。

三　广州时尚产业国际化的发展战略和实施路径

时尚产业国际化意味着对国际时尚潮流产生综合影响力。广州时尚产业只有根植本土并紧密对接国际，不断提升自身实力，才能增强国际竞争力。

（一）广州时尚产业国际化发展战略

一是城市营销战略，打造广州"时尚之都"城市形象，系统整合营销策略，借助媒体宣传、举办大型活动及与时尚品牌联动营销等，提升广州时尚产业影响力。二是建圈强链战略，既要有龙头时尚企业提供载体支撑，也要有中小微企业作为配套，形成完备的产业链，激发实现时尚产业"链式效应"。三是生态系统战略，政府系统谋划、整体推进，提供要素支撑、政务服务、金融服务等，建设完善、开放、创新的生态系统，助力时尚产业国际化发展。

（二）广州时尚产业国际化的实施路径

广州时尚产业要按照"强化两端、优化中间"的路径，突破研发设计和品牌营销的瓶颈，着力发展附加值高的产业链高端环节，全面提升时尚产

业研发设计能力、品牌营销能力、智能制造能力等,通过时尚设计引领时尚消费,以时尚消费反哺时尚设计、时尚研发、时尚制造等,逐步形成完善而强大的时尚产业链,提升产业在国际上的整体竞争力和影响力。

1. 加强时尚研发设计,引领消费潮流

时尚产业国际化发展要注重创意设计水平的提升,一方面,要以文化引领设计,将文化因素、国潮元素融入时尚设计,打造具有文化魅力和时代风采的广州时尚产业;另一方面,要开阔国际视野,让时尚设计与国际接轨,引进国际设计的前沿趋势、新锐理念,进而引领时尚潮流。

2. 强化时尚品牌建设,激发消费潜力

广州时尚企业要注重品牌建设,树立和强化品牌意识,不断夯实产业基础,加强品牌建设,提升品牌管理运营能力,打造具有独特风格的原创品牌,不断提升全渠道营销能力和品牌影响力。已有领先优势的时尚龙头企业要布局多品牌、多品类,开拓国际市场,提升国际知名度,促进国内国际双循环,激发时尚消费潜力。

3. 推进时尚智能制造,创新消费供给

广州时尚企业要加强工业互联网、云计算、物联网、人工智能等信息技术在生产制造过程中的推广应用,建设智能车间、工厂,创新生产制造模式,发展个性化定制、柔性化生产等高端制造业态,实现时尚产业的数字化、网络化、智能化,为市场提供不断创新、个性突出的时尚产品,提高时尚消费供给能力。

4. 优化时尚贸易展示,升级消费体验

广州时尚产业一方面要与国际采购商建立长期稳定的合作关系,积极运用跨境电商、市场采购贸易等新业态,构建和延伸国际贸易网络,进一步拓展广州时尚贸易领域的发展空间;另一方面要注重国际化传播展示,与国际知名设计师合作,实现多元文化的交流,探索高效的国际化传播方式;登陆引领全球时尚发展风向标的国际时装周,举办品牌新品发布会,为时尚企业提供更多展示机会,进一步扩大品牌的国际影响力。

四　推动广州时尚产业国际化发展的对策建议

（一）完善产业政策，加强顶层设计

1.明确产业规划，建立长效机制

时尚产业作为跨行业、跨领域的综合性新兴产业，拥有非常庞大的产业体系，其发展需要更为稳定和长久的支持，需要政府制定科学合理的发展规划。广州发展时尚产业，最重要的是研究制定促进时尚产业发展的专项规划，明确其发展战略、产业定位和未来发展方向，合理规划产业布局，建立5~10年的长期扶持机制，形成时尚产业发展的基本依据。此外，要有相应的规划落实和促进机构，可依托"链长工作专班"，发挥政府在产业导向、战略布局、统筹协调等方面的指导作用，鼓励政府、企业、科研院所、金融机构、媒体等通力合作，推动广州时尚产业按照规划方向发展。

2.完善产业政策，引导产业发展

推动广州时尚产业发展，要加快完善相关产业政策，为时尚产业提供政策保障，营造良好的商业环境，并支持时尚企业的自主创新，激发大众对时尚产业的创业热情。一方面，要勇立潮头，结合广州时尚产业实际情况和发展需要开展政策创新，制定土地、资金、人才、渠道等核心要素支撑的创新举措，探索运用新模式支持产业发展，包括服装柔性生产、化妆品个性化定制、珠宝玉石保税监管模式等。另一方面，要加强现有政策与广州时尚产业的对接，指导时尚企业进行相关评定、申请等工作，最大限度地释放存量政策效应。

3.建设产业基金，拓宽融资渠道

首先，设立广州时尚产业发展专项资金，加大对关键领域、薄弱环节、重点区域的支持力度。其次，设立广州时尚产业发展专项基金，由政府和企业共同承担风险，采用市场化运作机制，通过投资时尚重点产学研合作项目、高技术含量的时尚产品、重点企业购买涉及的品牌营销服务等，对时尚

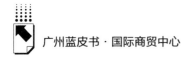

产业给予资金扶持。最后，鼓励更多社会资金投向时尚产业，鼓励国内外风险投资机构及时尚资本通过参股等方式投资优质时尚企业；引导金融机构探索发行适合时尚产业发展的金融产品，满足时尚企业的融资需求。

（二）构建载体体系，优化产业布局

1. 优化产业布局，实现协同发展

广州时尚产业的载体建设要结合城市功能规划，在仔细梳理现有载体的基础上加强可行性研究，合理利用和开发管理各区土地、空间资源，统筹推进各区时尚产业载体合理布局、科学分工、功能优势互补，形成重点突出、有效协同的产业发展格局，发挥强大的产业集群作用。

2. 打造空间载体，支持产业发展

根据时尚产业发展和时尚产品的不同特征，在载体布局上可"有分有合"，既强调资源的充分集聚，也要引导不同类别的时尚载体合理分散布局，建设适合时尚产业发展的空间载体，形成一批专业街区和特色产业集聚区，促进时尚产业集群化发展。

3. 构建时尚商圈，提升消费体验

依托当前不同商圈的发展情况，支持各区已有的商业综合体、商业街业态升级，聚焦国潮经济、首发经济等新业态，打造多维度的时尚消费地标、时尚特色街区等时尚消费空间，为广州建设国际消费中心城市提供有力支撑。各区通过打造各具特色的时尚商圈，不断提升时尚消费体验、激发时尚消费活力，吸引更多国内外消费者。

（三）实施品牌战略，提升国际影响力

1. 扶持本土品牌，提升国际影响力

首先，大力发展广州时尚自主品牌，形成具有竞争力的品牌梯队。支持本土设计师、时尚企业创建具有自主知识产权的品牌，构建品牌评价体系，挖掘具有发展潜力的时尚品牌，为其背书、推动其发展。

其次，加大对广州时尚企业品牌化发展的扶持力度。广州时尚产业国际

化发展不仅要积极培育新锐品牌，更要保护和支持知名品牌。通过技术研发、企业宣传、活动展示、营销推广、税收减免等方面的支持，对龙头企业实施重点扶持。

最后，帮助时尚企业积极开辟海外市场。引导企业布局国际市场，建立国外研发设计中心、营销推广中心、产品体验中心等，推动时尚品牌走出国门；支持时尚品牌参加国际时装周等重大时尚活动，可适当给予企业一定的扶持资金，增加其在世界的展示机会，进一步提升其国际影响力。

2.引进国际品牌，集聚先进资源

广州要紧抓机遇，不断引进国际一线品牌，鼓励国际知名时尚企业在广州设立企业总部、分支机构，推进国际品牌本地化发展，塑造国际时尚风向标。同时，集聚国际时尚工作室、时尚媒体、时尚公关等国际优质时尚资源，吸引国际时尚品牌首店进驻，举办相关国际时尚活动。

3.加强交流合作，促进联动发展

积极引导广州时尚企业与国际知名时尚企业开展合作，吸引国际时尚资源，推动国内外企业交流与合作，探索高效的国际化发展模式和传播方式，充分吸收国际经验，实现优势互补和联动发展，推动广州时尚产业国际化发展。

（四）加强人才培养，提升创新能力

1.引进优秀人才，提升产业实力

积极引进国内外优秀人才特别是国际高端人才，畅通人才引进渠道，打造国内外时尚产业优秀人才集聚高地。重点引进国际时尚设计大师、获得国际或国家级奖项的设计师、国际时尚企业首席研究官及科研领军人才、国际时尚企业复合型经营管理人才、国际时尚院校的优秀毕业生等，为优秀时尚人才提供各种便利条件。通过营造良好的生活、创业环境，以及公平竞争的氛围，让优秀时尚人才集聚广州。

2.培养专业人才，满足产业需求

加大人才培养与选拔力度，为广州时尚产业研发、设计、制造、品牌、营销、贸易等环节培养不同层次的人才。依托中山大学、华南理工大学、广州美术学院等知名高校，以及中国科学院广州化学研究所、中国科学院广州生物医药与健康研究院等科研机构培育一批高端人才，同时借助广州各大职业院校培养技能型人才。加强与英国中央圣马丁艺术与设计学院、巴黎ESMOD高等时装设计学院等国际时尚教育机构的合作，在邀请相关教师到广州开展培训的同时，将优秀人才送到这些院校深造，培养与国际接轨的时尚产业人才。

3. 挖掘潜力人才，打造发现机制

加强对时尚产业潜力人才的挖掘，积极打造时尚人才发现机制，给予创意人才、技能人才展示才华的舞台，使其脱颖而出。举办各类丰富多彩的设计创意大赛，吸引国内外创意人才、设计师来广州比赛，挖掘时尚人才。积极组织开展时尚技能比赛，支持设计师、制版师、工艺师参加各种时尚赛事，对行业优秀人才进行表彰和奖励，并加大宣传力度，提高其社会地位和知名度，在社会上弘扬"工匠精神"，吸引更多年轻人从事时尚工作。

（五）搭建产业平台，完善公共服务

1. 建设服务平台，优化产业环境

平台建设是完善时尚产业公共服务体系的重要支撑。广州时尚产业国际化发展需加强时尚产业服务平台建设，通过跨部门合作，突破产业之间的壁垒，将政府、企业、行业协会、高校和科研机构等拥有的时尚资源进行整合，成立时尚产业联盟，为时尚产业提供公共服务，优化产业发展环境。针对纺织服装、美妆日化、皮具箱包、珠宝首饰、灯光音响、定制家居等不同行业的需求，建设时尚创新研究中心、时尚电商联盟等。

2. 打造发布平台，推广时尚产业

潮流趋势发布、时尚产品展示等公共活动是时尚产业公共服务的重要组成部分，有利于宣传推广时尚产业。广州要着力打造专业化、国际化的时尚发布平台，扩大广州时尚品牌的国际影响力。加大对广州国际时尚产业大会、广东时装周、广州设计周等时尚产业重大活动的支持力度，整合现有的

各类品牌发布会、时尚展览会、新品订货会等，支持时尚相关行业跨界融合发展，集中打造国内一流的时尚发布和国际文化交流活动。

3. 搭建国际平台，促进产业交流

搭建国际时尚交流平台，推动广州时尚品牌"出海"，开拓国际市场。一方面，加强与纽约、米兰、巴黎、伦敦等国际时尚之都的合作，举办广州时尚品牌展会、中外时尚高峰论坛等，鼓励广州优秀时尚品牌参会参展。另一方面，紧抓《区域全面经济伙伴关系协定》（RCEP）正式生效的机遇，组织广州时尚品牌到东南亚国家参加纺织服装、美妆日化等展会，尽享政策红利。由于东南亚国家的文化、生活习惯等与中国接近，广州时尚企业及品牌更容易进入当地市场并得到消费者认可。

（六）健全保障机制，促进产业发展

1. 加强市场监管，营造良好环境

时尚产业作为高度注重创意、品牌建设的产业，存在流行期短、易被仿冒、易被侵权、维权成本高等特点，因此加强广州时尚产业知识产权保护有利于保护时尚创意，维护时尚企业的合法权益，促进广州时尚产业健康发展。

一方面，健全知识产权运营服务体系，强化对时尚创意、商标、品牌的保护，形成企业自我保护、行政保护和司法保护"三位一体"的保护体系，营造公平竞争的市场环境。另一方面，强化时尚产业重点领域侵权专项整治行动，依法严厉打击侵犯知识产权和制售假冒伪劣商品等违法行为。

2. 加强宣传推广，营造时尚氛围

广州需开展全方位、深层次、宽领域的宣传推广，提升整个城市的时尚形象。一方面，多种渠道宣传广州时尚产业整体实力及文化底蕴，树立广州"时尚之都"的城市形象。构建广州时尚产业宣传推广系统，在全国乃至全球时尚媒体宣传广州时尚产业。同时，在全球不同城市举办广州时尚产业专场推介会，邀请具有全球影响力的时尚大师、权威人士、行业领军人物、专家学者等开展推介活动。

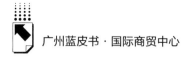
另一方面，营造时尚环境氛围，提供更多消费者与时尚接触的机会，为时尚产业发展奠定良好的消费基础。推动时尚元素融入商业业态，鼓励把时尚消费嵌入各类消费场所，支持时尚企业、设计师在大型商业综合体、中心城区户外空间举办时尚展览展示活动，不断增强消费者的时尚意识，提升时尚消费体验。

B.6
推动广州养老服务业扩容提质增效的对策研究

柳　坤　杨振武*

摘　要: 推动养老服务业扩容提质增效既是将人口老龄化结构势能转换为内需消费动能的关键之举,也是实现老年群体美好生活向往的现实需要。近年来,广州养老服务业呈现业态逐渐丰富,但细分型和升级型服务供给不足;文旅资源丰富,但老年文旅休闲消费市场有待挖掘;医疗实力雄厚,但康复医疗服务供给不足;消费环境改善明显,但服务标准和消费水平需提升;人才引育力度加大,但高素质人才缺口仍然较大的现状。针对上述问题,本报告从推动居家养老服务供给升级,加快打造老年文旅消费新增长点,加快推动医疗健康养老融合发展,营造包容友好的养老消费环境,强化养老服务资源整合及区域合作,加强养老服务业发展要素保障六个方面提出相关对策建议。

关键词: 养老服务业　银发经济　老年文旅消费

习近平总书记强调,坚持应对人口老龄化和促进经济社会发展相结合,坚持满足老年人需求和解决人口老龄化问题相结合,努力挖掘人口老龄化给国家发展带来的活力和机遇。[①] 发展养老服务业是积极应对人口老龄化的客

---

* 柳坤,博士,广州市社会科学院国际商贸研究所助理研究员,研究方向为消费经济;杨振武,广州商学院经济学院副研究员,研究方向为区域发展与产业经济。

[①] 《推进实施积极应对人口老龄化国家战略》,民政部网站,2025年6月5日,https://www.mca.gov.cn/n152/n166/c1662004999980005407/content.html。

观要求，也是实施扩大内需战略的重要举措。2024 年，我国 60 岁及以上人口占比达到 22.0%，已进入中度老龄化社会，预计未来 10 年年均新增 2000 万名以上退休长者。当前，广州已步入人口结构老龄化和少子化"双加速"转折期。2023 年，全市 60 岁及以上户籍老年人口突破 200 万人，占户籍人口的 19.38%。第七次全国人口普查数据显示，广州平均每个家庭的人口为 2.22 人，比 2010 年第六次全国人口普查的 2.73 人减少 0.51 人。广州家庭户规模继续缩小，少于全国的 2.62 人，家庭养老功能日趋弱化。①《2021 年广州市卫生事业发展情况》显示，2021 年全市居民人均预期寿命为 83.18 岁。人均预期寿命提高使失能率提高，高龄照护需求急剧增长。养老服务业作为老龄社会基础性服务的重要组成部分，推动养老服务扩容提质增效。将人口老龄化结构势能转换为内需消费动能，是实现老年群体美好生活向往的现实需要。

一　广州养老服务业的发展现状与存在的问题

（一）业态逐渐丰富，但细分型和升级型服务供给不足

目前，全市社区日常养老生活服务体系逐步健全。截至 2024 年底，全市银发经济领域企业突破 1 万家，数量位居全国前列，75% 的养老床位、100% 的养老服务综合体、100% 的长者饭堂有社会力量参与。同时，涌现一批如广州云芯信息科技有限公司、广东安护通信息科技有限公司、广州爱牵挂数字科技有限公司等智慧养老企业。为推动养老产业发展，连续多年举办中国国际老龄产业博览会和中国（广州）国际养老健康产业博览会，2024 年举办首届广州智慧康养（适老）装备创新设计大赛，涵盖智慧医疗、智能家居、情感陪伴、安全防护等多个领域，意向签约企业超过 30 家，预计

---

① 《广州市第七次全国人口普查公报》。

年产值将超 10 亿元。① 养老服务业态逐步丰富，但仍面临细分领域及升级型服务供给不足的问题。

一是居家养老细分领域服务供给有待丰富。现阶段市场提供相关服务集中在餐饮、护理、保健等基础养老服务方面，而老年专用食品、特殊用品、专用护理及保健用品等供给品类单一、同质化现象普遍。居家养老服务需求旺盛但服务碎片化，还处于发展起步阶段，社区提供的服务项目较少，服务面窄。例如，在老年人助洁助浴、上门医疗、康复、助餐等方面，很多服务项目跟不上，企业盈利较难。受限于租金和购买频次等，老花镜、拐杖、轮椅、助听器、老年专用纸尿裤等日常生活辅助用品在社区周边较为稀缺。

二是升级型养老服务消费有待挖掘。目前，多数商家在开发老年产品市场时往往忽视老年人消费需求的多样性和特殊性，将目光投向基本生活、医疗和养老方面。没有对老龄群体的消费需求进行深度挖掘，对老年人文化、娱乐、金融和社交方面的需求关注不够，缺乏精神慰藉、文化娱乐、健康管理等方面的服务。如适应老年人群需求的康养旅居、个性化定制、文化休闲、养生研学等旅游产品有待挖掘，养老理财产品仍以传统的银行理财、保险年金为主，产品形式单一，且收益率偏低，难以满足多元化的养老需求。

（二）文旅资源丰富，但老年文旅休闲消费市场有待挖掘

全国老龄工作委员会办公室数据显示，老年游客已占据旅游总人数的20%以上，成为推动旅游市场发展的重要力量。广州旅游资源丰富，A 级旅游景区共 106 家，山水、温泉、中医药资源丰富，并且在环境、配套设施以及性价比等方面具有优势。"2024 年中国康养城市排行榜"显示，广州仅次于海口，位居全国第二。2024 年上半年，广州餐饮门店规模超过北京、上海和深圳②，形成地方菜系、融合菜系与异域美食等并存的格局。

一是旅游供需适配性有待提高。广州文化和旅游深度融合发展的业态相

---

① 数据来源于广州市民政局网站。

② 《最新报告发布丨广州国际美食餐饮产业大数据报告》，"辰智大数据"百家号，2024 年 11 月 7 日，https://baijiahao.baidu.com/s? id=1815029239674997502&wfr=spider&for=pc。

对单一，旅游产品供给针对性不足。调研了解到，旅游领域受疫情影响，导游等人才大量转行，流失严重，部分旅行社经营困难甚至退出市场。部分旅行社未及时转型响应老年游客需求，导致传统旅游产品特色不突出、同质化现象严重。同时，旅游服务难以满足游客的需求，如不少博物馆、展览馆、景区等场所需要线上预约，人为地向老年群体筑起"数字围墙"。

二是老年文化休闲消费场景亟待丰富。当下老年休闲消费领域正呈现文、商、旅、体、游融合发展趋势，而市场上可供老年人选择的产品类型比较单一，老年人参与较多的是老年大学书法班、合唱班等常见的低消费或无消费类型，旅游、影视、演出等消费场景推广力度不够。针对"有钱有闲"、身体健康、消费潜力大的老年群体，集康养、疗养、社交、度假等功能于一体的老龄"1+N"医养服务场景较为匮乏。景区等经营性消费场所的适老化改造不到位，影响老年人的消费体验。

（三）医疗实力雄厚，但康复医疗服务供给不足

广州作为国家三大医疗中心之一，集聚全省七成高水平医院，包括 44 家三甲医院和 12 家国家区域医疗中心输出医院。2022 年，总诊疗人次为 1.41 亿人次。[①] 广州同时拥有广东省工伤康复医院、广州市残疾人康复中心等康复医疗机构。国家统计局数据显示，我国约 75% 的 60 岁及以上老年人至少患有 1 种慢性病，随着老龄化和疾病状态的变化，康复医疗需求不断提升。而广州医疗资源向健康服务产业转化的渠道尚未打通，健康医疗产业发展存在"事业强、产业弱"的问题，配套大型医疗机构的康养服务水平亟须提升。

一是康复医疗服务短板较为突出。目前，广州有 12 家康复医院，少于上海的 24 家、杭州的 17 家。市内康复医疗机构以公立为主，社会办康复医疗机构数量较少，同时，康复人才队伍结构不合理，与先进地区有一定的差距。

---

① 数据来源于广州市卫生健康委员会。

广州有康复医师 1104 人、康复护士 2368 人[1]，数量高于上海，但康复治疗师不足。[2] 康复治疗师总数占总人口比例为 5.50/10 万，与国家卫生健康委员会要求的 8/10 万康复治疗师比例仍有一定差距，不少社区卫生服务中心未能提供老年康复服务。

二是本地医康养品牌与养老服务消费融合水平较低。市内现有医康养产业辐射能力不足，缺少知名品牌，如艾力彼医院管理研究中心 2024 年发布的"社会办医·单体医院标杆医院"50 强中仅有 1 家总部位于广州，且居第 28 位；社会办医·医院集团 50 强、社会办医康复医院 30 强、社会办医医养结合机构标杆医院 30 强，广州均无企业上榜，与北京、上海、杭州、南京等地差距明显。此外，市内医疗和医康养消费场景配套融合不足，如高等级医院最为集中的越秀区东山口，一公里范围内仅有 1 家高端酒店、17家经济型酒店。[3]

（四）消费环境改善明显，但服务标准和消费水平需提升

近年来，广州充分发挥消费者权益保护部门间联席会议机制作用，全力打造放心消费环境。在中国消费者协会发布的《2024 年 100 个城市消费者满意度测评报告》中，广州排名第九，较 2023 年上升 2 个位次。为畅通消费维权渠道，持续开展"放心消费承诺"和"线下无理由退货承诺"活动，截至 2024 年底，"双承诺"单位累计达 5315 家。已建立各级消费维权服务站 1221 个、在线消费纠纷解决单位 249 个。[4] 年均解决消费争议近 10 万宗，为消费者挽回经济损失超千万元，促进消费矛盾纠纷多元化解。[5]

---

① 陈嘉斌、陈霞玲：《广州康复医疗产业现状分析及发展建议》，《中国工程咨询》2024 年第 7 期。
② 李梅等：《广州市康复医疗资源与服务开展现状的调查与分析》，《中国康复医学杂志》2024 年第 3 期。
③ 朱江等：《广州：医疗健康服务产业链如何做优做强》，《中国卫生》2024 年第 1 期。
④ 数据来源于广州市消费者委员会。
⑤ 《广州市首个消费维权领域地方标准正式发布》，广州市市场监督管理局（知识产权局）网站，2024 年 10 月 15 日，https://scjgj.gz.gov.cn/zwdt/gzdt/content/post_9914202.html。

一是相关服务标准缺失，难以为消费者提供有效保障。当前养老产业仍处于发展初期或业态融合探索阶段，行业规范与准入标准尚未形成统一体系，导致产品和服务质量差异显著。受身体条件、信息获取能力及维权意识薄弱等因素影响，老年群体遭遇侵权后往往选择沉默，进一步加剧了市场失序风险。

二是数字消费参与能力有待增强。截至2024年，工业和信息化部指导3000余家主流常用网站和App完成适老化及无障碍改造[①]，但调研显示仍有相当一部分老年人表示不知道有适老化网站或App。部分老年人在面对智能设备或数字技术过程中出现畏难情绪，导致数字智能设备或服务难以推广，适老化数字消费还需加强普及渗透。目前，现有的数字适老化改造仍存在浅层化倾向，部分产品仅停留在视觉或基础功能调整层面，缺乏对功能设计与交互逻辑的适老化重构，如功能命名模糊不清、界面布局混乱以及操作流程烦琐等，严重影响老年人的使用体验。

（五）人才引育力度加大，但高素质人才缺口仍然较大

近年来，广州大力开展养老服务人才引育工作，推动全市13所院校开设护理、健康服务与管理、健康与社会照护等专业，以及72家民办职业培训机构开展养老服务培训，共培训2.17万人次，与泰康保险集团等企业合作开设"校企双制"班。将养老护理员纳入《广州企业紧缺急需职业（工种）目录（2024年）》和积分制入户范围，在"南粤家政"羊城行动技能竞赛中设立养老护理员项目，并对获奖选手给予配套奖励。支持优质企业增设养老护理员特级技师和首席技师技术岗位。24家单位已获得养老护理员职业技能等级认定机构资质备案，有1.41万人获得职业技能等级证书。鼓励中高等教育全日制毕业生从事养老服务工作，但存在有效供给短缺和"留人难"等问题。[②]

[①] 汪志明：《广州"蓄能"养老服务高技能人才"强链"银发经济高质量发展》，《人力资源服务》2025年第3期。

[②] 数据来源于工业和信息化部。

一是技能型及复合型人才有效供给短缺。养老护理员常年位居全市"最缺工"的 30 个职业排行榜单之中。据广州市老龄工作委员会办公室统计，2023 年全市老年服务机构中护理人员有 8249 人、医生有 314 人、护士有 1020 人。依据国家标准，养老护理员与半失能老人按照 1∶4 进行测算，广州至少需要数万名持证养老护理员，而实际持证人数远低于此。尽管广州一直在大力推动养老服务人才培养培训工作，但包括养老护理员在内的人才仍然不足。养老行业缺乏应用型高端人才和复合型人才。高端人才须具备旅游管理、健康管理、市场运营等多学科知识和背景，但当前老年相关学科设置较为单一，导致复合型人才不足。

二是人才流失率高，留不住人。当前，养老行业面临发展缓慢且运营成本高企、盈利不足的挑战，部分企业依靠政府补贴维持运营，影响服务质量的提升，对行业就业情况产生了一定的影响，其中薪资水平偏低的问题尤为突出，工资的提升又受制于养老机构的收益状况。诸如劳动强度超乎寻常、沟通需求复杂多变、工作环境与薪酬待遇不尽如人意、职业晋升路径狭窄等因素，以及社会认知偏差，被视为"伺候人"的"脏活累活"的观念严重影响行业的整体形象和从业人员的职业认同感，导致其对年轻人才吸引力偏低，许多毕业生虽然进入养老行业，但后来因劳动强度大、外界压力、薪酬待遇或心理负担而选择离职，养老护理人才流失率过高。

二　广州加快养老服务业扩容提质增效的对策建议

（一）推动居家养老服务供给升级

围绕居家养老多样化需求，建立需求导向型的高质量产品与服务供给体系，加快养老服务供给升级，搭建养老服务消费平台，释放养老服务业消费潜力。

首先，加快养老服务供给升级。支持养老服务机构为家庭提供专业服务，让老年人在家就能享受生活照料、健康照护、精神慰藉等"类机构"

的专业照护服务,加强上门照护的服务标准建设。促进"家政+养老"深度融合,支持有条件的家政服务企业与养老服务机构合作,开展套餐式、点单式、分时段服务等特色上门服务,逐步扩大普适性有偿服务范围。引导有条件的专业市场向养老服务领域倾斜,培育若干线上线下融合发展的示范市场。资助有资质的康复服务单位购置、租借和试用科技产品等。建立品牌激励机制,开展养老服务业态培优、质量提升、品牌打造行动。

其次,搭建养老服务消费平台。加强与龙头企业合作,以一级平台多级联营的模式,开展老年消费需求与供给对接服务。在平台的功能设计上,针对老年群体的特殊性,提供覆盖老年人衣、食、住、行、游、购、医、养等各方面需求的服务体系,简化服务流程,提高综合消费体验。推动本地企业加强与文旅、康复医疗机构、医学院校的合作,组织开展覆盖养老服务各类细分需求的专业博览会。结合发放政府消费券、重阳敬老活动等契机,常态化开展养老产品进社区活动。

最后,释放养老服务业消费潜力。以"15分钟生活圈"建设为契机,支持传统商超转型,打造老年友好的商业服务综合体。市场管理部门给予工商营业注册等政策倾斜,支持社区商家合理增加旅游咨询、助急、助医、助行、助浴、助洁等老龄服务内容,释放就近就便的养老消费需求。支持社区卫生机构、颐康中心等单位,开展老年辅助用品、康复用品等的功能普及和展销活动。支持社区引入适老化展销体验、康复理疗、家政便民、文化培训等服务。

(二)加快打造老年文旅消费新增长点

顺应老年游客差异化、细分化、品质化的养老需求,加强老年优质文旅产品供给,搭建老年文化旅游服务平台,推动老年休闲旅游多业态融合。

首先,加强老年优质文旅产品供给。培育多元共生的旅游产品,设计跨代互动产品,如"祖孙研学游",推出文化、乡村、红色等主题以及邮轮游、研学游、节展游等适老型旅游产品。扶持景区、旅行社搭建老年游客渠道,鼓励社区组织商家以节日为载体,举办文旅促消费活动,支持影院、剧场等文化场所以惠民价格向老年人开放。鼓励文化单位邀请知名老年艺人、草根社团举办各种"怀旧创意+消费"活动等。支持博物馆、景区推出老年人关怀版预约流程和适老化通道，打造换装、穿越、交互式的老年创意体验空间。

其次，搭建老年文化旅游服务平台。引入旅行社、餐饮、住宿、景区等全产业链资源，推动行业组织、企业之间分工合作、互利共赢，提升老年旅游服务品质。鼓励旅行社推出老年度假旅游产品，打造"一程多站"等精品旅游线路，推出"银发伴旅"服务。推出"羊城长者服务资源地图"，一图展示辖区养老服务资源全景，在方便老年人需求的同时，推介辖区企业。支持大型平台企业带头打破老年消费的"年龄门槛"和"设施门槛"，推出覆盖医疗救援、意外伤害等的适老保险业务，放宽投保人员的年龄上限，通过免责条款消除年龄歧视。

最后，推动老年休闲旅游多业态融合发展。依托丰富的中草药资源，融合传统医学与现代健康理念创新开发适老产品。完善温泉适老化服务配套设施，推动温泉与中医、康养、旅居养老业态融合，打造"温泉+养生""温泉+医疗"等复合型产品，打造特色鲜明的老年温泉康养品牌。支持开发自然疗养、森林浴、氧吧体验等特色项目，依托乡村民宿、农场发展康养体验等适老休闲旅游。对接航空公司和旅行社，设计针对老年人的淡季旅游优惠票价和旅游线路。支持文旅企业对接金融保险企业，推出"保险+旅居""金融+养老"综合解决方案。

（三）加快推动医疗健康养老融合发展

巩固广州作为华南医疗中心的地位，加快补齐康复医疗短板，大力推动国际医疗创新发展，打造医康养融合服务场景。

首先，加快补齐康复医疗短板。建议设立粤港澳大湾区康复大学，加大康复医学科建设力度，通过设立专业课程、增加实践机会、提供继续教育等方式，培养更多具备专业知识和实践能力的康复医学人才，培养高精尖技能人才。创造宽松的发展环境，积极鼓励社会资本通过投资并购等多元化方式开办康复机构，鼓励社会开办集康复、医疗、休闲、养老于一体的智慧医护型养老机构，清理市场准入方面对资质、场所等不合理要求，简化行政审批流程。

其次，大力推动国际医疗创新发展。发挥广州在心血管、呼吸科、眼科等领域国家领先的优势，整合科研、医疗和产业资源，建立医疗健康产业创新联合体，培育一批国际顶级的医疗专科。鼓励特色专科与港澳医疗机构合作，开展跨境养老转诊医疗服务，支持有条件的高水平公立医院建设国际医疗部，开展涵盖门急诊、住院、预防接种、健康体检、健康管理、中医药等的国际医疗服务。支持国际医疗服务机构在依法合规的前提下，以商业保险机构协议的方式对国际医疗服务实行优质优价。推广"岭南中医"品牌特色服务项目，推动中医药服务国际化。

最后，打造医康养融合服务场景。围绕市内多个特色专科医疗优势，整合"温泉+康养+中草药+服务"等资源，联合增城区、从化区建设增从温泉康养带，延伸"医疗—医药—健康服务—康养"产业链，推进龙城国际康复医院、顺盈谷香文化生态康养园等重点项目建设，推出特色养老医疗旅游融合产品。依托南沙自贸区在细胞和基因治疗方面的创新政策，支持细胞和基因治疗企业开展限制类细胞移植治疗技术临床应用，积极争取医疗器械和药品进口注册审批、临床应用与研究的医疗技术准入等优惠政策，打造医康养综合体。

（四）营造包容友好的养老消费环境

加强养老服务消费市场监管，规范商家营销行为，加强老龄消费者权益保护制度建设，营造包容友好的数字化适老服务环境，增强老年人消费信任。

首先，加强养老服务消费市场监管。规范商家涉老消费的营销行为，对影响老年人决策的重要信息，明确商家的特别解释义务。定期开展专项执法行动，对涉老消费欺诈等违法行为进行严厉查处，提高违法成本。加强对旅行社的资质审核和亮证经营要求，提高准入门槛，完善管理制度，对受到行政处罚的旅行社进行标识，明确低价游的认定标准、处罚细则及各方责任，从根本上消除不合理低价游存在的市场基础。

其次，强化老龄消费者权益保护制度建设。针对养老服务业中产品、技术、模式、服务、体验等存在的侵权现象，探索出台数字时代的老年人权益保障措施。针对老龄消费者主张适用反悔权，建立完善涉老消费侵权等矛盾纠纷的预警、排查、调解机制，针对老年人网络消费、自动扣费及新型涉老诈骗等，建立适老型诉讼服务制度，鼓励老年人参与举证责任分配、公益诉讼等方面。加大养老服务行业普法宣传力度。

最后，营造包容友好的数字化适老服务环境。推动商场、门店开展形式多样的数字化适老服务，在老年人经常活动的场所，保留人工服务、现金支付等传统服务。针对老年人常用的购物、出行、就医等高频场景，建立允许犯错、有效撤回的"容错型"信息交互协同机制。鼓励厂商深入推动产品适老化改造，提升移动互联网和智能产品的适老化水平。支持社区、老年活动中心持续开展数字助老服务，引导老年人主动学习，提升老年人在面对数字化应用时的自我效能感。

（五）强化养老服务资源整合及区域合作

加强与其他省市的合作，深化区域联动，扩大客源市场，深化穗港澳养老服务合作，着力推动养老服务"走出去"。

首先，区域联动扩大客源市场。建议文旅部门搭台，联合养老机构、旅行社、景区、酒店及交通部门组建旅游合作联盟，结合季节特征和资源特征，设计"候鸟式养老"等康养及旅游产品。联动异地城市，开展旅游线路串联，扩大旅游市场规模。发挥广州链接全球的优势，与航空公司、邮轮公司、入境旅行社、工会组织等开展合作，吸引国际旅客，开拓国际客源市场。定期举办产品简报会、主题考察团、联合推广及消费者推广等活动，按银发旅客需求推出各类宣传活动。

其次，深化穗港澳跨境养老合作。鼓励养老企业与港澳养老服务机构、医疗健康管理品牌合作，在养老护理服务、人才培训及老龄科技产品推广等领域展开全方位合作。加强与香港保险、医疗和养老机构合作，推出"港人来穗养老方案",吸引港澳资本来穗投资养老公寓、开办老年康复医院。争取国家支持,探索推动港澳居民养老福利可携带、医疗标准互认、医疗记录转移、保险互通、养老服务标准对接等多项改革。支持市内医院与港澳保险机构等合作开展定点医疗,满足港澳居民在内地的养老医疗需求。

最后,开展养老服务消费全方位营销推广。发动商家、景区及文化场馆积极参与,制定养老服务营销方案,加强跟踪问效和服务改进。支持老年大学、旅行社等探索"候鸟"游学养老模式,组织老年学员到联动城市开展研学活动。加强协同合作,支持企业、行业协会与重点客源城市相关单位合作开展老年旅游、旅居养老资源置换合作。结合老年游客兴趣特点,推出老年消费地图、特色榜单、旅游线路等。

(六)加强养老服务业发展要素保障

聚焦养老服务业发展面临的要素约束,强化工作协同,提高养老服务消费能力,加大养老服务业技术技能人才供给力度,强化养老服务业发展的载体支撑。

首先,提高养老服务消费能力。加快建立长期护理保险制度,构建新的养老资金筹措保障体制,积极发展第三支柱养老保险,推动政府补贴和社会赞助向需求侧倾斜,提高养老服务消费能力。健全公办养老机构运营管理机制,完善居家社区养老服务网络,推进互助性养老服务,促进医养结合。健全市场多元化投入机制,鼓励社会资本投资养老产业。补齐农村养老服务短板,盘活农村养老服务资源,加快推进示范性社区(镇)医养结合服务中心建设。改善特殊困难老年人服务,深化长期护理保险试点,创造适合老年人的多样化、个性化就业岗位。

其次,加大养老服务技术技能人才供给力度。鼓励校企联合开展专业人才贯通培养项目,以需求为导向,增设康复治疗学、老年营养、养老服务管理等康养类专业,引导市内院校实时调整专业设置和专业课程,鼓励涉老专业产学研一体化、产教融合。拓宽养老服务领域人才技能培训和职业发展晋升渠道,支持养老服务机构中各类专业技术人才,结合工作实际开展技术创新并参加各类赛事，鼓励开展养老服务职业技能大赛。建立跨境养老服务人才资格的互认机制。落实养老服务企业吸纳就业政策，给予社会保险补贴，支持养老企业扩岗。

最后，强化养老服务业发展的载体支撑。支持培训疗养机构转型发展养老服务，支持将闲置商业、办公、工业、仓储和农村闲置学校、幼儿园等存量场所改建成养老服务设施。引导商业服务设施进行无障碍化改造和专门优化，优先支持旅游景区适老化改造等基础设施建设。鼓励社区物业利用闲置空间提供老物件寄存、适老化改造等服务。

B.7
应对街铺空置的国际国内经验
及广州策略

李箭飞　黄学锋*

摘　要：　街铺空置的本质原因是复杂冲击导致供给与需求的失衡。在过去的40多年里，英、美、日等国家以及国内上海等城市面临全球实体商业三大冲击。为此，它们通过"安商"统筹型政策与步行建设，增强商业街发展韧性，维系市场健康发展；通过"兴商"刺激型政策与振兴规划，协调租赁供需矛盾，有效填补空置街铺。本报告就应对街铺空置的国际国内经验进行分析，结合广州"大商场"与"小商铺"共存下临街商铺密度高、功能分明的特点，针对其韧性与恢复力不足，建议"多位一体"综合施策，以系统性思维创造宜商、安商、兴商大环境，促进临街商业高质量发展。

关键词：　商圈　临街商业　商铺租赁

一　国际国内应对街铺空置的经验

　　街道是城市公共空间的重要组成部分，而街铺作为人们在街道上停留、交流和互动的载体，不仅是提供商品与服务的交易场所，还能创造多元就业机会，满足居民日常生活需求，塑造街道活力与吸引力，在经济社会、城市

---

* 李箭飞，广州市城市规划勘测设计研究院副总工程师、规划设计四所所长、消费与流通研究中心主任，教授级高级工程师，研究方向为城市规划与设计、城市消费与流通；黄学锋，广州市城市规划勘测设计研究院规划设计四所规划师、助理工程师，研究方向为大数据与城市规划分析、城市消费与流通。

景观等方面发挥着重要作用。受消费需求变革、互联网电商发展以及新冠疫情的影响，实体商铺更换率和空置率均有所上升，带来失业率上升、税收减少、活力衰减等负面影响，街铺空置成为亟须解决的一大问题。因此本报告从韧性视角梳理分析英、美、日等国家以及国内上海等城市应对全球实体商业三大冲击下街铺空置的经验做法，围绕广州建设国际消费中心城市的目标，结合街铺发展特点，提出营商环境优化建议，促进临街商业高质量发展。

（一）英国经验：税收政策托底租赁市场，"支持高街复兴再生的长期计划"与步行友好城市建设助力街铺经营

"支持高街复兴再生的长期计划"焕新高品质消费体验。疫情前，英国 72% 的零售业活动发生在实体空间，高街则占绝大部分。长 1.9 公里的牛津街有超 300 家门店，但疫情导致消费习惯加速转变，空置街铺数量创新高，比新冠疫情前高约 10%。为盘活受疫情冲击后高街的空置资产，英国政府于 2021 年启动了包括牛津街在内的"支持高街复兴再生的长期计划"，牛津街进行"百年一遇"的彻底复兴。第一，空间环境全面改造，包括完善行人优先和低碳零排放的绿色交通网络，增加供游人休息的座位，延伸街区绿地并连接城市公园和地铁站等。第二，升级门店品牌，投入 1000 万英镑以免租、减税方式为独角兽商业、新锐品牌提供入驻扶持优惠，以此取代饱受诟病的纪念品商店。第三，以新零售业态注入新鲜活力，在建及筹建超28 万平方米的现代化零售、餐饮和休闲空间，为消费者提供最全面的服务。"支持高街复兴再生的长期计划"吸引了奥地利、泰国、德国等地的新资本，如 Selfridges、Fenwick 商场相继进驻，体现了市场对牛津街的信心。

"步行行动计划"营造商业街舒适的步行环境。步行能让街道得到更好的利用，为街道带来生机与活力，促进本地经济繁荣。为建设世界上最适宜步行的城市，2018 年伦敦实施"步行行动计划"，发布健康街道建设指标，让街道成为步行友好、环境舒适、富有魅力的社区生活场所。因此，步行理念也深入渗透到牛津街等商业街规划建设中，旨在解决由人流量增多、街道

空间饱和、人车货交织等导致的街道环境品质不佳。2018 年威斯敏斯特市实施"牛津街区改造策略和行动计划",商业街经营管理单位出台《牛津街2022 年实施方案畅想》,二者相互顺承,形成"战略布局+实施方案"的改造思路,包括商业业态优化、交通改善、空间提升等要点。第一,提升主街行人优先权,结合拓展过街路口的人行道宽度、减少公交车班次等,保障主街的基本通行能力。第二,强化辅街设计,开展各类公共节点的空间设计,吸引人流客流向辅街上分流,带动辅街商业空间的销售增长。第三,打造广场、绿地等公共节点,形成点线面串联的空间层次,拓展多元化购物体验。

(二)美国经验:数据平台监控街铺动向,政策扶持与复合转营带动去空置化

1. 商业地产数据统计监测与空置街铺便捷搜索引擎提高租赁效率

随着线上购物兴起,位于纽约的世界知名商业街——第五大道面临愈加严重的街铺空置问题,老牌百货零售商 Lord & Taylor、奢侈品珠宝商 Henri Bendel、休闲时尚品牌 GAP 关闭了位于第五大道的门店。2018 年美国房地产咨询公司高纬物业数据显示,第五大道街铺空置率一度高达 20%。纽约市改善街铺空置的第一步,是做好数据统计监测和辅助寻租工作。财政部、小企业服务部等联合建立商业地产数据库,详细统计全市范围内街铺租金、租期、空置率等经营信息数据,采用数字化面板监测街铺的运营情况。此外,开发空置街铺便捷搜索引擎,通过空置街铺专栏对外发布和提供店面位置、面积、业主、月租等信息,帮助有确切租赁需求的商户及时获取街铺资讯,例如一些非奢侈品零售商(如 UGG、Mango)现身接盘,填补了空置街铺。

2. 经营许可改革与租金援助鼓励小企业填补空置商业

新冠疫情冲击与高犯罪率引发旧金山市关店潮,全市整体零售空置率也推至新高(达到 7.9%),2020 年以来市中心 Westfield 商场 97 家街铺中关闭了 45 家,总销售额从 2019 年的 4.55 亿美元下降到 2022 年的 2.98 亿美元,并于 2023 年正式退出 San Francisco Centre 的舞台。为实现"从空置到

活力"，旧金山将目标瞄准小企业、小商店。一方面，推动面向小企业的经营许可改革，扩大临街商铺的用途、解除酒吧和餐馆的经营限制、优先处理夜间娱乐场所的经营许可申请等，给予商户更大灵活自主性，消除小企业扎根和发展的阻碍。另一方面，发放商业培训补助金和提供租金援助，向全市409家小企业发放资助470万美元，以此刺激租户需求。目前旧金山商业迎来触底反弹，购物中心 Emporium San Francisco Centre 已签署了三个空置零售租约，米慎区商业走廊新店面有所增加。

3. 创新 DTC 品牌与实体商业结合的"代运营"空置解法

DTC 是指数字原生垂直品牌，是一种直接触达消费者的商业模式，即通过线上官网向消费者直接售卖、寄送商品，无第三方中间渠道。DTC 品牌数量在美国增长迅速，且顾客规模庞大，2019年美国电商用户中就有40%的消费者是 DTC 买家，因此服务于 DTC 品牌的集合空间，成为加深与消费者联系，同时解决空置率居高不下问题的新兴模式。普莱诺市拥有大量的硅谷企业第二总部，聚集了相当多的 DTC 品牌消费者，线下场景的"刚需"依旧旺盛。通过线上征集和线下招募方式将品牌商户集聚到郊区商业项目，划分迷你商店提供线下"代运营"空间，为 DTC 品牌提供验证市场的途径。此外，还提供从店铺装修、市场营销、店员配置，到收银结算、数据挖掘等方面的服务，让品牌线上线下均取得超出预期的销售回报。2019年以来，该模式已被普莱诺的 Neighborhood-Goods、纽约的 Brandbox 等运营商验证为可行，场内 DTC 品牌纷纷要求延长租约，大型商业地产商也快速入场，其中 Floor of Discovery 所在的哈德逊广场，引入多个 DTC 品牌的首家线下门店，促使商铺出租率从开业初的85%提升到年底的95%，有效降低街铺空置率。

（三）日本经验：租金约束条例与商业自治组织维系健康经营，规划提升商业公共开放度，赋能聚商聚人

《租地租房法》严格控制街铺租金无理由上涨，维系市场健康发展。为保持租金水平稳定，日本明确租金变更条件，租金托管机制防止"恶意

涨租"。1991 年，日本颁布的《租地租房法》规定除非满足税收政策变动导致资产价格变动、经济形势变化导致当前租金不符合实际、相比周边同类型资产租金过低的三个条件，否则业主不允许随意涨租金，该限租规则在一定程度上保护了承租人。

成立社区商业街自治委员会保障中小零售商户利益。为解决商户各自为政、凝聚力不足的问题，社区成立商业街自治委员会，代表中小零售商户出面协调租金、经营损失等问题。此外，建立商业街"组织管理、辅导、事业支援"体系，遇到硬件设施修缮、促销活动组织等具有公共性质的决议，共同商议如何出资，定期举办季节性促销活动，在群策群力中整体性地改善经营环境，发挥商家的乘数效应。

"再开发计划"打造具备公共开放特色的全新商业样本。东京的下北泽商业街是富有活力的亚文化圈层消费中心，小剧场、小剧院、Live House 为文艺青年提供活跃的发展平台。进入 21 世纪前 10 年，其他商业中心的文化设施日益丰富，专属于下北泽的优势逐渐趋弱。随着 2019 年铁路线的地下化发展，依托"再开发计划"，在包括旧铁道遗址在内的周边地区开发新的下北线路街。规划着力于客群扩容，打造带有大量公共空间的洄游型商业街区，将唱片店、复古书店、咖啡店、面包店、餐厅、酒吧等嵌入街区小体量的"商业别墅"，引入共享办公室、实验室等集合空间，提升商业的公共性、开放性，商业业态仍侧重年轻人的亚文化和个性化消费需求，体现了文化筑底的商业发展模型。截至 2019 年，下北泽区域内有 630 多家咖啡店和餐厅、230 多家时尚杂货店、12 家唱片店、35 家 Live House，店铺数量和店铺密度超过原宿和涩谷，平均每日外来到访者超 3 万人次，足以见得下北泽旺盛的商业活力。

（四）国内经验：提升规划助力商业街蝶变，有机更新与灵活管控促进烟火复燃

功能区提升规划加快商圈更新蝶变。作为上海传统老商圈的徐家汇，存在数字化精准营销能力不足、品牌业态组合单一化、设施老化、动线设计不

合理等问题，与新型商圈相比商业竞争力不足，东方商厦、上海六百等相继关店，商圈全方位提升迫在眉睫。为此，徐家汇商圈通过升级改造维持"新鲜度"。第一，全面革新商业地标。拆除重建东方商厦、上海六百等项目，ITC（徐家汇中心）和太平洋科技广场等也将在未来亮相，立足场景营造，力图打造符合新时代消费者需求的"钻石五角"。第二，升级硬件配套。分期建设徐家汇空中天桥连廊，通过连廊有机串联商圈内的重要商业项目，进一步完善"地下—地面—空中"的三维过街系统，为消费者提供更为便捷的商圈购物体验。第三，全方位提升片区能级。2024年，徐汇区政府对外征集大徐家汇功能区发展战略及城市设计国际方案，以徐家汇商圈为中心，计划抓住"商圈""风貌""科创"三个关键，加快商圈更新蝶变。首先，以重点街区更新改造为突破口，向北连通衡复历史文化风貌区，植入商业、金融等特色功能，实现可持续的城市更新；其次，立足场景营造，以功能业态的完善引领空间布局优化，加强精细化设计，提升街区品质，打造空间紧凑、功能复合的国际商圈；最后，联动沿线科创、商务、文旅、体育、金融、科技等多要素培育全链条创新生态，强化核心产业功能培育和空间资源统筹，通过一体化规划打造多功能融合的大徐家汇功能区，实现从城市副中心到中央活动区的蝶变。

"商业+二次更新"复兴商业街烟火生态。近20年来，四川北路经历了老城区人口动迁，社区人口密度不增下降，市井化商业淡出，尽管设施与业态时有更新，但依旧逐渐衰落，平均空置率曾高达32.81%。为创造四川北路海派商业新辉煌，依托《创新引领四川北路提升发展三年行动计划（2023—2025）》，以商旅文体融合发展模式实施"二次更新"。第一，以"历史+"推动人气聚集。通过城市更新释放历史空间在地原生独特性，从今潮8弄到洛克·外滩历史源，将后巷打通成开放式商业街区，将城市更新与历史建筑保护相平衡，形成建筑底层的城市公共空间。第二，以"文化+"引领商业发展。强化文化赋能，引入年轻业态，以38个重点项目为抓手，打造"沉浸体验""夜间活力""品质消费"等功能，重新塑造新一代的青春记忆。第三，以"品牌+"复兴街区商业。对接优质商户、新兴业态、老字号品牌等，引导各类品牌企业活动落地，辅助扩大辐射面。在"二次更新"下，片区内的商业体系更加畅通，四川北路人气正在逐渐恢复。

规范化、特色化外摆经济激发商户活力。商业外摆是指商户在特定条件下，在其经营场所门前或政府指定区域设置促销、经营、休闲设施，开展店外经营性活动的一种商业模式，有助于提升商户的经营效益。2023年，上海出台《关于进一步规范设摊经营活动的指导意见（试行）》，在落实"门前三包"责任的前提下，商铺可以在划定设摊开放区内开展与原业态相一致的经营活动，设置特色点、疏导点、管控点。鸿寿坊是上海市外摆经济的特色案例，以"精致烟火气"为定位，以品牌化、主题化、特色化的集市、夜市、外摆等新业态贴合城市高品质要求，保持商业街区的新鲜感和话题度。鸿寿坊尽管商业面积仅1.5万平方米，但2023年"五一"假期吸引客流35万人次，单日客流创年内新高。

（五）小结

营业收入可承受租金成本是街铺维持经营的基本条件。从表层分析，街铺处于空置状态，一方面，业主对街铺租金期望过高，商家难以盈利而选择退出。另一方面，街铺空置可能是因为经济环境变化导致消费需求减少、消费模式转变导致实体商业竞争力下降、商业规划滞后导致消费品质不足、缺乏街铺经营指引导致同质化竞争激烈等，这一种或多种原因交织导致消费客流不可逆转地下降，致使街铺经营不善而选择退出。从本质而言，街铺空置的原因是在复杂冲击下供给和需求之间处于失衡状态。

因此，应对街铺空置的关键在于失衡前增强商业面临冲击时的韧性，或者失衡后增强商业恢复力，促使其以较快速度重新建立新的平衡。强韧性方面，实施统筹型"安商"规划与政策，一是健全商业租金管理条例，维系市场健康发展；二是建立商业街"组织管理、辅导、事业支援"体系，以商业街自治委员会保障商户利益；三是政策支持规范化商业外摆互动，提升商户的经营效益；四是落实高标准的步行建设规划，增加商业街道消费客流。促恢复方面，实施刺激型"兴商"规划与政策，一是建立临街商铺经营监测与辅助寻租系统，协调租赁供需矛盾；二是出台街铺空置税方案，落实小企业经营许可改革与租金援助计划，刺激其填补空置商业；三是通过线上线下结合等新零售模式，实现空置资产盘活；四是落实商业全面更新提升规划，进一步提升商业的公共性、开放性，焕新高品质消费体验。

二 对广州的启示

广州千年商脉造就强盛的商业基因，"大商场"与"小商铺"交相辉映。叠加"成行成市"的经营理念与"小街区密路网"的城市骨架，临街商铺成为广州千年商脉的重要底色，相较于其他城市，呈现密度高、功能分明等特点。全市大型购物中心面积约 1234 万平方米，仅占零售商业的 38%，人均购物中心面积 0.77 平方米，排全国第 14 位，这侧面反映了广州临街商业规模占比突出。同时，临街商铺密度较高，全市 26 处历史文化街区内包含超 300 条街道，1/3 街道的商铺密度超过每百米 25 家，商铺沿街度高达 80%。商业街功能特色分明，主要分为服务零售型、餐饮消费型、生活服务型、市场专业型四大类型。此外，国有、军产店面占比大，这也为街铺空置问题提供了独特的解法。

在后疫情的复苏期中，与购物中心相比，临街商铺韧性与恢复力不足。广州中原研究发展部数据显示，全市近年来街铺成交量波动下降，2023 年全市成交 4592 套，面积为 51.4 万平方米，不足 2019 年成交量的六成，街铺市场恢复缓慢。同时，整体规划不合理、商业业态档次低等导致吸引力不再，以上下九步行街为代表的服务零售型商业街以及江南新地、地王广场为代表的餐饮消费型商业街空置问题普遍，广州临街商业原有底色正逐渐褪去。

为盘活临街空置商铺，进一步发挥其促进消费、增加就业等作用，省相关部门拟出台"广东省关于盘活利用闲置临街沿路店面的若干政策措施"，包括通过嵌入社区服务设施建设、鼓励以旧换新活动、线上线下融合发展等措施促进商业转型升级,通过优化盘活国有、军产店面等措施刺激租售,通过落实"六税两费"减半、增值税与个人所得税减免等措施降低经营成本等,其措施更多聚焦于街铺自身的发展与盘活。在落实省政策文件要求基础上,广州则应结合自身"大商场"与"小商铺"兼具的发展特点,以系统性思维统筹标志性商圈、重点商业功能区与一般临街商铺的发展,"多位一体"综合施策,创造宜商、安商、兴商大环境,为临街商业补足韧性、注入复苏动力。

(一)规划支撑,数字赋能,打造集"烟火味""文化味""人情味"于一体的临街商业

一是加强商业街道品质统筹规划。根据街区发展定位,对商业街道及其周边商业载体提档升级,主街与辅街有机连通,商业品牌实现错位经营。第一太平戴维斯数据显示,广州2024年第一季度优质零售物业平均空置率环比下降0.2个百分点、同比下降2.9个百分点。

构建高端与大众齐备、主题与特色突出、时尚与潮流以及社区感与生活感兼具的多元化商业生态。打造街头潮流文化交互体验点,在历史文化街区中加入新景观小品、新节点元素,以现代形态诠释历史文化价值,彰显广州"千年商都"形象特质。

二是强化商业街道步行友好建设。为充分挖掘街道这一开放式商业活动空间的步行停留吸引力,加强步行友好街区建设,打造安全、便捷、舒适、高品质的慢行系统,结合周边用地功能考虑增加步行街道的"兴趣点",营造健康友好的街道步行环境,提升街道步行友好度,并结合 City Walk 城市步行路线策划,让市民产生自发性和偶然性消费,助力恢复街道烟火气。

三是开发临街商铺经营监测与辅助寻租系统。建立临街商铺经营及租赁信息统计及动态更新机制,在此基础上鼓励临街商铺信息联网,建立广州市临街商铺经营数据库,实时监测店面数量、店面租金、店面租赁期限、租赁剩余期、空置店面数量等,推动门店租赁业务管理向信息化数字化纵深发展。

（二）业态创新，招商引导，塑造具备"融合度""灵活度""精准度"的临街商业

一是化整为零，推进实体商业与电子商务融合新零售网点建设。发挥实体店在服务本地化、即时性和体验感方面的优势，支持发展线上线下融合的即时零售，通过化整为零方式将大面积的街铺分割成迷你商店，降低店面租金压力，同时吸引垂直电商品牌入驻，推动经营模式的创新与转变。此外，通过"线上下单+线下体验""线上预售+线下自提"等方式，赋能实体店多维度拓展消费体验，并依托社交电商以小区或社群为单位整合居民的日常消费需求，提高临街商业用户黏性，扩大实体店的服务半径，形成规模效应。

二是跨界融合，引导空置街铺灵活转变经营用途。针对商业配比偏高的街区，支持闲置商业资产进行跨界融合，引入共享办公、创意工坊等将传统街铺改造成为多功能、综合性新型消费载体，应对市场变化进行灵活经营，让低效资产实现盘活，带动高品质项目的入驻。同步完善商业服务业类建筑用途转换相关规定，出台用途转换和兼容使用的正负面清单，明确比例管控和技术标准等要求。

三是化零为整，以统一经营与管理加强街铺品牌招商精准化指引。基于临街商铺周边社区人口、年龄层次、消费水平等的实际情况，通过科学研判、调研分析居民需求的业态及品牌，实施"一街一策""一楼一策"的精准招商措施。针对产权分散、难以管理问题，引入第三方机构将街铺零散的产权化零为整，即租赁回收与重组，以统一经营与管理提升街铺的竞争力和盈利能力，避免同质化业态与产品损害商业活力。

（三）放管结合，反馈督导，健全"约束型""扶持型""反馈型"临街商业政策工具

一是出台街铺租金与空置管理费指导意见。政府牵头联合多方利益主体组织多轮商议，综合吸纳各方意见建议，出台街铺租金与空置管理费指导意

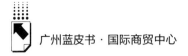

见。遵循循序渐进、动态修正原则，从重点商业街逐步向一般临街商铺应用推广，通过加强对街铺租金的管控以及针对长期闲置街铺进行管理费调节等干预手段，降低街铺空置率，刺激商业活力增长。

二是加大中小微商户政策扶持力度。加强政策扶持，支持商家开展规范化外摆经营、店外促销活动，全力支持市场主体，提振市场信心，改善发展预期。落实省层面"六税两费"减半、增值税与个人所得税减免等优惠政策，降低经营成本，营造优良营商环境。加强金融扶持，引导金融机构按市场化原则与临街商铺自主协商原则，提供补贴与贷款，并开展普惠金融服务活动。

三是推行国有街铺空置考核办法。为促进国有街铺资产盘活，在国有街铺经营年度监测中引入闭环反馈理念，形成以街铺空置率考核为切入口的反馈督导管理，持续提升街铺管理方提出问题、发现问题、解决问题的能力，实现临街商业发展动力与活力的提升。

自贸区发展篇

B.8

以稳步扩大制度型开放为引领，
深入实施南沙自贸区提升战略

何 江*

摘 要： 党的二十届三中全会提出"稳步扩大制度型开放"，表明制度型开放是我国下一步建设更高水平开放型经济新体制的重要内容和关键所在。南沙自贸区自挂牌成立以来，制度型开放取得了显著进展，但在深层次改革创新、监管模式及相关制度安排、服务业开放程度、要素跨境流动等方面与其他地区存在差距。本报告认为深入实施南沙自贸区提升战略，应以全面对接国际高标准经贸规则、稳步扩大制度型开放为核心，进而提出了促进货物贸易自由化便利化、加快发展贸易新业态新模式、有序放宽外商投资准入限制、促进要素跨境自由便利流动、率先对接高标准数字贸易规则、营造公平竞争的市场环境、加强环境和劳动者权益保护、深入推进与港澳规则衔接、切实推进风险防控体系建设等对策建议。

---

* 何江，广州市社会科学院国际商贸研究所所长，副研究员，研究方向为产业经济学、数量经济学、流通经济学等。

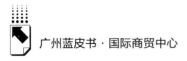
关键词： 南沙自贸区　制度型开放　国际高标准经贸规则

党的二十届三中全会提出了"稳步扩大制度型开放"等五项改革举措，其中，"稳步扩大制度型开放"被放在了首位，表明制度型开放是我国下一步建设更高水平开放型经济新体制的重要内容和关键所在，这为深入实施南沙自贸区提升战略指明了施力方向和重点领域。

一　制度型开放的内涵与稳步扩大制度型开放的要求

（一）制度型开放的内涵

制度型开放是规则、标准等制度层面的开放，通过对不适应高水平对外开放的体制机制进行改革和创新，制定完善相关的规则、标准及法律法规，使其更加适应高水平开放的需要。2018 年中央经济工作会议首次提出制度型开放这一表述，目的在于推动商品和要素流动型开放向制度型开放转变，从而全方位提升对外开放水平。制度型开放是相对于商品和要素流动型开放而言的，二者属于两种不同类型的开放，虽然都是为了推动贸易和投资的自由化便利化，从而促进开放型经济的发展，但在开放的层次、领域、阶段上存在明显区别。

首先，制度型开放是更深层次的开放。商品和要素流动型开放侧重于促进商品要素进出边境的开放措施，较少涉及深层次改革和国际化接轨，在畅通国内国际双循环、推动经济高质量发展方面存在局限性，难以充分释放经济社会发展潜力。制度型开放更注重在规则、标准及法律法规等制度层面进行更深层次的改革创新，不仅要建立同国际规则相衔接的体制机制，以提升国际循环质量和水平，推动高质量发展，还强调积极参与国际规则、标准及法律法规的制定，提供更多全球公共产品，从规则接受者变为规则制定的重要参与者，从而提升我国在全球经济治理体系中的话语权，推动全球经济治理朝着更加公正合理的方向发展。

其次，制度型开放是更宽领域的开放。商品和要素流动型开放主要涉及"边境开放"政策措施，如降低关税水平、取消非关税壁垒、扩大市场准入、促进通关便利化等。制度型开放所涉及的领域更为宽广，涵盖外贸体制、外商投资、国际合作、营商环境、风险防控等领域的制度设计与改革创新，可以说凡是与完善高水平对外开放体制机制、打造透明稳定可预期的制度环境乃至扩大对外开放有关的制度安排都属于制度型开放的范畴，几乎涉及经济社会的各个领域。制度型开放的另一个突出特点是，不仅涉及降低关税水平、取消非关税壁垒等"边境开放"政策措施，还涉及"边境后开放"政策措施，如知识产权保护、政府采购、国有企业改革、反腐败、电子商务发展、环境和劳工保护等。

最后，制度型开放是更高阶段的开放。回顾我国对外开放的历程，从设立经济特区探索商品和要素流动型开放，到加入世界贸易组织融入世界贸易体系，再到设立自由贸易试验区探索新途径、积累新经验，最后到当前以制度型开放为代表的高水平对外开放阶段，我国对外开放具有明显的阶段性特征，逐步由商品和要素流动型开放向制度型开放转变。制度型开放属于更高阶段的开放模式，适应了经济全球化下出现的新形势、新特点，更适应了我国进入了高质量发展和构建新发展格局的新发展阶段的状况。在新发展阶段，只有稳步扩大制度型开放，才能建设更高水平开放型经济新体制，增强参与国际合作和竞争的能力，充分释放经济社会发展潜力。

（二）稳步扩大制度型开放的要求

稳步扩大制度型开放是我国推进高水平对外开放的重要内容和关键所在，至少要从以下四个方面把握党的二十届三中全会关于稳步扩大制度型开放的具体要求。一是主动对接国际高标准经贸规则。不仅要在市场准入方面，有序扩大商品、服务、资本、劳务等市场的对外开放，而且要在产权保护、产业补贴、政府采购、环境标准、劳动保护、电子商务等领域实现与国际高标准经贸规则相通相容，还要扩大对最不发达国家单边开放，深化援外体制机制改革，以展现中国推动全球开放合作、构建人类命运共同体的责任担当。二是积极参与全球经济治理体系变革。这就意味着要积极参与国际经贸规则的制定，为全球经济治理体系变革提供中国方案，推动全球经济治理朝着更加公正合理的方向发展，特别是要在新业态、新领域参与规则、标准的制定，为重塑全球经济治理体系做出积极贡献。同时，通过从规则接受者变为规则制定的重要参与者，提升我国在全球经济治理体系中的话语权。三是扩大面向全球的高标准自由贸易区网络。这是新时代我国推动更深层次改革、实行更高水平开放的重要战略举措，对于我国扩大"朋友圈"、深化多双边和区域经济合作、维护全球产业链供应链稳定具有重要意义。为此不仅需要积极参与全球性和区域性贸易协定谈判，还需要自由贸易试验区的经验和探索。我国深入实施自贸区提升战略，率先建立同国际通行规则衔接的合规机制和制度框架，从而为我国参与新一轮高标准自由贸易协定谈判积累经验、提供方案。四是坚持谨慎稳妥、安全有序的原则。党的二十届三中全会强调制度型开放要"稳步"扩大，这就意味着要坚持谨慎稳妥、安全有序的原则，注重计划制订、步骤安排和节奏把握，确保制度型开放能够"稳步"扩大。在稳步扩大制度型开放的过程中，要坚持统筹好开放与安全两件大事，必须把保障安全贯穿制度型开放的全过程和各领域，建立健全以贸易、投资、金融、卫生为重点领域的风险防控体系，提升开放监管能力和风险防控能力，有效防范化解各类风险，牢牢守住不发生区域性系统性风险的底线。

二 南沙自贸区制度型开放的基本情况

（一）制度型开放进展情况

南沙自贸区自 2015 年 4 月 21 日挂牌成立以来，以高水平对外开放为引领、以制度创新为核心，在更宽领域、更深层次开展探索，不断扩大制度型开放，较好地发挥了改革开放"试验田"作用。截至 2024 年，南沙自贸区累计形成改革创新成果 884 项，其中 409 项在国家、省、市层面复制推广。中山大学自贸区综合研究院发布的"2022~2023 年度中国自由贸易试验区制度创新指数"显示，南沙自贸区制度创新成果仅次于深圳前海和上海浦东，在国内自贸区中位列第三。

1. 积极对接国际高标准经贸规则

南沙自贸区积极响应国家扩大制度型开放战略，率先对标国际高标准经贸规则先行先试，于 2022 年 1 月 17 日出台了《南沙自贸片区对标 RCEP　CPTPP 进一步深化改革扩大开放试点措施》，这是全国首份对标 RCEP 和 CPTPP 的制度型开放集成创新政策文件，聚焦贸易自由便利、投资自由便利、要素流动便利、金融服务、竞争和绿色发展领域提出 17 条先行先试措施。加强南沙自贸区制度创新顶层设计，构建更高水平开放创新体制机制，2023 年 3 月 31 日修订出台《广州南沙开发区（自贸区南沙片区）制度创新促进办法》，为深入推进南沙自贸区制度型开放营造了良好的制度创新环境。

2. 加快发展外贸新业态新模式

打造全球溯源体系区域运营中心，发布首批全球商品溯源标准，中心公共服务项目获批国家标准化管理委员会第七批社会管理和公共服务综合标准化试点。数字贸易服务平台建设提速增效，全球优品分拨中心搭建外贸领域全国首个数字贸易服务平台，入选商务部"外贸新业态优秀实践案例"。创新发展新型离岸贸易，出台支持离岸贸易若干措施和重点企业名单管理办法，全国首创"离岸易"综合服务平台，确定了首批新型离岸贸易重点企业，加快打造"买全球、卖全球"跨境贸易通道，全面提升南沙国际贸易能级。

3. 大力推动金融开放与创新发展

落地全国首家混合所有制交易所——广州期货交易所，实现广州国家级金融基础设施历史性跨越，已上市工业硅、碳酸锂等业务品种。获批全国首批跨境贸易投资高水平开放试点，落地 QFLP 和 QDLP 私募基金跨境投融资、跨境理财通、资本项目收入支付便利化、资本金意愿结汇等多项跨境金融政策试点。开立广东省首个自由贸易账户，FT 账户开立数量占广东自贸

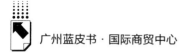

区近七成，实现了一线账户之间资金自由流通、币种之间自由兑换。以广州获批成为绿色金融改革创新试验区为契机，积极打造绿色金融发展示范样本，落地全国首个碳中和融资租赁服务平台、全国首家气候投融资特色银行支行等绿色金融相关服务平台、机构，获批成为全国首批气候投融资试点地区。

4. 高水平推进营商环境改革创新

全面升级智慧海关，推广单一窗口标准版应用功能，实现辖区内"单一窗口"报关单、舱单申报、运输工具申报覆盖率3个100%的目标。不断推进通关模式改革创新，提升跨境贸易便利化水平，推广"提前申报""两段准入""附条件提离""智能审图"等措施。全国首创冷链项目政府立项规程，打造全国最大进口冷链查验平台，确保RCEP生鲜易腐烂产品"6小时放行"。实施跨境电商货物一线入区"两步申报"、二线出区进口"7×24小时"智能验放等通关措施，创新推出"特殊区域跨境电商出口集拼"模式，复制推广跨境电商零售进口退货中心仓模式，打通跨境电商全链条，形成一套高效率、低成本的监管通关模式。提升政府治理现代化水平，推动商事登记去许可化，打造全国首个"无证明自贸区"，逐步实现业务办理"零证明"；构建"信即办"审批服务体系，实现"即来即办、当场办结、立等可取"；构建"一件事"审批服务体系，对个人、企业141项集成服务事项实现网上"一次办"；建立涉中小投资者案件调解"绿色通道"，做到立即办、就近办、精准办；全面升级"交地即开工"6.0，推动工程建设审批再提速。

5. 深入推动粤港澳三地规则衔接

以建设粤港澳全面合作示范区为目标，推动粤港澳三地规则衔接走深走实。一是建立健全南沙与港澳合作机制。建立广州南沙粤港合作咨询委员会、广州南沙新区香港服务中心双向对接机制，成立广州南沙粤澳发展促进会，常态化开展对接交流。二是推进专业人才职称评价标准体系、港澳律师内地执业等规则衔接。搭建粤港澳大湾区职称和职业资格业务"一站式"服务平台，全国首创港澳工程专业人才职称评价标准体系，在6个领域（法律服务、卫生、建筑、规划、税务、旅游）实现对港澳人士专业资格认可。三是推进重大合作平台加快建成。加快建设中国企业"走出去"综合服务基地，吸引近100家专业服务机构进驻。港式国际化社区规划建设项目加快推进，累计落户港澳企业超3000家。推进创享湾、创汇谷、粤港澳（国际）青年创新工厂等青创平台建设，已集聚13家港澳青创基地。四是持续推进粤港澳三地司法制度衔接。率先开展民商事案件证据开示、涉港商事案件属实申述、类似案例辩论等诉讼规则对接探索，大力提升自贸区审判公信力。深化民商事案件"双调解"机制，发挥特邀调解组织和特邀调解员专业优势，构建"一站式"多元解纷机制。全国首创"四个共享"仲裁机构合作机制，打造大湾区—长三角常态化仲裁合作新模式。

（二）存在的差距

虽然近年来南沙自贸区制度型开放取得了显著成效，但在对接国际高标准经贸规则方面，与海南自贸港和国内先进自贸区存在不小差距。

1. 深层次改革创新存在差距

尽管南沙自贸区制度创新实践案例总量走在全国自贸区前列，但改革措施大多集中于优化操作流程，深层次改革创新占比较少，对服务业开放、投资管理、事中事后监管等改革创新力度不足。特别是得到国家层面充分认可的首创型、引领型改革创新品牌相对较少，缺乏像上海自贸区设立全国首个FT账户、海南自贸港实施全国首个跨境服务贸易负面清单之类具有标杆性示范效应的案例。此外，与港澳规则衔接上也存在不足，例如，与深圳前海相比，在专业人士跨境执业便利上有明显差距，目前建筑师、医师、税务师、导游等18类港澳专业人士备案登记后即可在前海执业，截至2022年底，前海已有51家机构、517位港澳专业人士完成执业备案登记。

2. 监管模式及相关制度安排存在差距

贸易监管制度方面与海南自贸港差距较大，南沙虽然确立了"一线放开、二线管住、区内自由"的监管原则,但"一线放开"只是原有海关特殊监管区域监管模式创新,而海南以全岛封关运作进行制度设计。与洋山特殊综保区采取的"一线径予放行"特殊监管体系相比,南沙综保区内货物在"一线"进境申报、货区内账册管理、"二线"进出口申报、国际中转集拼业务监管政策等方面均有一定差距。相比重庆两路果园港综合保税区、上海洋山特殊综合保税区,南沙综保区在"保税+智能制造"带动加工制造、引进保税贸易总部企业等方面仍有差距。

3. 服务业开放程度存在差距

南沙已经落实了全国版和自贸区版的跨境服务贸易负面清单,但与海南自由贸易港实施跨境服务贸易负面清单相比,南沙自贸区服务业开放程度较低,在金融、医疗、教育、文化娱乐、专业服务等领域的投资受到较大限制。例如,在医疗政策方面,海南自贸港博鳌乐城国际医疗旅游先行区推出特许药械贸易自由便利、开展临床数据应用试点等,南沙与港澳医疗服务领域衔接处于起步阶段,缺乏与国际接轨的医疗政策权限。再例如,在教育制度方面,海南大力开展国际教育,建设理工农医类国际教育创新岛,南沙尚未享受类似特殊政策。

4. 要素跨境流动存在差距

南沙自贸区在跨境资金流动、人员进出自由便利度、航运制度开放和数据安全有序流动等方面存在不足。跨境资金流动方面,南沙虽然在人民币资本项目可兑换方面改善明显,但在人民币跨境流动、金融服务开放范围和多样性方面政策不及海南。人员进出自由便利度方面,南沙人员出入境、境外人员就业政策要求高于海南,国际人才引进力度不及海南。国务院批复了《上海东方枢纽国际商务合作区建设总体方案》,南沙缺乏以国际商务交流为核心功能的合作区规划或方案。航运制度开放方面,南沙仅落地开展全省范围内外贸船保税油加注业务,业务范围存在较大局限性。数据安全有序流动方面,南沙在数据跨境流动管理规则方面进展缓慢,尚未建立完善的数据监管体系,对数据安全审核和数据出境审批限制严格。

三 稳步扩大南沙自贸区制度型开放的必要性

（一）服务国家对外开放与区域发展战略的必然要求

近年来党中央高度重视制度型开放。2018 年中央经济工作会议首次提出"推动由商品和要素流动型开放向规则等制度型开放转变"。其后，习近平总书记在多个重要场合强调要扩大制度型开放。党的二十届三中全会提出"稳步扩大制度型开放"，并将其作为完善高水平对外开放体制机制的首位举措。稳步扩大制度型开放是国家着眼于国际国内发展大局，深入研究、统筹考虑、科学谋划做出的重大战略决策。南沙自贸区作为立足湾区、协同港澳、面向世界的重大战略性平台，在稳步扩大制度型开放、建设更高水平开放型经济新体制方面先行先试，不仅符合党的二十大和党的二十届三中全会做出的战略部署，而且能更好地支持港澳融入国家发展大局，更好地服务粤港澳大湾区"一点两地"建设。

（二）适应国际经贸规则重构新趋势的必然要求

国际高标准经贸规则与现有 WTO 规则相比，一是相关规则具有更高的标准（如更低的关税水平），二是涵盖更多的新规则，三是规则的约束性和可执行性更强。近年来国际高标准经贸规则在不断发展演进变化，经贸协定的谈判焦点从传统的取消非关税壁垒等"边境开放"政策措施，转变为知识产权保护、政府采购、反腐败等"边境后开放"政策措施。《全面与进步跨太平洋伙伴关系协定》和《数字经济伙伴关系协定》是当今国际高标准经贸协定的两个典型。2021 年 9 月 16 日我国正式申请加入《全面与进步跨太平洋伙伴关系协定》，2021 年 11 月 1 日又正式提出申请加入《数字经济伙伴关系协定》，充分表明我国积极参与制定国际经贸新规则的决心和信心，同时也表明我国对接国际高标准经贸规则的进程在加速。为了适应国际经贸规则重构新趋势，南沙自贸区必须以对接国际高标准经贸规则为核心，

稳步扩大制度型开放，发挥改革开放综合试验平台作用，为我国参与新一轮的国际经贸协定谈判积累经验、提供方案。

（三）深入实施自贸区提升战略的必然要求

2023 年，习近平总书记在我国自贸区建设十周年之际，就深入推进自贸区建设做出重要指示并指出，要"高标准对接国际经贸规则，深入推进制度型开放"。[①] 2023 年 6 月，《国务院印发关于在有条件的自由贸易试验区和自由贸易港试点对接国际高标准推进制度型开放的若干措施的通知》（国发〔2023〕9 号），为我国自贸区进一步扩大高水平对外开放指明了方向。可见，我国已经采取了更为积极主动的对外开放战略，并对自贸区建设提出了更高的要求。如今南沙自贸区体制机制改革已进入深水区和关键期，亟待以制度型开放为引领，在更宽领域、更深层次开展探索，深入实施自贸区提升战略。而且南沙自贸区也有责任在扩大制度型开放方面先行先试、主动作为，为我国稳步扩大制度型开放探索新路径、积累新经验。

（四）加快南沙开发开放、增强发展动能的必然要求

当前及未来较长时期推动南沙开发开放是广州市的中心工作之一。南沙自贸区是南沙区乃至广州市实现高水平对外开放和高质量发展的重要平台和关键载体，加快南沙开发开放、增强发展动能必须充分发挥南沙自贸区的作用。为此必须以稳步扩大制度型开放为引领，完善高水平对外开放体制机制，更好地利用国内国际两个市场、两种资源，形成参与国际竞争合作新优势，提升南沙在全球产业链供应链中的地位，从而为南沙开发开放和高质量发展注入新动能。例如，对接贸易便利化规则，有利于强化贸易与航运枢纽功能；对接服务贸易与市场准入规则，有利于发展现代服务业，推进现代化产业体系建设；对接要素跨境流动与投资规则，有利于吸引集聚资本、技

---

① 《【光明时评】以开放促改革　深入实施自贸试验区提升战略》，人民网，2024 年 9 月 25 日，http：//theory. people. com. cn/n1/2024/0925/c40531-40327547. html。

术、人才等高端资源要素，增强全球高端资源要素配置能力；对接电子商务规则，有利于培育发展数字贸易新业态；对接环境保护规则，有利于推动绿色低碳发展。

四　稳步扩大南沙自贸区制度型开放的对策建议

以习近平新时代中国特色社会主义思想为指导，全面落实党的二十届三中全会各项部署，深入实施南沙自贸区提升战略，以稳步扩大制度型开放为引领，全面对接国际高标准经贸规则，加强战略谋划和系统集成，统筹整体推进和重点突破，统筹高质量发展和风险防控，不断完善高水平对外开放体制机制，将南沙自贸区建设成为我国高水平对外开放引领地和开放型经济新高地。

（一）促进货物贸易自由化便利化

深化综保区监管方式创新，研究实施更加开放的海关监管政策。探索在有条件的特定区域封关运作，建立以"一线径予放行、二线单侧申报、区内不设账册"为核心的海关监管制度，分步骤分阶段简化申报流程和要素。内地货物区内中转再运往内地无须办理报关手续、境外启运、区内换装或分拣集拼、再运往境外的中转货物，简化海关办理手续。完善快运货物监管，推行整批信息电子化申报，明确最低单证要求，确保 6 小时内完成验放。充分发挥全球溯源中心数字经济公共基础设施的作用，创新应用原产地累积规则，试行企业自主声明制度。拓展"单一窗口"服务链条，深入推进"提前申报""两步申报""船舶直提""抵港直装""附条件提离""智能审图"等通关模式改革创新。构建信用导向型监管体系，实施企业差别化通关管理，试点诚信船舶通关零待时机制。推进单证电子化改革，减少出口企业非必要商业单证提交，扩大电子提货单和设备交接单应用范围，提升港航物流信息化水平。

（二）加快发展贸易新业态新模式

增强南沙作为国际物流枢纽中心和大宗商品资源配置枢纽的功能，推进全球集散分拨中心、海运中转集拼中心等国际货物分拨集拼平台建设，吸引全球拼箱企业设立区域总部，允许多业态同场作业，开展出口拼箱与国际中转拆拼箱业务，简化海关办理手续，培育扩大国际分拨集拼业务。创新发展数字贸易，深入推进跨境电商综合试验区建设，建立健全针对从事跨境电商中小企业知识产权保护的帮扶制度，增强企业海外知识产权保护意识和维权能力。加快推进离岸贸易发展，完善"离岸易"综合服务平台功能，健全新型离岸贸易"白名单"制度体系。建设国际航行船舶保税油供应基地，大力开展保税低硫燃料油混兑调和业务（保税生物燃料油加注业务），推动实现船用燃料油绿色低碳转型，打造国家生物柴油推广应用试点、建设粤港澳大湾区国际加注中心。发展高技术含量、高附加值的保税维修与再制造产业，创新保税维修海关监管模式，逐步扩大维修产品目录，探索区内外联动的产业链互补经营模式，不断延伸循环经济产业链。积极争取国家和省的支持，在南沙自贸区范围内实行保税再制造相关免税政策。

（三）有序放宽外商投资准入限制

扩大外商投资目录，缩减外资准入负面清单，全面取消制造业外资限制，有序开放服务业领域。完善商事制度，实施准入前国民待遇加负面清单，率先在南沙自贸区试点开放举措。深化服务业开放试点，放宽外资准入限制，扩大电信、互联网、教育、医疗、金融、养老、文化、旅游等领域开放，提升跨境服务贸易水平。破除跨境服务贸易壁垒，消除交付、消费、自然人移动模式障碍。重点提升电信、互联网、金融、医疗、教育、文化娱乐、专业服务等领域的市场开放水平。对于医疗、养老、旅游等本地优质服务供给不足、民生需求较大的领域，探索取消外资股比限制，对于增值电信、商务服务等领域，探索减少外资股比限制。促进服务业国际化专业化精细化发展，创新提升服务贸易水平，鼓励专业服务机构提升国际化服务能力。

（四）促进要素跨境自由便利流动

促进人员进出便利化。实行更加便利的人员出入境管理政策，放宽外籍专业技术人员停居留政策，实行宽松的商务人员临时出入境政策，降低外籍人员赴南沙自贸区工作的条件要求，实施工作许可负面清单。借鉴上海经验，研究制定以国际商务交流为核心功能的合作区规划或方案。促进跨境资金自由流动。构建跨境金融服务体系，扩大金融产品供给。落实《广州南沙深化面向世界的粤港澳全面合作总体方案》数字人民币跨境消费支付便利化任务要求，增强数字人民币外币兑换的便利性，逐步丰富境外人士数字人民币支付便利化应用场景。深化跨境贸易投资高水平开放试点，继续推进 QFLP 和 QDLP 私募基金跨境投融资试点，跨境理财通、资本项目收入支付便利化试点，资本金意愿结汇试点。推进绿色金融改革创新试验区建设，增加绿色金融期货交易品种，集聚发展气候投融资特色银行支行等绿色金融相关服务机构，打造绿色金融发展示范样本。推动大湾区保险服务中心尽快落地，加快建设南沙期货产业园。

（五）率先对接高标准数字贸易规则

建设南沙数据服务试验区、国际海缆登陆站及跨境贸易大数据平台，依托国际贸易"单一窗口"拓展贸易、物流、金融全链条服务。允许南沙自贸区注册企业开展在线数据处理与交易处理业务，逐步向全国拓展。完善消费者权益保护制度，建立完善的数据监管体系，保护电子商务和数字贸易用户的个人信息，保护消费者在从事电子商务时免受欺诈或误导。研究建立国际数字身份认证体系，开展互认试点，推进政策法规、技术标准等国际合作。探索实施数据保护委托书机制，在保护个人信息的同时促进跨境信息传输。对于使用密码学并为商业应用而设计的产品，取消相关技术法规或合格评定程序，以免将制造商或供应商专有技术信息或其他秘密参数转移或提供

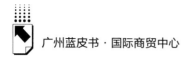

给第三方,作为该产品制造、销售、分销、进口的条件。研究建立国际数字身份认证体系,开展互认试点。

(六)营造公平竞争的市场环境

强化竞争政策基础地位,推行竞争中立原则,保障各类市场主体平等竞争地位。深化反垄断执法,破除行政垄断,遏制市场垄断,维护市场秩序。健全公平竞争审查机制,加强外资与民营企业权益保护。强化知识产权侵权惩戒,构建信用分类监管体系。完善商业秘密保护制度,健全法律救济机制。创新贸易知识产权保护方式,打造知识产权侵权预警机制。加强区块链等新一代信息技术在知识产权交易、存证等方面的应用。建立健全开放、公平和透明的政府采购市场,政府采购对内外资企业一视同仁,进一步规范采购程序和采购监管,明确规定可采用单一来源方式采购的情形。推进国企分类改革,实施混合所有制与全资公司差异化管控模式。健全国企信息公开制度,规范披露程序,加强分类指导,提升上市公司治理水平。

(七)加强环境和劳动者权益保护

加强环境保护。应对贸易绿色转型趋势,落实国家低碳战略,构建绿色低碳发展体系。推进南沙绿色经济创新,创建绿色自贸区,开展现代农业国际规则对接,培育农业绿色竞争优势。依托南沙全球溯源中心,开展绿色产品和生态产品认证,建立认证产品溯源机制。出台生物多样性保护政策,支持加强对生物多样性的保护和可持续利用。支持广州期货交易所加快推动碳排放权、电力、多晶硅等服务绿色发展的期货品种上市,丰富绿色金融产品和服务体系。完善"穗碳"平台等企业碳账户体系建设,强化数据支撑,扩大应用场景。允许南沙自贸区内企业开展船舶燃料油混兑业务,拓展绿色船舶燃料供应服务。

强化劳动者权益保障,构建和谐劳动关系,完善劳动报酬、休息休假等权益保护机制,建立工资协商制度,优化劳动保护措施。禁止降低劳动者保护标准,健全劳动监察制度,实施智慧监管,加大执法力度。推进国际劳工人才培育，提升调解员、协调员的综合业务水平。健全协调劳动关系三方机制，通过平等对话和商讨协调劳动关系。探索劳动争议多元化调解机制，鼓励和支持社会力量参与劳动人事争议协商调解。

（八）深入推进与港澳规则衔接

加快建设省营商环境综合改革示范点，打造面向世界的国际化营商环境先行区。充分发挥穗港和穗澳合作专责小组、广州南沙粤港合作咨询委员会、广州南沙粤澳发展促进会作用，用好广州南沙新区香港服务中心，深入实施"湾区通"工程，在营商环境、专业服务、科技创新、民生融合等领域重点突破。积极推动与港澳在口岸通关领域实现规则衔接，探索与香港"单一窗口"合作，实现内地企业可以直接通过"单一窗口"办理香港港口业务，在保障数据安全的前提下加强数据共享。加快中国企业"走出去"综合服务基地建设，健全实体化运作机制，拓展全链条企业服务功能，加快引入一批国内外专业服务机构。推动港澳专业机构人士执业实施办法年内出台，推进工程建设领域与港澳规则衔接试点项目。创新与港澳人才协同发展机制，拓展创享湾等青创平台服务功能，加快港式国际化社区建设。推动外籍人员子女学校项目落地，引进更多境内外优质教育科研资源。推动中山大学附属第一医院南沙院区、广东省中医院南沙医院成为创建国家医学中心重要载体。积极推动"长者医疗券"在南沙应用、"港澳药械通"品规扩容，不断深化与港澳医疗融合发展。

（九）切实推进风险防控体系建设

统筹开放与安全，牢牢守住不发生区域性系统性风险的底线，建立健全以贸易、投资、金融为重点领域的风险防控体系，有效防范化解各类风险。加强风险监测与预警，密切跟踪自贸区发展和制度运行情况，动态监测风险变化，建立分级处置机制，按风险等级实施差异化监管策略。运用大数据、人工智能、视频流识别等新一代信息技术，进行风险监测、识别、评估和预警。加大自贸区政策制度体系的风险压力测试力度，主动对标 CPTPP 等国际高标准经贸规则在南沙自贸区进行压力测试，及时发现与防控风险。完善审慎监管框架，构建风险预警机制，依法保护金融消费者权益，维护金融市场稳定。创新"监管沙盒"机制，建立风险隔离屏障。深化国际监管协作，建立跨境监管互认机制，推动网络安全治理国际合作。健全安全审查体系，强化外商投资安全审查与网络安全检查，压实关键信息基础设施保护责任。规范重要信息公开程序，构建权责明晰、协同高效的现代监管体系，整合市场监管、质量监管、安全监管等职能，完善跨部门协同监管机制。

B.9

实施南沙自贸区提升战略的研究和建议

广州市商务局课题组*

摘　要：　广东自由贸易试验区广州南沙新区片区（以下简称"南沙自贸区"）获批以来取得重大进展，改革创新能级持续提升，产业发展提质增效，高水平对外开放门户枢纽功能增强，与港澳合作深度广度拓展。目前南沙自贸区发展存在产业发展基础较为薄弱、发展空间有待拓展、深层次改革创新自主权有待扩大和对外开放政策优势有待增强等不足。对标国内自贸区发展标兵经验和做法，本报告对南沙自贸区提升提出扩大制度型开放、加大对外开放压力测试力度、强化航运贸易枢纽功能、打造特色产业集群、促进贸易投资便利化、深化与港澳合作、加强区域协同发展和打造透明稳定可预期的制度环境等建议。

关键词：　制度型开放　南沙自贸区　粤港澳大湾区

实施自由贸易试验区提升战略是党的二十大报告首次提出的。2023年9月上海自贸区成立十周年之际，习近平总书记指出，建设自由贸易试验区是党中央在新时代推进改革开放的重要战略举措。[1] 作为新时代改革开放的关键布局，自贸区建设需系统总结十年经验，在制度创新、风险防控、国际规则对接等领域实现突破性探索。要强化党的领导，以高水平开放推动制度型

---

* 课题组成员：谢海涛，广州市商务局综合处副处长；吴三宝，广州市商务局综合处副处长。

[1] 《习近平就深入推进自由贸易试验区建设作出重要指示强调　勇做开拓进取攻坚克难先锋　努力建设更高水平自贸试验区》，中国政府网，2023年9月26日，https://www.gov.cn/yaowen/liebiao/202309/content_6906406.htm。

开放为核心，统筹发展和安全，通过全产业链创新发挥示范效应。

党的二十届三中全会通过的《中共中央关于进一步全面深化改革、推进中国式现代化的决定》（以下简称《决定》）将自贸区战略升级为"提升战略"，要求强化首创性探索功能。《决定》明确要通过三个维度深化改革：一是完善系统集成改革机制，增强试验平台综合效能；二是构建高标准经贸规则体系，在产权保护、数字贸易等新兴领域开展规则创新，同步推进负面清单管理制度改革；三是聚焦重点产业实施全链条创新，依托大宗商品、生物医药等领域优势培育新质生产力。商务部在"推动高质量发展"系列主题新闻发布会上阐释，"提升战略"着力点在于制度规则对接，可通过三个方面推进：强化改革系统性部署，构建协同高效的试验体系；深化国际经贸规则衔接，在电子商务、金融服务等领域形成可复制经验；优化全产业链创新布局，重点突破服务贸易开放瓶颈。该战略以制度型开放为牵引，旨在推动国内相关领域改革联动。

本报告落实党的二十大和二十届二中、三中全会精神及习近平总书记关于自贸区的重要指示和批示精神，深刻领会自由贸易试验区提升战略的内涵，结合南沙自贸区获批以来的发展实践，对标国内自贸区发展标兵经验和做法，开展专题研究，为南沙自贸区提升提出建议。

一　南沙自贸区发展情况

南沙自贸区 2015 年挂牌以来，区内海关备案企业数量超 4500 家，较挂牌时增长超 17 倍；外贸进出口总额由 2015 年的 748.0 亿元升至 2024 年的 1913.6 亿元，增长 1.6 倍；带动地区生产总值由 2015 年的 1133.07 亿元增长到 2024 年的 2301.30 亿元，增长 1.0 倍，年均增速约 8.2%。

南沙协同推进自贸区、国家新区、粤港澳全面合作示范区建设，坚持以高水平开放为引领、以制度创新为核心，成为国务院全面对接国际高标准经贸规则推进高水平制度型开放首批试点地区之一，获批国家进口贸易促进创新示范区、综合保税区等，在推动高水平开放和高质量发展方面取得显著成效。

（一）改革创新能级持续提升

累计形成 175 项创新成果并在国家和省推广，"跨境电商出口退货'一站式'监管新模式"为广东唯一入选的全国自贸区第五批"最佳实践案例"。积极推动国务院若干措施落地实施，南沙自贸区适用的试点措施已全面落实。全国首创的"离岸易"综合服务平台上线试运行，2024 年上半年，新型离岸国际贸易收支规模 10.25 亿美元。

（二）产业发展提质增效

在智能网联新能源汽车、海洋工程装备、集成电路设计制造、智能算法开发四大产业链形成技术突破；同步推进国际航运枢纽建设、跨境资本配置优化、全球商贸网络拓展等生产性服务业提质升级。创新主体培育成效显著，孵化出小马智行自动驾驶系统、云从科技人机协同操作系统等具有自主知识产权的 AI 应用平台；建成万顷沙第三代半导体产业基地，集聚南砂晶圆、芯粤能、芯聚能等一批重点企业，其中南砂晶圆等企业实现 6 英寸晶圆量产突破；重大技术装备取得里程碑式进展，首艘国产全海深地质勘探船完成南海海域综合测试。2023 年 12 月，国家三部门联合印发《关于支持广州南沙放宽市场准入与加强监管体制改革的意见》，支持南沙在海陆空全空间无人体系等 11 个重点领域放宽市场准入，进行率先探索，设立国际先进技术应用中心（大湾区），创新应用场景，促进前沿性颠覆性技术市场化。截至 2024 年，南沙应用首批计划开放准入的场景共 15 个，主要涵盖海陆空全空间无人体系、海洋科技、绿色低碳、生物医药、智慧交通等五大领域。

（三）高水平对外开放门户枢纽功能增强

高水平建设进口贸易示范区，打造冷链物流分拨中心、全球优品分拨中心等六大进口平台。南沙综保区连续两年获评 A 类，大力发展跨境电商、保税物流、飞机租赁等保税业务，集聚了天猫、京东、唯品会等大型跨境电商平台物流分拨基地，成为华南最大飞机船舶租赁集聚区。创新推出"保税+会展"汽车进口新模式，成为全国第二大平行汽车进口口岸。截至2024年，累计开辟168条外贸集装箱航线，通达全球120多个国家和地区的310多个港口。国际海事服务集聚区挂牌，入驻26家航运重点企业。中国企业"走出去"综合服务基地实体化建设运营，纳入"一带一路"国际合作重大项目。金融创新持续深化，广州期货交易所已上市工业硅、碳酸锂两个业务品种，累计成交额超19万亿元。探索实施跨境贸易投资高水平开放与气候投融资试点创新业务。跨境贸易投资改革方面，系统推进13项改革举措全面落地，累计达成跨境金融交易规模逾470亿美元，累计开立FT账户数量超8500个，办理FT项下跨境人民币结算超1.2万亿元。

（四）与港澳合作深度广度拓展

成立广州南沙粤港合作咨询委员会和广州南沙粤澳发展促进会，集聚69家中国港澳及国际商协会组织，实现6个重点产业146项境外职业资格认可。落地"港澳药械通""长者医疗券""港式金牌全科门诊"，港科大（广州）和民心港人子弟学校建成招生，规划建设港式国际化社区，构建"港人熟悉、国际一流、多元融合"发展空间。实施支持港澳青年发展"五乐"行动计划，建成创享湾等港澳青创基地，汇聚400多个港澳台侨青创团队。

二 国内自贸区发展标兵分析

上海、海南、重庆、厦门、深圳前海、珠海横琴等自贸区（港、片区）发展经验和做法值得借鉴。上海临港新片区成立5年来，地区生产总值、规上工业总产值、全社会固定资产投资年均增速分别达到19.8%、34.6%、33.4%，形成了引人注目的"临港速度"。临港新片区拥有上海1/9的规上工业产值、1/4的制造业固定投资、1/4的科技产业类重大项目。上海洋山特殊综保区2025年第一季度实现进出口额669.4亿元，同比增长4.7%；限额以上商品销售额2296.5亿元，同比增长20.6%。海南自由贸易港成立6

年来，货物进出口年均增速达 20% 以上；累计实际使用外资 161.2 亿美元，超过海南建省前 30 年实际使用外资的总和，6 年平均增速达 46%。

（一）对接国际高标准经贸规则，提升制度创新能级

上海临港新片区累计制定发布各类政策 280 多项，形成突破性制度创新案例 138 个、全国首创性制度创新案例 48 个。海南自由贸易港对标当今世界最高水平开放形态，累计发布制度创新案例 140 个，其中 11 个被国务院向全国复制推广，6 个得到国务院大督查表扬，"中国洋浦港"船籍港、"南繁种业"知识产权特区等成为海南独有创新成果。深圳前海自贸片区围绕深港合作规则衔接开展制度创新，累计推出 835 项制度创新成果，其中 92 项在全国复制推广，在中山大学自贸区综合研究院发布的"2022~2023 年度中国自由贸易试验区制度创新指数"中蝉联第一。厦门自贸片区成立 9 年来，累计推出创新举措 562 项，其中全国首创 142 项；厦门国际贸易"单一窗口"等 5 个典型案例成为全国自贸区最佳实践案例。

（二）加大赋权放权力度，为自主改革创新赋能

海南自贸港通过全国授权立法建立政策体系，颁布实施了《中华人民共和国海南自由贸易港法》"零关税"清单、企业和个人 15% 所得税、加工增值货物内销免关税等政策。深圳前海、珠海横琴、上海临港通过地方授权立法建立自贸区政策体系。上海市先后出台三轮特殊支持上海临港的政策，明确"两个适用、一个优先"原则："临港新片区适用全国自由贸易试验区各项开放创新措施""本市出台的相关政策措施，有利于促进新片区发展的，新片区可以直接适用""支持新片区先行先试改革举措，本市重大改革举措原则上优先在新片区试点"。

（三）大力推动功能创新，提高全球资源配置能级

上海自贸区扩大"上海价格"国际影响力，"全球金融中心指数"（GFCI）排名最高上升至第 6 名。原油期权在上海国际能源交易中心正式挂牌交易，

上海股权托管交易中心开展私募股权和创业投资份额转让试点，上交所开展科创板股票做市交易业务，全国性大宗商品仓单登记中心正式启动。深圳前海自贸片区建设跨境贸易大数据平台，完成寄售贸易、海运时效分析、外贸统计分析、智慧退税一期等场景开发。电子元器件和集成电路国际交易中心正式投运。高标准建设"前海天然气贸易企业集聚区"，落户华润燃气、中燃等58家龙头企业，2023年实现贸易额约200亿元。前海联合交易中心成功上线离岸大豆现货交易品种，2024年成交量已达到1014万吨，较2023年全年550万吨实现大幅增长，成交额超600亿元。

（四）充分结合地方资源禀赋，打造高能级产业发展平台

上海临港新片区着力打造新能源汽车、集成电路、生物医药、人工智能、航空航天、高端装备制造以及航运物流等现代化前沿产业发展体系，截至2024年，已集聚高新技术企业930余家，代表企业有特斯拉超级工厂、中芯国际、宁德时代、商汤科技等。重庆两路果园港综保区引入仁宝、翊宝、纬创、旭硕等4家世界500强智能制造企业，生产涵盖苹果、惠普、宏碁、华硕、华为等一线品牌，智能穿戴等非笔电类产品占比达60%。阿里巴巴、考拉海购、天猫、唯品会等龙头平台企业落户，年交易额达70亿元。厦门自贸片区打造了区外航空保税维修试点、供应链创新和应用试点、集成电路研发保税监管、非特殊用途化妆品备案等领域重点平台。深圳前海自贸片区对接现代金融、商贸物流等8类全球服务商，吸引全球第一科技期刊集团爱思唯尔、全球三大咨询机构之一波士顿咨询、五大猎头之一罗盛咨询等顶尖机构进驻。出台《深圳市前海深港现代服务业合作区管理局关于支持港澳青年在前海就业创业发展的十二条措施》，自2021年启动"前海港澳青年招聘计划"，截至2023年，已累计发动470家前海企业发布岗位6308个，累计促成480名港澳青年与腾讯、京东、顺丰、微众银行等前海企业签订就业协议。前海深港青年梦工场累计孵化香港创业团队621个。

三 南沙自贸区发展存在的不足、面临的机遇与挑战

近 10 年来，作为改革开放综合试验平台，南沙自贸区在改革、开放和创新领域试出了新经验、闯出了新路子、改出了新成效。相比国内其他自贸区，南沙自贸区出现了改革内生动力减弱、制度创新含金量低、产业集聚效应有待增强、区内外开放梯度缩小等问题，现有的制度创新的集成性还有很大的提升空间，改革措施的碎片化、自贸区建设协调机制不完善等不能满足制度集成创新的需要，在改革开放中的示范引领作用有待深化和加强，降低了政策落地效果。具体来说，存在以下不足。一是产业发展基础较为薄弱。南沙自贸区区块布局零散、相互策应联动不足，连片开发建设不足，自贸区生物医药、人工智能、半导体与集成电路等战略性新兴产业处于起步阶段，且未有新引进的标志性引领性大项目，落地项目发挥的实效仍不明显，未能形成产业集聚效应。二是发展空间有待拓展。南沙自贸区的 7 个区块经过了近 10 年的开放建设和改革创新，自贸区区域范围、产业承载空间等相关问题成为制约发展的突出问题，如南沙科学城、生物谷、数字谷及健康谷等重点产业发展区域未能纳入自贸区范围，亟须进一步拓展自贸区范围。三是深层次改革创新自主权有待扩大。当前自贸区改革创新进入集成化深层次改革的深水区，南沙缺乏类似深圳、浦东等综合改革试点授权，也缺少前海、横琴等兄弟平台法律法规变通权（深圳、珠海享有特区立法权），深层次改革创新受限。四是对外开放政策优势有待增强。虽然通过《广州南沙深化面向世界的粤港澳全面合作总体方案》，南沙已获批一批重大政策，但与海南自贸港、上海洋山特殊综保区，以及横琴粤澳深度合作区相比，在跨境数据流动、金融对外开放、服务贸易等重点领域的开放优势、政策优势仍有较大差距。例如上海洋山特殊综保区、海南自贸港有"一线放开、二线管住"试点政策，横琴粤澳深度合作区也落地实施类似政策，但南沙综保区没有相关政策。国际航行船舶保税燃料油混兑业务已在舟山、上海、青岛等落地实施，但南沙目前仍无法落地。

在新发展阶段，国内外形势发生了深刻的变化，两头在外的对外开放模式已经被以国内大循环为主体，基于超大规模国内市场和内需潜力、以国内大循环促进国际循环、构筑国际竞争合作新优势的新开放模式所取代，贸易保护主义和单边主义的威胁导致我国存在被脱钩断链的风险。全面开放和制度型开放是新发展阶段对外开放的必然要求。《区域全面经济伙伴关系协定》（RCEP）的生效和我国积极申请加入《全面与进步跨太平洋伙伴关系协定》（CPTPP）和《数字经济伙伴关系协定》（DEPA）的努力，对我国的改革开放具有全局性的影响。RCEP与CPTPP规则具有系统性和全面性，为自贸区的制度集成创新提供了参考模板、注入了新内容。自贸区既面临着先行先试的艰巨任务，也迎来了通过实施国际经贸新规则，推动自贸区建设进入新阶段的重大机遇。

四　实施南沙自贸区提升战略的建议

根据党的二十大和二十届二中、三中全会精神，落实习近平总书记关于自贸区提升战略的重要论述，牢记总书记的殷殷嘱托，借鉴国内自贸区发展经验，深刻理解把握新发展阶段、贯彻新发展理念、构建新发展格局的要求，坚决扛起国家重大战略性平台使命担当，用好用足国家战略叠加的政策优势、"湾区之心"的区位优势、具备较大的发展空间优势，对接更高标准的国际经贸规则，协同港澳以开放融合倒逼改革创新，绘制适应新形势的提升蓝图，增强制度创新效果，促进自贸区的高质量发展，带动粤港澳大湾区和全国改革开放。

（一）扩大制度型开放，开展首创性、集成式探索

聚焦自贸区国际规则对接能力建设，推动对外开放层级提升。重点对接CPTPP、DEPA等国际高标准经贸协定，率先向商务部等部委申报重大改革试验任务，着力推动在产权保护制度、产业补贴机制、环境标准体系、劳动权益保障、政府采购规范、电子商务框架及金融监管领域实现规则互认、规

制衔接、管理协同、标准兼容,重点突破现行监管法规体系及标准规则的制约性条款,深化首创性、集成式制度创新实践。加快推进国务院部署的国际高标准制度型开放试点任务实施,在货物贸易便利化、服务贸易创新发展、商务人员跨境流动、数字贸易规则构建、营商环境优化等关键领域开展系统性开放压力测试,构建适配高水平制度型开放的制度体系与监管范式,形成具有行业引领效应的制度创新成果。

(二)加大对外开放压力测试力度,力争高水平对外开放实现新突破

重点推进特许药品、特殊功能化妆品、保健产品、医疗器械等特殊物品跨境流通便利化试点。加快建立自贸区跨境服务贸易负面清单制度,推动开放措施在广东自贸区优先实施。支持南沙自贸区率先试行服务业扩大开放综合试点政策,在科技创新、教育培训、金融开放、医疗健康、电信业务、文化等重点服务业实施开放创新。在风险可控条件下,深化增值电信、教育培训、医疗健康、法律服务等领域对外开放试点。完善跨境服务贸易负面清单制度体系。推进数据跨境流动安全有序,实施数据分级分类管控机制,探索建立跨境数据流动安全评估标准、数据保护能力认证体系、数据交易合规性规则等制度框架,构建数据跨境管理创新模式。优化外籍高层次及急需紧缺专业人才聘用机制,试点外籍人员就业签证与居留许可便利化措施,完善国际化人才综合服务保障体系。

(三)强化航运贸易枢纽功能,形成国际贸易竞争新优势

继续提升粤港澳大湾区跨境贸易便利化水平,扩大粤港澳大湾区跨境通关服务平台应用范围,重点推进粤港口岸信息互联互通。深化粤港澳空港协同机制,构建空运货物"一站式"通关体系。升级邮轮母港服务,创新国际航线合作机制。推进南沙与粤港澳大湾区机场共建国际货运中心,实现空运货物在机场外"一站式"完成申报、查验、放行等海关监管手续。优化南沙邮轮母港功能和配套政策,吸引更多国际邮轮公司设立航线。继续争取

高低硫燃料油、生物柴油与燃料油混兑调和政策试点，推动保税生物甲醇等新型燃料加注业务，推动大屿山、三门岛锚地正式开放，打造大湾区保税燃料加注中心，争取设立期货保税交割仓。落实国家智慧口岸试点，开展促进跨境贸易便利化专项行动，推动提升进出口全链条货物通关效率、实现外贸新动能产业贸易便利化等33项细化措施落地见效。

（四）打造特色产业集群，提升产业链现代化水平

强化重点产业集聚效能，支撑开放型经济创新发展。加速新能源汽车产业链培育，打造智能网联汽车研发与出口双基地。推进高端装备制造集群发展，重点布局海洋工程装备、深海勘探装备、海洋油气开发装备等产业领域。完善高档数控机床创新生态，构建机床产业链协同发展体系。推动自贸区加快关键技术攻关，以底层关键技术突破带动产业发展，提升产业链供应链韧性和安全水平。聚焦宽禁带半导体材料、芯片制造工艺等，培育集成电路全产业链生态。强化生物医药创新载体建设，推动广东医谷等产业平台能级提升。优化科研物资跨境流动管理机制，完善生物医药研发用品通关便利化措施。布局冷泉生态系统模拟装置等重大科研平台，推进极端条件测试技术体系建设。构建云计算与工业互联网融合创新体系，深化数字治理场景应用示范。

（五）促进贸易投资便利化，加强贸易政策与财税、金融、产业政策的协同联动，构建贸易强市制度支撑体系，加快内外贸一体化改革进程，主动适应贸易数字化与绿色化发展趋势

深化数字贸易创新，推进跨境电商综合试验区建设。统筹建设大宗商品交易中心，建设矿石、粮食、药品、塑料、水果等全球集散分拨中心，推进国际货物分拨集拼中心集群化发展，重点培育全球优品分拨中心、海运中转集拼中心等重点项目。突破性发展离岸贸易，创新离岸贸易业务形态。加快建设农业对外合作试验区，打造融资租赁产业集聚区，构建期现货联动市场体系，推进重大金融平台建设。推进融资租赁公司外债便利化

试点，实施特殊目的公司（SPV）共享外债额度机制，支持符合条件的企业通过 SPV 开展跨境融资。强化南沙国际航运枢纽功能，与港澳共建全球飞机租赁中心，允许南沙合规机构运用自有外汇支付经营性租赁外币租金以降低汇兑成本。完善大宗商品仓储体系，支持企业申请设立大宗商品交割仓（厂）库及期货保税交割仓，推动广州期货交易所交易品种研发及上市工作。

（六）深化与港澳合作，提升大湾区国际竞争力

加强与港澳规则衔接，携手港澳共建中国企业"走出去"综合服务基地、大湾区航运联合交易中心，加快推进大湾区商业银行筹设。推动广期所与港交所合作上市国际互挂类期货品种。加快设立粤港澳大湾区保险服务中心，为湾区内地港澳保单持有者提供售后支持。支持建设粤港澳大湾区（广州南沙）跨境理财和资管中心、气候投融资中心，提升跨境金融服务能级。推动港澳人士便利化执业，加强粤港澳法律服务合作，鼓励港澳青年创新创业等。推动香港工程建设咨询业界备案执业，扩大注册专业工程师（环境）、药剂师、教师等 3 类港澳职业资格跨境便利执业范围。深入推进粤港澳大湾区暨"一带一路"（广州·南沙）法律服务集聚区建设，强化粤港澳三地仲裁、调解等法律服务合作。完善跨境医疗服务协同机制，推动就医转诊、急救转运、医保结算等对接，探索香港"长者医疗券"特定机构应用。

（七）加强区域协同发展，提升辐射带动能力

构建高标准自贸区网络，健全与国际规则衔接的合规体系。深化"一带一路"科技创新合作，强化绿色发展、数字经济、人工智能、能源、税收、金融、减灾等领域多边平台建设。强化广东自贸区辐射效应，推进联动发展区政策、产业、创新协同，鼓励基层改革创新实践。建立改革经验动态推广机制，定期梳理典型案例并在全市复制。

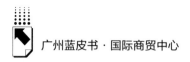

（八）打造透明稳定可预期的制度环境

构建市场化、法治化、国际化营商环境，依法保障外商投资权益，确保外资企业要素获取、资质许可、标准制定、政府采购等领域国民待遇，支持参与产业链协同创新。健全公平竞争审查机制，强化外资企业与民营企业权益保护。完善境外人员入境居住、医疗、支付等生活便利制度。完善境外人员居留、医疗、支付等生活便利机制，推进通关监管、税务服务、外汇管理创新，构建新业态包容审慎监管体系。全面落实"证照分离"改革，深化"一照通行"制度，实施"照后减证"与审批简化。

B.10
对标自贸港推进南沙自贸区跨境金融
高质量发展研究

李昊 柳坤 何江 闫志攀*

摘　要： 对标自贸港，发展跨境金融，对推进南沙金融开放，推动广州实现高质量发展具有重要现实意义。本报告分析发现，南沙自贸区跨境金融发展已取得突出成果，但仍面临金融发展基础仍需夯实、金融对实体经济支撑能力不足、金融体制机制受限过多、三地金融监管差异明显等问题。借鉴国内外经验做法，发展跨境金融要以实体经济为依托，发挥门户作用，妥善处理在岸和离岸金融的关系，保持中国特色，推动制度创新，优化境内外营商环境，建议南沙打造特色金融发展高地、共建国际金融枢纽、构筑金融开放试验田、构建粤港澳"制造+金融"业态融合区、打造国际级金融营商环境、构筑湾区一体化监管体系。

关键词： 自贸区　跨境金融　国际金融枢纽

习近平总书记强调，要通过扩大对外开放，提高我国金融资源配置效率和能力，增强国际竞争力和规则影响力，稳慎把握好节奏和力度。[①] 党的二

---

* 李昊，博士，广州市社会科学院国际商贸研究所副研究员，研究方向为粤港澳大湾区贸易、金融；柳坤，博士，广州市社会科学院国际商贸研究所助理研究员，研究方向为消费经济；何江，广州市社会科学院国际商贸研究所所长，副研究员，研究方向为产业经济学、数量经济学、流通经济学等；闫志攀，广州市社会科学院财政金融研究所助理研究员，研究方向为金融开放、城市经济。
① 《如何以更高水平开放增强金融发展动力（政策问答·加快建设金融强国）》，中国政府网，2024年6月16日，https://www.gov.cn/zhengce/202406/content_6957526.htm。

十大报告明确指出要"稳步扩大规则、规制、管理、标准等制度型开放""实施自由贸易试验区提升战略""有序推进人民币国际化"。作为中国经济开放前沿，粤港澳大湾区具备多元化经济环境和独特的制度优势，南沙自贸区作为湾区几何中心具有巨大的发展潜力。2022年国务院出台《广州南沙深化面向世界的粤港澳全面合作总体方案》（以下简称《南沙方案》），赋予了南沙引领粤港澳大湾区发展，推动全国进一步深化改革开放的重大历史使命，强调要在南沙大力推进金融开放、发展跨境金融、实现境内外资金互联互通，推进经济金融高质量发展。近年来广州持续推动《南沙方案》金融领域开放创新措施落地，金融业已跻身南沙五大重点产业之一。2025年广州市委、市政府提出要举全市之力推进南沙开发开放，对未来南沙实现内外资金互联互通提出新的高标准、高要求。未来随着国家坚定不移推动构建对外开放新格局，南沙迫切需要进一步开放以应对国家未来发展需求。发展跨境金融，推进南沙金融开放，对于广州锚定"排头兵、领头羊、火车头"标高追求，落实省委"1310"具体部署以及市委"1312"思路举措，实现高质量发展具有重要现实意义。

一 对标自贸港推进南沙自贸区跨境
金融高质量发展内涵

发展跨境金融是推进实施自贸区提升战略，建设中国特色自贸港的重要内容，也是实现贸易和投资自由便利、促进商品和要素跨境流动的重要支撑，更是推进高水平制度型开放的重要领域。在既往实践中，我国发展跨境金融、推进金融开放主要通过人民币汇率的市场化改革、有限的国际资本流动，以及境外（国外）金融机构在华设立分支机构（独立法人机构）或投资于中国金融机构三条主线展开。我国自贸区深厚根植于中国本土实践，在不同程度上吸收国际自贸港的部分做法，是在现有制度的基础上进行改革开放的试验田。对标中国特色自贸港，发展跨境金融就是要在对标《全面与进步跨太平洋伙伴关系协定》（CPTPP）等的基础上，依托自贸区政策优势，在资本流动、市场准入方面进一步深化改革，具体包括以下几个方面。

一是对标国际高标准经贸规则推动金融制度型开放。一方面推进负面清单机制建设。通过区域贸易协定的方式稳步推进负面清单机制建设，在具有"境内关外"优势的自贸区内进行制度创新先行先试。目前我国已经逐步适应了"准入前国民待遇加负面清单"经贸规则的新模式，负面清单机制虽然起步较发达国家晚，但差距较小。另一方面逐步放开市场准入。包括跨境金融服务市场准入和金融机构市场准入。按照 CPTPP 条款，跨境金融服务市场准入规则包括跨境提供、境外消费、自然人移动等 3 种金融服务提供模式对应的准入规则，也包括跨境数据流动规则，并以负面清单做出跨境金融服务市场准入承诺。我国负面清单自 2018 年以来，对金融业的准入限制逐渐减少，体现在外资金融机构的投资领域、设立条件和准营业务范围放宽，但是仍存在一些立法缺漏，需要进一步协调国内国际金融服务清单管理机制，完善金融数据流动规则。

二是借鉴国际自贸港跨境金融发展经验。中国香港、新加坡、迪拜具备实现资本项目高度开放、发展离岸金融和投资中心、盯住全球最主要的国际货币等的条件（见表1）。而中国特色自贸港则是在自由贸易试验区"境内关外"基础上，积极吸收国际自贸港发展经验，通过制度创新进一步开放金融市场，推进人民币国际化，助力改革开放和区域经济高质量发展。

表1　不同类型自由贸易港金融开放特点

类型	国际自由贸易港	自由贸易试验区	中国特色自由贸易港
资本项目开放	资本项目高度开放,发行可自由兑换货币	采用自由贸易(FT)账户进行跨境交易	分阶段开放资本账户,实现账户电子围网
金融市场发展	国际金融中心、离岸金融和投资中心	区域金融中心、金融创新试验田	对标国际高标准经贸规则开放金融市场
汇率制度	盯住全球最主要的国际货币	采用人民币计价	采用人民币计价,服务人民币国际化
金融税收水平	低水平的金融税收	没有金融税收优惠	低水平的金融税收

资料来源：笔者总结资料自行整理。

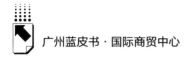

三是建设兼具在岸和离岸性质的金融市场。中国特色自贸港具有国际市场和国内市场双重性质，意味着同时存在离岸和在岸两种性质的资金。既要实现离岸资金进出自由便利，也要保持目前在岸资金与国内其他省份往来流动自由便利，还要确保离岸资金不会对境内金融市场形成冲击，需要以不同的账户体系来分别核算不同性质的资金。

二 南沙自贸区跨境金融发展总体成效

自 2015 年挂牌以来，南沙自贸区金融业增加值从 2015 年前占 GDP 比重不足 1%上升至 2024 年的约 8%，计划在 2025 年末提升至 9.5%，① 增加值、税收均位居行业前五，形成跨境金融、绿色金融、期货产业、融资租赁、商业保理、股权投资、航运金融、数字金融八大特色金融板块。

（一）跨境金融重大政策不断出台

党中央、国务院对自贸区的发展高度重视。2015~2022 年国务院印发的系列文件，将南沙纳入广东自贸区统一规划，明确指出南沙自贸区的主要功能定位是在新形势下促进内地与港澳深度合作，依托港澳、服务内地、面向世界，并未针对其发展制定专项政策。2022 年后，南沙自贸区在推进改革开放、制度性创新中的地位凸显。国家外汇管理局发布政策，南沙成为全国首批四个纳入跨境贸易投资高水平开放试点的自贸区之一。2022 年 6 月，国务院发布《南沙方案》，提出打造规则衔接机制对接高地，有序推进金融市场互联互通的发展目标。随后从中央到地方从放开市场准入、政策补贴扶持、扩大开放试点、鼓励金融创新、监管体制改革等各方面支持南沙自贸区发展的政策出台，但目前中央层面支持南沙金融发展的专项政策尚未颁布。

（二）跨境金融营商环境不断优化

一是建设专业服务集聚区。结合"走出去"企业需求以及现有资源基

---

① 《广州市南沙区金融业发展"十四五"规划》。

础，先行设置政策咨询、法律和保险、金融财税、安全风险防范等四大专业服务功能区块，专业服务集聚区初步形成。二是金融对接合作不断深化。成立广州南沙粤港合作咨询委员会金融合作专项工作组，为粤港金融合作、政策试点争取等建立良好沟通渠道。根据南沙区政府统计数据，截至 2024 年底，港澳金融企业在全部落户企业中的占比达 25%，已有 6 家区内企业在香港交易所上市。三是金融扶持力度不断加大。发布中小微企业银行贷款财政补贴政策，对区内获得银行新增贷款按实际支付利息的 30% 给予贴息支持，首批 74 家中小微企业获得补贴奖励资金近 143 万元。南沙信贷风险补偿资金池正式落地，截至 2024 年上半年，入池贷款 1656 笔、实际发放贷款总额约 27 亿元。

（三）跨境金融重大项目持续落地

一是跨境金融基础设施建设取得重大成果。建设全国首个国际金融岛，落地全国首家混合所有制交易所——广州期货交易所，实现广州国家级金融基础设施历史性跨越。粤港澳大湾区（广州南沙）跨境理财和资管中心于 2023 年正式启动建设，并落地 12 个战略合作项目。二是金融招引项目落地并取得新突破。截至 2024 年上半年，成功引入广州首家券商资管子公司万联证券、中州期货总部 2 家持牌法人金融机构，以及融资租赁行业排名全国前三的远东宏信集团南方总部。明珠金融创新集聚区已入驻 46 家机构，企业实缴资本超 148 亿元，汇聚千亿级资产管理规模。

（四）跨境金融创新能力不断提升

一是加速跨境金融开放试点。获批成为全国首批跨境贸易投资高水平开放试点地区、绿色金融改革创新试验区、首批气候投融资试点地区，落地合格境外有限合伙人（QFLP）和合格境内有限合伙人（QDLP）私募基金跨境投融资、资本金意愿结汇、数字人民币、离岸人民币债券等多项跨境金融政策试点。明确将 QFLP 试点基金纳入 15% 企业所得税优惠目录，截至 2024 年 9 月，QFLP 试点审批额度超 200 亿元人民币，其中 2 个 QFLP 试点项目已正式落地。二是离岸金融创新发展。开通"离岸易"平台,对新型国际贸易服务业务进行全链路业务跟踪管理,从数据上完成货物流、资金流、单证流全链路管理"三流"分离。2024年,离岸人民币债券成功落地南沙自贸区,累计落地近90项金融创新成果,近40项入选国家、省、市金融创新案例或试点。

三 对标自贸港推进南沙自贸区跨境金融高质量发展当前存在的问题及其原因

(一)金融发展基础仍需夯实,对周边金融集聚和辐射能力不强

南沙自贸区内大型金融机构大多为市或区新建机构,招引外地金融机构规模不大,头部机构招引能力不足,且以传统银行、保险为主,缺乏如金融科技、股权投资等创新型金融业态。主要原因在于以下两个方面。一方面目前大环境下国内利率较国际利率低,资产吸引力下滑,包括内保外贷等跨境业务场景暂时缺失,此外现有金融平台项目均处于开发建设阶段,交易规模小,对外资金融机构吸引力不足。另一方面交通不便影响资源集聚,南沙与广州市中心的距离超过50公里,包括明珠湾、蕉门河中心等CBD区域商业配套和交通网络尚未完善,地铁站覆盖不足,通勤效率较低,削弱了金融企业办公选址意愿,导致金融资源和产业难以有效整合和集聚。

(二)产业服务体系亟待完善,金融对实体经济支撑能力不足

一是金融对实体经济支撑力度仍待加大。根据南沙区政府统计数据,2023年南沙区政府专项债占区级专项债近三成(29.5%),但2024年上半年GDP同比增速仅为-6.72%,名义增量为-71.1亿元。与前海、上海等自贸区相比,外贸、外资、外债发展程度较低,涉外企业整体经营规模偏小,外汇管理创新政策受益范围有限。尽管南沙融资租赁、商业保理等特色金融发展较快,但工业体系配套不足,产业链与创新链、资金链的融合程度有待

提升，削弱了金融对实体经济支撑力度。二是金融发展状况与实体企业需求匹配程度仍需提升。一方面缺乏容错纠错机制。南沙目前以国债、金融债券为主，科创企业信用债的数量少，科技金融占比较低。主要原因在于当前产投创投尽职免责机制缺乏可量化标准，投资风险和考核机制之间存在冲突，国有产投创投金融平台参与扶持"规模小、阶段早、硬科技"类项目积极性不足。另一方面金融创新与企业需求匹配度不足。金融开放发展需充分考虑自贸区内企业发展实际情况，避免给企业运营发展造成阻碍。目前南沙FT账户资金池正向更高层次的本外币一体化资金池升级，但本外币一体化资金池对于企业经营资质要求更高，需满足资产、营收等门槛要求，南沙区内广大中小民营企业并不具备申请条件，反观原FT账户资金池适用于自贸区内所有企业，民营企业接受度更高。

（三）金融体制机制受限过多，制度型开放深度不够

一是对标国际高标准经贸规则深度不足。南沙在对接CPTPP、《数字经济伙伴关系协定》（DEPA）等国际高标准经贸规则方面创新较少，改革措施大多集中于优化操作流程、提高行政效率，尚未触及深层次制度层面改革，包括金融业在内的服务业目前仅在海关特殊监管区内进行微创新，金融业负面清单尚未出台。外资金融机构不能享受准入前国民待遇，在业务范围上，对业务品种也存在限制，比如国内金融机构可开展50种业务，外资金融机构仅被许可开立18~20种。二是开放程度存在差距。海南拥有包括中国人民银行在内的中央各机构发布的金融支持政策，又相继出台贸易便利化试点、本外币合一银行账户体系试点等一系列开放政策。南沙虽然在人民币资本相互可兑换方面有所改善，但是在跨境人民币流动、金融服务多样性方面与海南存在差距，相应的法律和配套措施还在筹划阶段。主要原因在于金融改革事项属中央事权，持牌机构批设、金融业务开展、先行先试制度创新及其落地实施，需接受国家、省、市三级行政管理机构管辖。南沙仅有普通设区市立法权，所有立法必须报省通过，自主性不强，部分重大事项及制度创新仅依靠自身难以推动。如国家金融监督管理总局对粤港澳大湾区国际商业银行的设

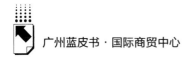

立路径尚未启动申筹指导，粤港澳大湾区保险服务中心设立方案上报国务院后一直未批复，筹设事项推进缓慢。

（四）三地金融监管差异明显，跨境金融展业便利性仍显不足

一是监管对跨境金融展业阻碍仍较大。特别是在涉及大额流动国际收支的业务拓展方面，风险监管与跨境资金流动之间的需求难以调和。比如南沙开展跨境支付业务时，需分别遵循两地反洗钱系统要求，导致技术对接与合规成本翻倍；南沙企业从香港银行申请跨境贷款需经国家外汇管理局备案并计算全口径跨境融资额度，流程复杂且耗时，增加了企业的融资成本；香港采用国际反洗钱标准，而内地法规更强调本地化数据报送；港澳保险公司设计的医疗保险产品因内地对疾病定义与理赔标准不同，需重新设计条款方可在南沙销售，限制了产品推广速度。二是跨境监管差异影响金融企业进驻积极性。市委金融办反映，南沙地方金融监督管理条例尚未出台，上级金融监管部门对融资租赁、商业保理等企业新设或迁入持谨慎态度，另外跨境投融资人才互认机制尚未确立，制约了国际金融人才和金融机构到南沙发展的积极性。

四　国内外推进自贸港和自贸区跨境金融
发展做法与经验

（一）主要做法

1. 打造开放公平市场平台，优化跨境金融发展制度环境

一是设立金融自由贸易区助力金融开放发展。迪拜专门设立了金融自由贸易区——国际金融中心（DIFC），并设有独立的金融监管部门迪拜金融服务管理局（DFSA），采用基于英、美、法的独立法律和监管框架，提供50年的企业所得税和个人所得税豁免，以及100%的利润和资本回报自由汇出，拥有先进的办公设施和支持服务，吸引了大量跨国企业和金融机构，其

国际法律和监管标准使其成为连接亚、欧、非市场的重要平台，提升了迪拜作为全球金融枢纽的地位。二是打造国际商事争端平台推进公平市场体系建设。厦门发挥海上丝绸之路中央法务区自贸先行区"引进来""走出去"桥头堡作用，建设一流国际法务集聚区和国际商务区，启动"海丝国际法商融合服务基地"，为境内外经营主体提供全方位接轨国际的投融资、税务、法律、商务等"一站式"商法融合综合服务。

2. 积极对接国际高标准经贸规则，推进跨境金融投资自由便利

一是优化跨境投资与服务贸易负面清单制度。CPTPP 所有 11 个缔约方都采用投资与服务贸易一张负面清单的形式，目前海南已实现跨境服务贸易从正面清单向负面清单转变，跨境服务贸易负面清单中金融业限制措施有 17 项，海南是全国首个实行金融服务业负面清单方式开放的区域。此外，按照内外资一致原则允许外资金融机构开展新金融服务、对外资机构金融服务申请 120 天内做出决定、个人跨境购买境外金融服务、与外国投资者投资相关资金自由汇入汇出。二是参照全球最高标准谋划外汇政策创新。上海临港片区获跨境贸易投资高水平开放试点以来，率先开展跨境贸易投资高水平开放外汇管理改革试点，围绕跨境投融资体制创新、市场化资源配置效率提升等方面，推出 9 项资本项目改革措施和 4 项经常项目便利化措施。国际再保险登记交易中心已有 15 家再保险运营中心和 3 家保险经纪公司获批入驻。

3. 创设自由贸易账户体系，打通离岸资金互通堵点

一是创设自由贸易账户体系。中央赋予海南的政策支持建设多功能自由贸易（EF）账户，实现资金对内地和对境外的流动自由，两者之间的流动按照跨境交易规定进行管理。2023 年海南发布相关政策，拟升级现有 FT 账户向多功能自由贸易账户转变，操作上遵循"一线放开、二线按照跨境管理、同名账户跨二线有限渗透"的原则，实现境外与境内同名普通账户间可使用人民币按照"负面清单+额度管理"原则实行有限渗透，在账户同名划转上实现制度创新突破。二是大力推动离岸人民币债券市场建设。在全国多层次资本市场已建立的背景下，离岸人民币债券市场目前暂时处于空白。海南自贸港积极探索离岸人民币债券市场发展之路。2023 年 3 月，

中国银行发行了首单10亿元海南自贸港离岸人民币债券；9月，海南省政府发行了50亿元离岸人民币地方政府债券。这些债券在香港发行，同时使用海南FT账户进行资金交收，拓展了FT账户承接离岸人民币债券募集资金的使用场景。

4. 营造开放灵活政策环境，吸引金融企业和多样化人才落户

一是改善税收环境吸引企业进驻。根据迪拜政府相关规定，自贸区企业可享受100%外资拥有、50年免除所得税、期满后延长15年免税期、无个人所得税、进口完全免税、资本金和利润允许100%遣返以及充足的廉价能源等政策。而在海南自贸港内，绝大多数商品免征关税和进口环节税，企业所得税和个人所得税税率远低于国内现有税率水平。同时对标国际采用简税制政策体系，逐步减少、归并现行税种。通过实施国内最优惠、国际最具竞争力的税收政策吸引了大量企业和人才。二是放宽企业和人才准入和居留条件。从国内来看，海南、上海浦东在市场准入方面实施"市场准入承诺即入制"，除涉及国家安全、社会稳定等国家实行准入管理的领域外，在具有强制性标准的领域，依法取消许可和审批，建立健全备案制度，市场主体书面承诺符合相关要求并提交相关材料进行备案，即可开展投资经营活动。香港为吸引国际人才在原有优才基础上增加了优才、专才、高通才等计划，续签方式更加灵活，落户条件更加宽松。从国外来看，迪拜推出针对投资者、高技能专业人士和优秀学生的长期居住签证和"金卡"计划，并引入退休居留签证计划，吸引大量高净值人群、顶尖人才和投资者。

5. 创新多方协调监管模式，筑牢跨境金融风险管控体系

一是实行协调监管制度趋同。欧盟通过设立泛欧金融监管机构和欧洲中央银行，逐步参照国际通行标准，基于"对等原则"对跨境金融业务进行监管，对欧洲金融市场融合发挥了重要作用，可以作为粤港澳大湾区发展统一金融市场的努力方向。二是基于不同账户体系采取不同的监管制度。海南自贸港对在岸账户采取国（境）内现行的监管制度，离岸账户对标中国香港、新加坡建立新的监管制度，按照国际市场规则推动更大的开放和创新。

（二）经验启示

1. 以实体经济为依托，发挥门户作用

深化自贸区金融领域改革开放需要与实体经济跨境投融资需求密切结合。据世界贸易组织不完全统计，当前全球经常项下跨境贸易总额中服务贸易已经占到30%以上，货物贸易总额中的中间品贸易占到70%左右，针对中间品贸易和服务贸易高效提供跨境投融资制度安排，是制定和实施自贸区跨境金融政策措施的出发点和落脚点。从全球金融功能来看，自贸港作为国际市场进入更大规模经济腹地的跳板，连接着境内境外、周边区域，急需跨境金融服务支撑。从南沙作为"重要对外开放门户"的战略定位来看，其发展应顺着南沙与境外、南沙与内地之间的双向贸易流和投资流适当延伸，覆盖相关的贸易和投资环节，服务更大地域范围的实体经济，应吸引更多的金融机构，尤其是境外金融机构进驻，提升南沙的金融服务和发展水平。

2. 妥善处理在岸和离岸金融的关系

自贸区内需要妥善处理在岸资金和离岸资金，在确保金融安全的前提下，解决双边资金自由流动问题，满足对内对外贸易投资自由便利的需要。一是与境内金融体系保持紧密的联系，实行同一法定货币、相对统一的央行管理制度和金融监管制度。二是对标国际规则扩大对外开放，探索利率和汇率市场化、资本项目可兑换、金融混业经营、金融综合监管和属地监管、资金跨境流动宏观审慎管理等。

3. 保持中国特色，推动制度创新，优化境内外营商环境

自贸区和中国特色自贸港的跨境金融创新是在现有的金融制度、金融监管规则之下进行的，不是照搬照抄西方国家的模式，而是通过局部的、渐进的、累积性的创新，推动具有中国特色的跨境金融创新发展。要央地协同优化营商环境，扩大制度型开放，包括开展外汇管理改革，提高跨境资金进出的便利程度；推动人民币国际化，多措并举促进人民币跨境交易；放宽外资机构准入限制，吸引外资金融机构集聚；注重跨境金融、国际金融领域的产

品创新，提升产品和服务的国际化水平；建设金融交易平台，增强区域性金融体系的辐射力。

五 对标自贸港推进南沙自贸区跨境金融高质量发展的政策建议

（一）发挥南沙区域优势助力金融开放发展，打造特色金融发展高地

一是发挥资源禀赋推进金融开放。依托南沙港航物流、数字化应用等发展基础，逐步扩大粤港澳大湾区内人民币跨境使用规模和范围，携手港澳，对标国际高标准经贸规则，谋划建设区域跨境人民币结算中心，协助拓展人民币在"一带一路"共建国家、《区域全面经济伙伴关系协定》（RCEP）成员国的使用。二是大力建设南沙金融集聚区。加快广中珠澳高铁、地铁18号线延长线等交通枢纽建设，强化与湾区其他城市联动，鼓励更多市属金融企业总部办公地迁往南沙，以市属金融机构带头集聚人才流和资金流，加速南沙国际金融岛和明珠金融创新集聚区建设。三是争取封关运作推进更深层次先行先试。积极向国家部委争取南沙部分区域实现封关。一方面可考虑在原综合保税区基础上实施扩区操作，目前南沙综合保税区对货物实施物理围网，但分布分散，可对其进行整合，进一步提升园区能级。另一方面可考虑利用龙穴岛独特地理和港口优势实施封关布局，在封关区域打开更多金融服务应用场景，可参考迪拜做法，在明珠金融创新集聚区进一步建设金融自贸区，争取国家外汇管理改革试点，进一步完善在岸与离岸账户连通特殊通道，强化资金便利化流动。

（二）推进人民币离岸金融业务发展，共建立足湾区、面向世界国际金融枢纽

一是面向企业实际需求调整自由贸易账户功能。一方面积极争取国家金融和外汇监管部门支持，将现有的南沙 FT 账户向 EF 账户升级，同时扩大

自贸区内 FT 账户可服务银行范围，向辖内具备能力的更多重点银行开放；另一方面在 FT 账户资金池向本外币一体化账户资金池升级的过程中避免"一刀切"，在未找到替代方案前保留原有 FT 账户资金池功能，满足自贸区内中小民营企业跨境支付结算需求。二是大力发展离岸人民币债券市场。有针对性地引入更多的金融基础设施平台，实现离岸和在岸债券市场基础设施的互联互通，推进离岸和在岸风险的统筹管理，以提升债券发行的信息透明度和效率。围绕离岸和在岸债券市场的监管侧重点和标准，进一步明确各监管主体的职责范围，实现监管制度对于离岸人民币债券发行的有效约束和效率提升。三是建设离岸跨境金融服务生态圈。联合港澳金融机构设立跨境金融合作示范区，吸引香港私人银行、家族办公室、专业服务机构落地南沙，提供离岸财富管理、税务筹划等高端服务，试点"跨境理财通"升级版，扩大投资标的范围，构建业态丰富的离岸跨境金融服务生态圈。

（三）实现金融制度性创新突破，构筑金融开放试验田

一是积极争取扩大南沙金融立法权限。梳理现行金融法律法规以及内部规定中不适应南沙金融开放的内容，采取小切口、广覆盖、再融合的方式，逐步建立起南沙自贸区对标自贸港建设独特的金融法律体系。加强与国家相关部委、中国人民银行总行沟通，协助破解金融专项政策出台的堵点、难点问题，争取尽快批复粤港澳大湾区国际商业银行、粤港澳大湾区保险服务中心等一系列金融创新改革试点。二是加大压力测试力度推进金融制度型开放。推进制度型开放压力测试，探索金融业负面清单开放，争取扩大 QFLP、QDLP、人民币海外投贷基金等跨境合作试点范围、规模和额度，探索扩大境外机构在区内银行机构开立的人民币结算账户资金使用范围，推动符合条件的外商投资企业无须办理人民币资本金专用账户即可办理人民币资本金入账结算业务，提升人民币跨境结算便利性。加快推进跨境贸易投资高水平开放试点、气候投融资试点、跨境股权投资试点等重大金融政策试点工作，打造南沙金融开放创新试验田。三是采取"一事一议"方式突破制度壁垒。与国际金融机构协商，采取"一事一议"、点对点的方式突破制度壁

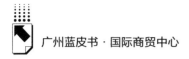

垒、进行专项招商，允许其在自贸区内放开业务准入，针对国内外利差较大等问题，可考虑采取协议等方式给予具有国际竞争力的利率，招引更多国际投资和金融机构进驻。

（四）坚持金融服务"脱虚向实"，构建粤港澳"制造+金融"业态融合区

一是培育"制造+金融"两业融合新业态。结合"制造业立市"战略，支持南沙制造业企业利用自贸区低税率、政策宽松、资金可跨境流通等独特优势，不断降低企业在开设金融专用账户时的注册资金门槛，扩大政策辐射范围，推进航运和港口金融、绿色金融、跨境电商融资结算等新兴金融业态发展。二是完善创投产投国际化运作体制机制。以最宽泛的创新资金概念范畴和最开放的政策格局，深化和拓展有利于创新资金自由化便利化运作的跨境金融政策，允许创新资金参与境内外多样化的创新类投融资项目，对创新资金跨境和境内外流向流量实行多部门统一事后监测分析管理，不断满足创新主体开展跨境投融资的国际化诉求。三是发挥广州优势推进跨境电商业务。出台南沙自贸区金融服务跨境电商专项政策，依托广州跨境贸易电子商务公共服务平台优势，建立跨境电商服务工作机制，引导金融机构加强与广州市及南沙自贸区内头部跨境电商平台企业信息共享和资源对接，应用数字科技提升场景金融服务能力。

（五）破除体制机制束缚，打造国际级金融营商环境

一是满足创新资金国际化运作的需求。进一步深化"放管服"改革，解决门槛过高、手续复杂等政策堵点问题，降低 QFLP、QDLP 基金管理人门槛条件，优化包括 ODI 在内的简化备案和登记相关手续，吸引更多国际金融主体入驻。二是优化市场准入制度。参考海南、上海浦东做法，实施市场准入承诺即入制，严格落实"非禁即入"，优化负面清单机制，进一步提升市场准入便利化水平，激发各类经营主体活力。三是完善人才引进体制机制。以投行化、专业化、综合化为发展目标，打破国籍、地域、身份、人事

关系等人才流动中的制约，放宽国际金融及人才互认门槛，提供国际青年投融资人才短期交流生活优待服务，柔性引进国际金融急需紧缺投融资人才。

（六）探索推进跨境金融监管协同机制，构筑湾区一体化监管体系

一是推进港澳数据征信一体化建设。对标 DEPA 高标准数字贸易规则，依托南沙自由贸易试验区体制机制优势，加强与港澳监管部门之间的沟通协调，在南沙自贸区搭建穗港澳经常项下物流、资金流、信息流"三流合一"跨境一体化数字信息平台，探索构建穗港澳一体化征信体制机制，促进三地金融机构跨境展业。二是建立"穗港澳金融创新监管沙盒"合作机制。争取中央到省级以及港澳监管部门支持，在目前创新金融业态监管规则尚模糊的情况下，在南沙试点跨境金融创新项目联合测试，允许符合条件的企业在穗港澳三地同步开展业务试点，率先推动跨境支付、数字人民币、绿色金融、反洗钱等领域的规则互认，逐步制定一体化监管标准，推动湾区跨境金融业务互联互通。三是建立跨境资金流动联合监测预警系统。与港澳监管机构共享风险指标，引入人工智能技术，对复杂交易结构进行智能识别和风险评级，联合发布跨境金融风险提示。整合南沙自贸区内外汇、跨境人民币结算等数据，构建动态监测模型，识别异常资金流动（如热钱套利、虚假贸易融资等），对跨境金融业务实施全链条穿透监管，提升最终投资者和底层资产透明度。

对外经贸篇

B.11

以对外贸易的高质量发展赋能
广州中心型世界城市建设*

董小麟　魏　颖**

摘　要：　国际商贸中心是广州的核心功能定位，高质量发展外贸是广州强化城市发展定位、建设粤港澳大湾区核心引擎和推进中心型世界城市建设的关键。持续推进广州外贸高质量发展，具有良好的历史和现实基础。相比部分国内主要城市和粤港澳大湾区城市群，当前广州外贸水平还有一定提升空间。广州要进一步明确促进外贸提质增量的重点方向，采取积极举措，在促进外贸与制造业和会展业等现代化产业体系联动发展、丰富城市合作内容与路径、做大做强服务贸易、集聚全球优质消费

---

* 除特殊标注外，本报告数据均来源于广州海关、广州市统计局及笔者根据政府部门发布的数据计算。

** 董小麟，广东外语外贸大学二级教授，全国科技名词审定委员会经济学名词审定委员、经贸名词审定委员，广州市人民政府决策咨询专家，广东外语外贸大学广州开放经济研究中心兼职研究员，研究方向为宏观经济、区域经济、城市经济、国际经济等；魏颖，广州市社会科学院国际商贸研究所副研究员，研究方向为城市经济、现代服务业和商贸流通业等。

资源等方面做好开放发展的外贸文章，以更好赋能中心型世界城市建设，为中国式现代化广州实践写下重要篇章。

关键词： 对外贸易　中心型世界城市　国内国际双循环

2024 年 9 月国务院批复的《广州市国土空间总体规划（2021—2035年）》（以下简称《空间规划》）首次把建设中心型世界城市列为重要的目标愿景。中心型世界城市是全球资源配置的重要枢纽，与国际商贸中心这一广州的核心功能定位具有高度关联性。广州必须发挥其作为"千年商埠"在新时代的新活力，进一步拓宽国际化发展视野，在高水平对外开放中进一步提升对外贸易高质量发展水平，全面增强国际市场影响力、竞争力，以此赋能中心型世界城市建设，为中国式现代化广州实践写下重要篇章。

一　持续推进广州外贸高质量发展的必要性和可行性

（一）持续推进广州外贸高质量发展的必要性

1. 强化广州自身发展定位、实现城市发展新愿景的需要

2024 年 9 月，《国务院关于〈广州市国土空间总体规划（2021—2035年）〉的批复》重申广州是我国重要的中心城市，强调广州要"发挥国际商贸中心、全国先进制造业基地、综合性门户、国际科技创新中心重要承载地等功能，发挥粤港澳大湾区核心引擎优势，奋力谱写中国式现代化建设广州篇章"。① 同时，《空间规划》分阶段提出目标愿景：到 2025 年，广州要建设成具有全球影响力的国家中心城市、综合性门户城市；到 2035 年，广州要建

---

① 《国务院关于〈广州市国土空间总体规划（2021—2035 年）〉的批复》，中国政府网，2024 年 9 月 20 日，https://www.gov.cn/zhengce/zhengceku/202409/content_6975565.htm。

设成具有国际竞争力的世界城市；到 2050 年，广州要全面建成具有经典魅力和时代活力的中心型世界城市，在全球城市网络中发挥更广泛、更全面的引领作用。[①] 显然，广州要建设具有全球影响力、竞争力和引领力的中心型世界城市，离不开国际商贸中心这一核心功能定位的巩固和外贸高质量发展。

2. 建设粤港澳大湾区世界级城市群核心引擎的需要

在当今国际竞争与合作格局中，城市以其独特的定位在国际资源配置和流动中发挥着愈加重要的作用。粤港澳大湾区近年来在世界经济格局中占据愈加重要的份额，而建设世界级城市群是粤港澳大湾区发展战略的重要指向，在国际经贸领域的影响力、竞争力是影响世界级城市群发展实力的重要因素。广州要在国际商贸中心等核心功能定位上进一步增强发展能力，持续扩大广州商贸在新发展格局中的辐射力、影响力，更好发挥推动粤港澳大湾区建设的核心引擎功能。

3. 应对近年来外部压力加大、内部困难增多的复杂严峻形势的需要

2024 年 12 月的中央经济工作会议明确指出，当前外部环境变化带来的不利影响加深，我国经济运行仍面临不少困难和挑战。[②] 因此，必须坚定不移地进一步全面深化改革，扩大高水平对外开放，挖掘和运用各种积极因素，战胜各种困难挑战，开创实现高质量发展的新路子。广州要把提升国际商贸中心发展能级作为重要抓手，加快拓展开放合作领域、做大外贸发展空间、提升外贸发展质量和绩效，打造融入和支撑新发展格局的枢纽型中心城市。

（二）持续推进广州外贸高质量发展的可行性

1. 悠久的对外经贸历史

广州不仅是古代海上丝绸之路的起点之一，也是中国开展国际贸易的前沿口岸，更是在改革开放中发挥先行作用的国家重要中心城市。广州自秦汉

---

① 《广州市国土空间总体规划（2021—2035 年）》，广州市人民政府网站，2024 年 11 月 6 日，https：//www.gz.gov.cn/zwgk/ghjh/zxgh/content/post_9960355.html。

② 《中央经济工作会议在北京举行》，《人民日报》2024 年 12 月 13 日。

以来就是海上丝绸之路的主要始发港，从唐代起直至明清均为海上丝绸之路重要的枢纽城市，唐代向西通往欧洲的海上商贸航线长达 14000 千米，明代更开拓了通往墨西哥等地的贸易航线。20 世纪 50 年代起在广州举办的中国进出口商品交易会（以下简称"广交会"）打开了中国对外贸易的主要窗口，成为中国对外贸易规模最大、品类最丰富的商贸会展平台。改革开放初期，广州在全国率先组建"外经一条街"，即广州市对外经济贸易实务总汇，这是国内首个"集中政府涉外部门在一个屋檐下办公"的外资服务平台，成为深化国际化便利化营商环境改革的首创之举。开放包容、务实亲商的发展氛围是广州推进国际商贸中心建设、增强国际市场开拓能力的重要基础。

2. 独特的对外开放定位

综合性门户这一定位赋予广州重要的战略意义，使广州更加便利地参与国际交流交往。截至 2025 年 3 月，外国驻广州总领事馆达到 68 个。[①] 广州运用综合性门户优势优化国际城市合作体系，截至 2025 年 5 月已签约国际友好城市 38 个、国际友好合作交流城市 71 个，友城遍布亚洲、欧洲、非洲、南北美洲和大洋洲。[②] 此外，通过与国际组织合作和用好各种国际经贸文化交流合作平台，广州综合性门户功能持续深化，为广州吸引国际人流、商流、物流、信息流，增强国际市场发展能力带来重大利好。

3. 有力的产业体系支撑

广州是华南地区产业门类最丰富的城市，传统产业与现代产业都有相当扎实的基础，已拥有联合国 41 个工业大类中的 35 个行业，并拥有 6 个产值超千亿元的先进制造业集群、7 个增加值超千亿元的服务行业，战略性新兴产业增加值占地区生产总值的比重已超三成，产业体系不断焕发新活力。多元的产业结构和优势产业集群的发展反映了广州对于多层次国际市场需求的适应能力较强。广州明确坚持产业第一、制造业立市，推动制造业、服务业

---

① 资料来源：广州市人民政府外事办公室。

② 资料来源：广州市人民政府外事办公室。

"两业融合",数智化、绿色化"两化转型",致力于打造发展新质生产力的重要阵地。可持续的产业发展战略的实施,对于以产业链带动供应链、贸易链发展具有显著的正面作用。

4. 领先的基础设施建设

广州城市基础设施建设及运行水平在国内乃至世界均具有相对优势。交通枢纽功能较强,其中海运和航运系统综合服务力达到领先水平。根据2024年8月发布的《建设广州国际航运枢纽三年行动计划(2024—2026年)》,到2026年,广州港货物吞吐量力争达到7亿吨,集装箱吞吐量力争达到2700万标准箱,海铁联运量力争达到80万标准箱。广州港南沙港区2024年集装箱累计吞吐量突破2000万标准箱,其中外贸集装箱吞吐量超过1000万标准箱,占比达50%;同年南沙港区新增9条外贸集装箱航线,累计开辟了165条外贸集装箱航线。基础设施建设优势及完善的交通运输体系对广州做大做强国际商贸发挥着强有力的支撑作用。

5. 显著的文化名城魅力

广州是国家历史文化名城,具有2200多年发展历史。广州拥有丰富的非物质文化遗产,其中入选联合国教科文组织人类非遗代表作名录项目2项、国家级项目21项、省级项目95项,各项数据均居全省首位、全国前列。自古以来,广州作为海上丝绸之路的核心枢纽,在开展对外贸易的同时不断加强文化交流,形成文化国际覆盖面广、城市包容性强的特点,这对于建设国际商贸中心非常有利,同时对增强广州文化产业的国际竞争力具有积极意义。

6. 明确的规划布局引领

实施贸易强市战略是广州推动构建更高水平开放型经济新体制的重要举措。《空间规划》明确要求提升广州作为国际商贸中心的全球资源配置能力,打造经贸、金融、科技创新等领域的国际经济合作前沿地。2025年1月印发的《广州市贸易强市总体规划(2024—2035年)》也明确提出要全面增强统筹利用两个市场、两种资源的能力,全面建成走在全国前列的内外贸一体化枢纽。

二　当前广州外贸发展态势和后续发展重点分析

（一）当前广州外贸发展呈现稳健态势

1. 外贸体量总体平稳

根据广州海关发布的数据，广州市 2024 年外贸进出口值达 1.12 万亿元，再创历史新高，同比增长 3.0%；其中出口值达 7005.5 亿元，同比增长 7.8%，首次突破 7000 亿元大关，与 2019 年相比增幅超过 30%。

2. 出口产品结构优化

广州产业结构的调整与贸易结构的优化形成良性互动，重点产业领域的出口产品发挥着有力的支撑与带动作用。2024 年，广州制造业产品出口值同比增长 8.7%，高技术产品出口值同比增长 9.7%；汽车出口突破 15 万辆，同比增长 53.1%，船舶出口突破 100 艘，同比增长 41.6%。另外，在广州具有传统优势的快消品也在出口贸易中发挥了重要作用，在美妆洗护用品方面，广州已成为全国第一大出口城市，2024 年出口近 100 亿元，同比增长 32.1%；以日用消费品为主要品类的广州跨境电商零售出口增幅也接近 20%。

3. 民企外贸占比最高

2024 年，广州市民营企业进出口值达 6422.4 亿元，同比增长 6.2%，占同期广州市外贸总值的 57.1%；同期外商投资企业、国有企业分别进出口 3326.0 亿元、1457.6 亿元，占比分别为 29.6% 和 13.0%。相比 2019 年，国有企业在外贸中的占比保持稳定，而民营企业的引领作用不断增强。2024 年，广州市有进出口实绩的民营企业数量首次突破 2 万家，达到 2.2 万家，占有进出口实绩的外贸主体数量的比重超过 85%；在全市出口产品中，有超过 80% 的锂电池、超过 45% 的光伏产品、超过 40% 的电动汽车是由民营企业出口的。这种态势不仅扩大了民营企业的国际市场影响力，也对广州市进一步构建新发展格局起到支撑作用。

4. 外贸平台功能较强

广州拥有多种促进外贸发展的优质平台。一是广交会等会展平台。2024

年，第136届广交会线下参展企业超3万家，举办约400场新品发布活动；2024年，全市10个重点专业展览场馆举办经贸类展览数量与上年持平，展览面积合计超过1150万平方米，展会规模稳居全国城市第2位。二是领先的电商外贸平台。根据2024中国（广州）跨境电商交易会公布的数据，2014~2023年，广州跨境电商进出口值增长了136倍。三是行业类外贸服务平台。例如，2024年12月16日在广州增城成立的广州东部中心外贸综合服务平台是粤港澳大湾区首个区级外贸综合服务平台，该平台以数字化模式集成产品归类、智能报关、物流可视化追踪、合规收汇、合规退税和金融支持六大功能，着力降低中小微企业在国际贸易中面临的运营成本和风险，助力企业顺利"出海"。在多种平台的支持下，广州外贸市场拓展取得积极进展。2024年，广州与联合国统计分组中约95%的国家和地区有进出口记录，与其中130个国家和地区的进出口值实现正增长。

（二）当前广州外贸总体发展水平分析

自改革开放特别是加入世界贸易组织以来，中国对外贸易发展规模迅速扩大，国内主要城市和开放前沿地区在配合国家外贸发展战略和积极推动区域经济增长方面起到引领作用。广州建设中心型世界城市，要将对外贸易放在更重要的位置。本报告通过比较国内超大城市和粤港澳大湾区内地9市外贸发展相关指标，分析广州外贸总体发展水平（见表1、表2）。

表1　2024年我国超大城市外贸发展相关指标

单位：亿元，%

城市	地区生产总值		对外贸易		外贸依存度
	绝对额	增长率	进出口总值	增长率	
上海	53926.7	5.0	42680.9	1.3	79.1
北京	49843.1	5.2	36100.0	-0.1	72.4
天津	18024.3	5.1	8115.6	1.3	45.0
重庆	32193.1	5.7	7154.2	0.4	22.2
广州	31032.5	2.1	11200.0	3.0	36.1

续表

城市	地区生产总值		对外贸易		外贸依存度
	绝对额	增长率	进出口总值	增长率	
深圳	36801.9	5.8	45000.0	16.4	122.3
成都	23511.3	5.7	8390.0	12.1	35.7
东莞	12282.1	4.6	13880.4	8.3	113.0
武汉	21106.2	5.2	4033.5	11.8	19.1
杭州	21860.0	4.7	8549.0	6.4	39.1

注：为统一格式，对个别城市以万亿元为单位公布的数据，未体现的低位数据以 0 代之，不影响数据排序；各地外贸依存度指标由笔者计算所得。

资料来源：各市统计局。

表2　2024 年粤港澳大湾区内地 9 市外贸发展相关指标

单位：亿元，%

城市	地区生产总值		对外贸易		外贸依存度
	绝对额	增长率	进出口总值	增长率	
广州	31032.5	2.1	11200.0	3.0	36.1
深圳	36801.9	5.8	45000.0	16.4	122.3
珠海	4479.1	3.5	3242.1	9.4	72.4
佛山	13361.9	1.3	4996.5	−16.2	37.4
东莞	12282.1	4.6	13880.4	8.3	113.0
中山	4143.2	3.7	2840.6	10.3	68.6
惠州	6136.4	4.2	3937.5	15.5	64.2
江门	4210.2	3.4	1916.6	10.6	45.5
肇庆	2917.8	2.2	382.1	2.7	13.1

注：为统一格式，对个别城市以万亿元为单位公布的数据，未体现的低位数据以 0 代之，不影响数据排序；各地外贸依存度指标由笔者计算所得。

资料来源：各市统计局。

2024 年，广州进出口总值在国内 10 个超大城市中位列第五，同比增速高于本市地区生产总值增速，但比全国平均水平（5.0%）低 2.0 个百分点；同时，广州进出口总值同比增速在国内 10 个超大城市中位列第六，与增幅最大的深圳相差 13.4 个百分点。另外，在粤港澳大湾区内地 9 市中，广州进出口总值位居第三，但同比增速仅位居第七。此外，2024 年广州外贸依存度为 36.1%，在粤港澳大湾区内地 9 市中仅高于肇庆，在国内 10 个超大城市中排在第 7 位。2024 年广州外贸依存度仅比全国平均水平（32.5%）高 3.6 个百分点，表明广州外贸高质量发展空间亟待拓展。

基于以上分析，广州要发挥粤港澳大湾区核心引擎作用，建设中心型世界城市，必须着力增强国际影响力，特别是促进外贸提质增量。

（三）广州外贸后续发展的重点方向

依据国家所强调的广州城市定位和功能，要进一步认识到广州提升国际商贸中心发展水平的紧迫性，明晰发展的重点方向，解决相关领域存在的问题，推动广州高质量发展，更好融入和服务新发展格局，更好赋能中心型世界城市建设。广州外贸在以下重点方向上已有一定的基础，但客观上还要进一步发力。

1. 做大做强服务贸易

做大做强服务贸易是我国从贸易大国向贸易强国转型的关键。服务贸易是发达经济体在国际贸易中的重要优势领域，也是降低资源环境消耗、发展绿色贸易的重要方向。2024 年 12 月的中央经济工作会议强调要拓展服务贸易出口，《空间规划》也提出要发展服务贸易等贸易新业态。广州在 2020 年获国务院批复开展全面深化服务贸易创新发展试点，又在 2022 年 12 月获国务院批复开展服务业扩大开放综合试点，为做大做强服务贸易提供了有力支持。但也要看到，近年来广州服务贸易增长态势相对疲软，成效尚未达到预期。因此，要在当前特别是制定"十五五"规划时准确研判发展中的难点，进一步做好科学部署，立足重点领域加以突破。

2. 有效集聚全球消费资源

广州作为全国首批国际消费中心城市，要结合《空间规划》提出的"集聚辐射全球的高端消费资源"的要求，增强国际优质消费资源集聚能力。一方面，从供给侧考虑，引入国际优质品牌，加强与生产商、代理商、经销商的合作；另一方面，从需求侧考虑，吸引境外消费者，对接全球消费市场，扩大国际消费流量。

3. 强化双循环战略链接

根据《空间规划》提出的强化国际贸易功能、全面增强贸易影响力等系列要求，广州应在以下三个方向重点发力：一是完善国际城市合作网络体系，提升广州国际商贸影响力；二是打造服务新发展格局的国际商贸中心，优化国内国际城市合作网络，与重要行业企业密切互动，推动国内国际市场融合发展，构建高质量服务体系；三是拓展支撑平台，结合高标准营商环境打造，积极开拓国际经贸领域，主动引领、参与相应服务体系中国际商贸规则的制定。

4. 实现城市核心功能联动

强大的国际商贸辐射力是中心型世界城市不可或缺的重要特征，但国际商贸中心的功能定位不是孤立的，必须与其他核心功能定位协同发挥作用。一是推动广州国际商贸中心、全国先进制造业基地、国际科技创新中心定位的协同，通过先进制造业的发展向全球提供更多更优质的中国制造、广州制造产品，提升外贸平台的科技含量，增强外贸竞争力，促进外贸新业态不断发展。二是推动广州国际商贸中心与综合性门户定位的协同，持续扩大外贸流量，实现国际人流、物流、商流、资金流的顺畅流动，支撑经济效益不断提升。

三 以广州外贸持续高质量发展赋能中心型世界城市建设的路径

（一）进一步强化广交会等国际经贸会展功能

会展业对于推进商贸服务业发展具有重要作用。广州有以广交会为龙头的会展产业体系，要进一步强化国际经贸会展功能。一要继续推进"两条腿"走路，促进线上与线下展会的结合模式更加完善，依托数字化智能化技术让广交会等系列重要国际展会实现全时空拓展；二要着力扩大以优势产业、新兴产业和未来产业等为核心的展会规模，构建服务新发展格局

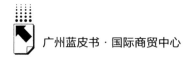

的展会体系；三要加大与海外展商的合作力度，深化战略合作关系，持续扩大展会覆盖面并提升优质客商的占比；四要加强海外服务渠道拓展，包括建设海外仓、海外智慧物流平台等，延伸会展产业链。

（二）加强商贸服务业与先进制造业等产业的联动

推动商贸服务业与先进制造业的联动发展、融合发展是实现产业链供应链充分延伸、进一步增强广州发展韧性的重要路径。因此，要围绕服务广州整体产业体系优化升级，推动生产性服务业与跨境商贸服务体系的联动。建议打造外贸与产业发展共同体，形成双方或多方联动发展的常态化机制。同时，跨境商贸服务体系的完善将对制造业"走出去"发挥牵引作用。要依托广州作为国际综合交通枢纽和综合性门户的有利条件，培育、引进更多国际商贸服务业龙头企业，在保税消费、临港物流、融资租赁、离岸金融等方面构建产业集群，形成具有全球影响力的国际商贸服务平台。

（三）增强外贸新业态产业链供应链韧性

跨境电商是近年来外贸新业态中的突出领域。广州作为国家跨境电商综合试验区，依托扎实的产业基础及粤港澳大湾区枢纽地位优势，聚力打造"跨境电商之城"，培育了 24 个跨境电商产业园，集聚希音（SHEIN）、唯品会、哆啦等头部企业，形成包括平台、物流、仓储、运输、营销等在内的连接国内外市场的产业链供应链。要进一步强化领先发展优势，一是依托已有领先地位，牵头构建服务新发展格局的跨境电商合作体系，拓展高质量海外合作伙伴；二是进一步发展海外仓，继续完善跨境电商综合服务体系，增强外贸新业态产业链供应链抗风险能力；三是和国内其他"走出去"的企业联手发展，共同提升中国跨境电商品牌影响力和市场占有率。

（四）注重"城市合作+港口合作+自贸试验区合作"

广州建设中心型世界城市，要注重"城市合作+港口合作+自贸试验区合作"。一是"城市合作+港口合作"，这方面广州已有较好基础。截至

2024 年 8 月，广州港已签约友好港口 60 个，数量位居全国第一，特别是 2024 年与美国第二大集装箱港口长滩港的签约，对于强化中美之间贸易物流合作有重要作用，并且有利于双方深化在航线开辟、招商推介、绿色环保等领域的合作。二是"城市合作+自贸试验区合作"，发挥中国（广州）自贸试验区南沙片区的优势，强化对外合作，发展重点产业。对接《区域全面经济伙伴关系协定》（RCEP），与 RCEP 其他成员国实现联动发展。

（五）以做强国际消费中心城市助力外贸发展

广州作为国际消费中心城市，应该在优化国际消费资源配置、以国际消费助力外贸发展方面加以创新。一是拓展国际消费中心城市推广平台，加强政府和商贸企业、行业组织的合作，注重做好多语种、多场景推介工作；二是持续吸引国际客源，采取多种形式组织来穗消费活动；三是加大文、商、旅、体、医、教的协同力度，培养更多广州国际旅游志愿者，开展健康、绿色消费，结合广州文化资源开展文化创意产品的推广；四是按季节、月份、东西方主要节日等创新国际消费主题；五是对带来引领性、创新性消费产品和服务的优质国际消费品牌及首店，在政策上给予倾斜，同时对城市商业地产租金加以调控，以降低实体商业经营成本，为城市创造更丰富的实体消费场景；六是注重优化消费服务，不断提升"广州消费"在海内外的美誉度，以消费者的良好口碑增强广州消费市场的竞争力。

（六）全时空拓展广州外贸新空间新领域

全时空拓展广州外贸新空间，需要增强广州外贸的国际合作能力，加强对友城及其所在国家营商环境、产业特点、资源禀赋等方面的研究，强化城市间贸易伙伴关系，夯实外贸合作的基础。与此同时，要进一步建立更多的友城关系，引导外贸企业持续拓展全球市场。

全时空拓展广州外贸新领域，需要实现三产联动，促进产业链供应链创新链服务链的协同，推动传统优势产品稳步升级、新兴产业不断涌现；还需加强外贸出口产品的研发，针对海外需求的多样性、差异性加强海外市场调研，同时可设立海外市场研究智库，使产业发展与外贸新领域拓展有更多的对接渠道。

参考文献

《中共中央关于进一步全面深化改革　推进中国式现代化的决定》，中国政府网，2024 年 7 月 21 日，https：//www. gov. cn/zhengce/202407/content_6963772. htm。

《粤港澳大湾区发展规划纲要》，中国政府网，2019 年 2 月 18 日，https：//www. gov. cn/zhengce/202203/content_3635372. htm#1。

《商务部关于印发促进外贸稳定增长若干政策措施的通知》，中国政府网，2024 年 11 月 19 日，https：//www. gov. cn/zhengce/zhengceku/202411/content_6988626. htm。

B.12
广州巩固国际会展之都地位的
挑战与对策[*]

陈峰 秦瑞英 陈刚 尚进[**]

摘　要：　会展业作为广州传统优势产业，长期以来为广州经济社会及全国对外贸易发展做出了突出贡献。站在"二次创业"的崭新起点，广州会展业需肩负起服务构建新发展格局、推动科技创新与新技术转化、提升枢纽门户城市能级、促进文化与商贸融合发展的新使命。当前，广州会展业复苏势头强劲、基本盘扎实、设施扩容升级、结构优化，但也面临来自上海、深圳的激烈竞争，以及"展强会弱"、缺乏龙头企业、国际化水平不高等问题与挑战。为此，本报告提出加快会展业大模型研发与应用、设立专门会议促进机构、扶持壮大本土会展企业、加强国际合作、强化产业联动、推动跨界融合、优化审批流程、建立产业智库等对策建议，以巩固广州国际会展之都地位，为广州建设中心型世界城市提供坚实的战略支撑。

关键词：　会展业　国际会展之都　会议产业

* 本报告系广州市哲学社会科学发展"十四五"规划 2024 年度共建课题"广州会展业'二次创业'背景下的使命与挑战：国际会展之都的巩固提升与中心型世界城市建设"（项目编号：2024JDGJ05）、广州市社会科学院 2024 年度重大专项课题"新质生产力引领下的广州会展业创新发展与战略重构"（项目编号：2024ZDZX0809）的研究成果。

** 陈峰，广州市社会科学院现代产业研究所副研究员，研究方向为时尚消费品、会展业；秦瑞英，广州市社会科学院现代产业研究所研究员，研究方向为区域经济、战略性新兴产业；陈刚，广州市社会科学院现代产业研究所副所长、研究员，研究方向为数量经济、现代化产业体系；尚进，广州市社会科学院现代产业研究所研究助理，研究方向为文化创意、现代服务业。

广州作为我国重要的中心城市、综合性门户、粤港澳大湾区核心引擎，长期以来在国内国际会展领域扮演着重要角色。自 1957 年举办第 1 届中国进出口商品交易会（以下简称"广交会"）以来，历经 60 多年的深厚积淀与稳健发展，广州已经成为中国重要的会展城市之一，综合实力和竞争力位居全国前列。当前，广州锚定"排头兵、领头羊、火车头"标高追求，推动"二次创业"再出发，明确了建设中心型世界城市的宏伟战略目标，推动经济社会发展迈入一个新的阶段。巩固和提升广州作为国际会展之都的地位与功能，不仅是推动城市经济高质量发展的内在要求，也是推动广州"二次创业"再出发、加快建设中心型世界城市的战略支撑。

一 "二次创业"背景下广州会展业发展新使命

中共广州市委十二届七次全会和广州市高质量发展大会明确提出，广州要锚定习近平总书记赋予的使命任务，着眼服务全国全省大局，推动"二次创业"再出发，推动高质量发展迈上新台阶，到 2035 年经济总量翻一番，朝着中心型世界城市阔步前进。会展业作为广州传统优势产业，长期以来为广州经济社会及全国对外贸易发展做出了突出贡献。在"二次创业"的崭新起点上，广州会展业应肩负起重塑自我、开创未来的新使命，为广州经济社会发展注入新活力，为广州建设中心型世界城市做出新贡献。

（一）服务构建新发展格局

广州会展业应聚焦服务构建新发展格局，促进广交会等平台功能升级。以广交会为核心，创新贸易形式，推动出口优先，强化进口支持，促进跨境电商和服务贸易等新业态发展。同时，扩大国际展会的引进与输出规模，增强会展经济辐射效应，推动国际资源、技术、资本对接，服务国家战略需求。会展业应助力广州提升全球价值链地位，强化国际经贸交流桥梁作用，助力新发展格局加快形成。

（二）推动科技创新与新技术转化

在"二次创业"背景下，广州会展业应肩负起推动全社会科技创新和新技术转化的使命。例如，举办智能制造、信息技术、生物医药等领域的专业展会，不仅可以展示最新的科研成果和技术产品，还能促进科技成果向现实生产力转化。广州应加大对高新技术展会的支持力度，鼓励企业展示最新科技成果，搭建产学研合作平台，吸引更多科研机构和高新技术企业参加，从而加速新技术的应用与普及，推动产业升级和经济结构优化。

（三）提升枢纽门户城市能级

会展业作为提升城市开放度和综合实力的窗口产业，是广州提升枢纽门户能级的重要抓手。广州应进一步发挥会展业外溢效应，带动商务、旅游、物流等关联产业发展，提升城市的吸引力和服务承载力。通过引入高端国际性展会，增强广州在全球产业链中的重要节点作用，扩大其在国际市场上的影响力。此外，推动会展与航空、港口等交通资源联动，打造"会展+交通枢纽"一体化格局，提升广州作为国际会展之都的吸引力和综合服务能力，助力其向国际一流枢纽城市迈进。

（四）促进文化与商贸融合发展

广州会展业应推动文化与商贸融合发展，释放文化会展的多元效应。依托广府文化特色，积极举办文化主题展会、艺术博览会，打造城市文化名片，吸引文化产业资源。探索"会展+文旅"新模式，开发会展延伸产品，提升展会体验性与互动性。通过促进文化与商贸深度融合，丰富展会内容，强化城市品牌，提升文化软实力，为广州中心型世界城市建设赋能。

二　全球会展业发展的动向与趋势

随着全球经济形势的变化和技术的快速发展，会展业正经历深刻转型，展现出多样化的动向与趋势。

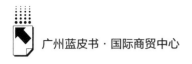

（一）全球会展业增长强劲，专业化与垂直化趋势凸显

根据国际展览业协会（UFI）第 33 版《全球展览行业晴雨表》报告（以下简称"UFI 第 33 版报告"），2024 年全球展览行业收入增长率预计达 17%，创下新纪录，反映出全球经济复苏和市场需求回升的趋势。北美、欧洲、亚洲等成熟市场和拉丁美洲、中东等新兴市场均呈现强劲增长，展现出行业全球化布局的潜力。同时，展会活动趋向专业化与垂直化，主办方通过创新内容、先进技术和定制化服务满足特定市场需求，为行业增长提供新机遇。

（二）人工智能成为行业变革的核心驱动力

根据 UFI 第 33 版报告，90%的会展企业认为人工智能将在提升行业效率和推动行业创新方面发挥重要作用，其应用涵盖展会组织、客户服务、营销管理、内容推荐等多个层面。人工智能通过数据分析精准识别观众和参展商兴趣，制定个性化营销策略，提高展会效果与参与度。同时，人工智能助力节约成本、提升效率，提升客户关系管理和销售流程自动化水平，帮助主办方高效获取潜在客户信息，推动市场细分和客户定位，助力参展商获取更多商业回报。

（三）绿色转型与可持续性成为全球会展业的关键议题

随着全球环保意识增强和气候变化加剧，绿色转型与可持续性已成为全球会展业的关键议题。根据 UFI 第 33 版报告，约 13%的会展企业将气候变化和可持续性视为主要挑战，尤其涉及场地和设施管理。展会主办方通过绿色认证和数字化手段推动办公无纸化和资料电子化。同时，环保科技、绿色建筑、可再生能源等可持续发展主题的展会在全球日益受到欢迎，绿色转型成为行业创新发展的重要方向。

（四）地缘政治与全球经济挑战促使会展企业优化本地化应对策略

地缘政治和经济不确定性是会展业面临的主要风险。UFI 第 33 版报告显示，22%的会展企业认为本国经济形势最为紧迫，全球经济放缓与国际贸易摩擦导致展会活动频繁变动，尤其是在中东、非洲、东欧等地区。为降低这种不确定性带来的风险，许多企业选择聚焦本土市场或区域性展会，减少对国际市场的依赖。同时，部分企业在全球扩张中优化本地化应对策略，强化与本地市场的联系，降低潜在的地缘政治与经济风险。

三　广州会展业发展的现状与基础

广州会展业经过多年积累和发展，无论是在规模、设施还是在综合服务能力方面均处于国内领先地位，展现了强大的韧性和增长潜力。

（一）强劲复苏，呈现蓬勃发展态势

2023 年，广州会展业迎来了强劲复苏。数据显示[①]，2023 年广州会展业的办展规模再创新高，共举办 373 场展览，总面积达到 1089 万平方米，分别较 2022 年增长 1.0 倍和 2.5 倍。其中，新办展会 42 场，较 2019 年增加 11 场，达到自 2019 年以来的新高。参展观展人数达到 1769 万人次，较 2022 年增长近 5 倍，比 2019 年增长 28%。这些数据表明，广州会展业迎来了强劲复苏，显示出广州作为全球重要会展目的地的强大韧性与活力。

（二）基本盘扎实，竞争力全国领先

广州会展业长期服务国际贸易、促进内外联通、推动经济发展，形成了稳定的基本盘。2023 年，广州共举办 7 场面积超 20 万平方米的大型展会，均为全球同行业中规模最大的展会，占全年办展总面积的 45%。[②] 这些全球顶级展会的成功举办，扩大了广州会展业的整体规模和全球影响力。此外，

---

① 资料来源：中国国际贸易促进委员会广州市委员会《广州市 2023 年展览业发展专题调研报告》。
② 《2023 年广州会展业展览面积增长 2.5 倍，办展场次、面积位居全国第二》，网易，2024 年 2 月 2 日，https://www.163.com/dy/article/IPVDJ6BD05199NPP.html。

已持续在广州举办超过 10 年的专业展会共计 90 场，贡献了 2023 年办展总面积的 72%，为广州会展业注入持久动力，有力夯实了全市会展业的基本盘。另据中国会展经济研究会发布的《2022 年中国城市会展业竞争力指数报告》，广州会展业竞争力指数位居全国 105 个样本城市之首（见表 1），广州连续 8 年荣获"中国最具竞争力会展城市"称号。

表 1 2022 年中国城市会展业竞争力指数 TOP5

排名	城市	会展业专业竞争力	会展企业竞争力	会展基础设施竞争力	城市宏观环境竞争力	会展综合服务竞争力	会展业竞争力指数
1	广州	79.113	28.395	81.894	78.884	72.461	68.532
2	北京	31.533	78.000	88.988	88.035	51.607	62.705
3	深圳	55.833	30.188	73.868	84.760	38.156	57.972
4	成都	52.975	22.446	69.784	77.115	56.435	54.931
5	上海	34.116	25.883	90.000	90.086	60.455	54.684

资料来源：中国会展经济研究会《2022 年中国城市会展业竞争力指数报告》。

（三）会展设施扩容升级，服务能力显著提升

近年来，广州新建和改造了一批高标准、多功能展馆，如广交会展馆 D 区、灵感创新展馆、富力环球时尚博览中心、广州越秀国际会议中心等，提升了会展设施的整体水平。截至 2023 年，全市展览场馆室内展览面积超过 76 万平方米（见表 2），位居全国第二。广交会展馆 D 区投入运营后，琶洲地区广交会展馆已成为全球规模最大的会展综合体，总建筑面积超 162 万平方米，展览面积达 62 万平方米，其中室内展览面积超 50 万平方米。广州展览场馆体系初步建立，供给更加丰富，空间能级大幅提升，功能更加完善。同时，广州会展业在数字化和智能化方面也取得显著进展，琶洲地区广交会展馆等场馆引入 5G 网络、人工智能导览等技术，提升了参展和观展体验。

表 2　截至 2023 年广州市展览场馆室内展览面积

单位：平方米

序号	展览场馆名称	室内展览面积
1	琶洲地区广交会展馆	504000
2	保利世界贸易中心博览馆	77800
3	广州国际采购中心	44000
4	灵感创新展馆	32700
5	广州白云国际会议中心	22000
6	南丰国际会展中心	20000
7	广州空港博览中心	18000
8	富力环球时尚博览中心	16000
9	广州南沙国际会展中心	20000
10	广州知识城国际会展中心	5274
11	广州越秀国际会议中心	3024
合计	—	762798

资料来源：中国国际贸易促进委员会广州市委员会《广州市 2023 年展览业发展专题调研报告》。

（四）结构优化，产业联动持续加强

近年来，广州在夯实电子、汽车、家具、家电、建筑、食品等传统展会基础的同时，积极引入新能源、智能制造、环保科技等新兴展会，如广州国际新能源汽车产业智能制造技术展览会、广州国际航空维修工程及地面服务展洽会（广州 MRO 展）等，吸引了大量创新型企业和新兴产业领军者，促进了传统产业与新兴产业的对接与合作。此外，中国（广州）美博会等展会通过与国际品牌合作，引进最新科技和产品，吸引了大量国内外专业观众前来参观洽谈，推动了产业联动。

四　广州会展业发展面临的问题与挑战

广州会展业作为城市经济的重要组成部分，近年来取得了显著的发展成效。然而，随着全球经济格局的不断变化以及市场竞争的日益激烈，广州会展业也面临诸多问题和挑战。

（一）"会展第一城"的地位受到挑战

广州是中国会展业的摇篮，凭借广交会的全球影响力和深厚历史积淀，长期在中国会展业占据领军地位，被誉为"会展第一城"。[①] 然而，随着上海在各项核心指标上的持续领先，这一称谓正逐渐受到质疑。同时，深圳会展业的迅速崛起使广州在粤港澳大湾区会展业的主导地位面临严峻挑战。

在全国层面，早在2022年之前，上海就已长期稳居全国会展业首位[②]，广州则在综合体量、年办展数量和展览面积等方面连续多年位居全国第二。2023年，随着市场需求回升，上海会展业恢复势头强劲，共举办展览681场，总面积达1732.67万平方米，已恢复至2019年历史最高水平的近九成。其中，国际展会共有246场，总展览面积为1471.49万平方米，占全市展览面积的84.93%，吸引了大量全球企业和观众，标志性的中国国际进口博览会等国际展会的影响力显著提升。在大多数关键指标上，广州与上海的差距逐渐拉大。

在区域层面，2023年，深圳共举办了195场展会，总展览面积达到1032万平方米，与2019年相比，深圳会展业实现了跨越式发展，规模接近广州。此外，深圳展会呈现大型化趋势，10万平方米以上的大型展会多达27场，是广州（14场）的近两倍；平均展览面积达5.28万平方米，超过

---

① 事实上，作为"千年商都"和对外开放的先行地，广州发展会展业有得天独厚的优势，并最早形成完善的硬件、软件配套体系。在很长的时间里，至少在外界的"认知"中，拥有"广交会"金字招牌的广州会展业是领先于上海的。

② 上海会展业发展的转折点有两个，一个是2010年上海世界博览会的举办，另一个是2015年"亚洲第一大展馆"——上海国家会展中心的落成。作为一个全球性的博览会，上海世界博览会的举办不仅确立了上海作为"会展中心"的地位，也大大提升了上海的国际影响力。2015年，室内展览面积达40万平方米的上海国家会展中心落成和投入使用，其展馆在硬件上超越了当时的广交会展馆。在上海国家会展中心落成后，广州数个知名大展开始迁移到上海。

广州（3.58万平方米）和上海（2.54万平方米），深圳已成为名副其实的一线展览城市。深圳国际会展中心①启用后，展会接待能力大幅提升，一些原本在广州举办的大型展会迁往深圳。深中通道的开通进一步增强了深圳会展业的辐射能力，其服务范围将有效扩展至珠江西岸。凭借在人工智能、信息技术、金融科技等领域的产业优势，深圳吸引培育了大量新兴展会。尽管广州会展业拥有深厚基础，但在区域联动和新兴科技产业展会方面面临来自深圳日益加大的竞争压力。

（二）"展强会弱"问题依然存在

会议活动作为会展产业链中的重要组成部分，具有更强的品牌升级和产业联动效应，能够带动知识经济和高端服务业的发展。然而，广州在会议市场的表现相对较弱。国际会议研究及培训中心（CIMERT）发布的《全球会议目的地竞争力指数报告》显示，2020～2023年广州全球会议目的地竞争力指数排名第四或第五，尚未进入前三。尽管近年来广州会议产业取得了一定进步，但与展览业相比仍显薄弱。

（三）缺乏行业领先的组展龙头企业

广州的组展企业②数量众多，但大部分规模较小、专业化程度不高，除中国对外贸易广州展览有限公司（见表3）外，缺乏大型组展企业，使广州在策划、承接大型国际展会方面能力受限，也影响了广州会展业的整体竞争力。尽管广州拥有广东鸿威国际会展集团有限公司和广州振威国际展览有限公司等实力企业，但它们与全国顶级组展企业相比仍存在明显差距，尤其是在市场占有率、品牌影响力及组织复杂国际展会的能力方面。

---

① 深圳会展场馆主要由深圳会展中心、深圳国际会展中心和坪山燕子湖国际会展中心三大专业馆构成。截至2024年底，深圳国际会展中心一期项目室内展览面积达40万平方米，二期建成后，室内展览总面积将达50万平方米。深圳会展中心室内展览面积达11万平方米。坪山燕子湖国际会展中心室内展览面积达3万平方米。

② 组展企业作为会展产业链的核心，既是会展活动的组织者，也是会展资源的整合者，能够有效带动产业链上下游企业的发展，同时提升区域的经济活力和会展品牌影响力。

表 3　2024 年中国十大展览公司

排序	公司名称	品牌指数	品牌来源	成立年份	简介
1	中国对外贸易广州展览有限公司	93.6	广州	1985	中国对外贸易中心集团下属公司
2	东浩兰生会展集团股份有限公司	92.5	上海	1993	上海证券交易所上市公司
3	中国国际展览中心集团有限公司	91.3	北京	1985	隶属于中国国际贸易促进委员会
4	上海市国际展览（集团）有限公司	90.0	上海	1984	上海证券交易所上市公司
5	杭州市国际会展博览集团有限公司	88.7	杭州	2021	由杭州商贸旅游集团和东浩兰生会展集团合资设立
6	上海博华国际展览有限公司	87.5	上海	1992	中外合资企业，由英富曼集团与上海华展国际展览有限公司共同设立
7	长城国际展览有限责任公司	86.3	北京	1995	隶属于中国长城工业集团
8	国药励展展览有限责任公司	85.2	北京	2001	中外合资企业，由中国医药集团和英国励展博览集团共同设立
9	西麦克国际展览有限责任公司	84.0	北京	1953	隶属于中机国际
10	浙江米奥兰特商务会展股份有限公司	82.7	杭州	2021	深圳证券交易所上市公司

资料来源：十大品牌网。

（四）会展业国际化水平有待提升

在国际标准认证方面，广州相对滞后。截至 2024 年 10 月，广州获得 UFI 认证的展览项目仅有 15 个，远低于深圳的 28 个和上海的 38 个。广州 UFI 认证会展企业数量为 19 家，明显低于北京（33 家）和上海（37 家），也低于深圳（20 家）。在国际展览企业举办的展览项目数量上，广州也处于劣势。根据中国会展经济研究会发布的《2023 年中国展览数据统计报告》

（见表 4），2023 年国际展览企业在中国举办的一类行业 TOP3 展览项目中，落户广州的仅有 1 个，而落户上海和深圳的分别为 6 个。此外，广州本地企业在境外自主办展的表现亦显逊色。2023 年，广州仅有 4 家企业在境外办展，共计办展 9 场，总面积为 8 万平方米，远小于杭州米奥兰特国际会展有限公司一家企业 109 场展会、总面积超 31 万平方米的办展规模。

表 4 2023 年国际展览企业在中国举办的展览项目（一类行业 TOP3）

单位：万平方米

一类行业	城市	展览名称	行业排名	展览面积	相关企业
医药	上海	第87届中国国际医疗器械（春季）博览会	1	33.04	国药励展展览有限责任公司
医药	深圳	第88届中国国际医疗器械（春季）博览会	3	19.00	国药励展展览有限责任公司
休闲娱乐	深圳	第31届中国（深圳）国际礼品及家居用品展览会	1	26.00	励展华博展览（深圳）有限公司
休闲娱乐	深圳	第31届中国（深圳）国际礼品、工艺品、钟表及家庭用品展览会	3	22.00	励展华博展览（深圳）有限公司
信息电子	上海	2023慕尼黑上海电子展 2023慕尼黑上海光博会 2023上海国际分析、生化技术、诊断和实验室技术博览会 中国（上海）机器视觉展暨机器视觉技术及工业应用研讨会	1	29.37	慕尼黑展览（上海）有限公司
信息电子	深圳	华南国际智能制造、先进电子及激光技术博览会	3	10.00	慕尼黑展览（上海）有限公司
设计	上海	2023设计上海展览会	2	5.90	柯莱睿（上海）会展有限公司
生活消费	深圳	第35届国际玩具及教育产品（深圳）展览会 第14届国际童车及母婴童用品（深圳）展览会 2023国际授权及衍生品（深圳）展览会	2	12.50	广州力通法兰克福展览有限公司

续表

一类行业	城市	展览名称	行业排名	展览面积	相关企业
汽车	上海	上海国际汽车零配件、维修检测诊断设备及服务用品展览会	2	33.04	法兰克福（上海）展览有限公司
零售	深圳	第17届中国（深圳）国际物流与供应链博览会 2023深圳国际跨境电商产品博览会	2	10.35	智奥鹏城（深圳）展览有限公司
交通物流	上海	2023亚洲国际动力传动与控制技术展览会 2023亚洲国际物流技术与运输系统展览会	1	19.97	汉诺威米兰展览（上海）有限公司
环保	上海	第24届上海环博会暨上海国际碳中和博览会	1	17.00	慕尼黑展览（上海）有限公司
家居	广州	2023中国广州国际家具生产设备及配料展览会	2	15.23	德国科隆展览有限公司

资料来源：中国会展经济研究会《2023年中国展览数据统计报告》。

五　促进广州会展业发展的对策建议

在"二次创业"背景下，巩固和提升广州国际会展之都的地位与功能必须从全球视野出发，结合国家战略和城市发展目标，全面提升行业核心竞争力，为广州建设中心型世界城市提供有力支撑。

（一）加快会展业大模型研发与应用，引领智能化发展

为推动广州会展业智能化、数字化转型，应加快会展业大模型研发与应用，发挥琶洲会展集聚区和人工智能与数字经济试验区的独特优势，促进会展业与大数据、人工智能等领域的深度融合。具体措施如下。

一是推动会展企业与大模型企业的协作。依托海珠区人工智能大模型示

范区，促进会展企业与大模型企业联合研发会展业大模型解决方案。海珠区已吸引50多家大模型企业入驻，形成完备的产业生态，为这一合作提供了坚实基础。

二是加大政策扶持力度，推动技术创新和应用落地。通过设立专项资金，鼓励会展企业加速数字化转型，推动大模型技术的商业化应用。同时，加强政策引导与企业合作，构建广州在技术、产业和市场方面的综合优势，推动技术快速落地并形成完整的商业闭环。[①]

（二）设立专门会议促进机构，推动会议产业发展壮大

为进一步推动广州会议产业的发展，建议在市文化广电旅游局内设立"会议促进局"或独立的会议促进机构。该机构将解决目前广州会议产业面临的管理职能分散、资源统筹协同不足的问题[②]，提供全方位的服务，支持会议组织者提升运营效率。

具体而言，会议促进局可借鉴美国芝加哥会议与旅游局（CCVB）[③]的做法，提供在线咨询、发布专业会议指南、筛选合适会议场地、简化申请流程等服务，确保各类会议能够高效、顺利举行。同时，会议促进局应提供酒店预订、交通安排、会议注册等一站式服务，提升广州作为国际会议城市的吸引力。此外，会议促进局应配备专业的团队，补齐目前广州会议产业在资源整合和市场推广方面的短板，通过专业服务提升会议产业的整体运营效率。

---

① 广州（琶洲）大模型创新服务中心已经为企业提供备案、培训等支持，推动技术创新和应用落地。

② 会议产业链与旅游产业链深度重合。会议通常在酒店、度假村和会议中心等场所举办，而这些场所基本上都归属旅游局的管理。会议产业链中端的会议服务公司（团队）很大一部分来源于旅行社，迄今为止，包括广州在内的许多城市，其会议服务工作大都由旅行社直接负责。根据广州市现行管理体制，市文化广电旅游局负责旅游事务，而市贸促会、市商务局（会展办）等会展促进机构在推动会议产业发展时也依赖旅游企业的参与。这种旅游、展览、会议分属多部门管理的体制和运作模式导致"会议"始终处于"旅游"与"展览"之间的夹缝地带，在一定程度上制约了广州会议产业的发展。

③ 自1896年设立全球首个会议与旅游局以来，美国开始步入由政府统一管理、协调和扶持会议、展览及旅游业的发展阶段。目前，美国几乎所有城市均设有"会议与旅游局"，这一模式已在多数发达国家普及。

（三）扶持壮大本土会展企业，提升市场主体实力

加大对本土企业的支持力度，壮大市场主体，提升广州会展业的核心竞争力和可持续发展能力。一是支持会展企业在广州深耕。聚焦在广州定期举办活动的国内外知名会展企业，鼓励其在广州设立分支机构、法人机构或合资公司，强化其在本地的业务布局和服务能力。二是推动本土会展企业兼并重组。鼓励广州本土会展企业采取收购、兼并、参股等多元化方式进行规模化扩展，实现集团化、跨区域发展，培育具有国际影响力的行业龙头企业。三是整合市属会展资源，组建广州国际会展集团。通过整合市属国有会展企业及场馆设施、吸纳社会资本组建广州国际会展集团，提升资源统筹能力，增强区域竞争力。该集团可依托市政府投资的展馆和会议中心吸纳专业人才和会展资本，按企业化模式运营，定位为广州本地会展平台型企业①，引领本地会展业发展。该集团应紧紧围绕地方经济发展大局，注重促进文化交流与合作，提升广州国际会展之都的品牌形象，同时避免对民营会展企业的发展造成挤压，最终实现经济效益和社会效益双提升。

（四）加强国际合作，提升会展业国际化水平

加强全球资源的整合与互动，深化国际合作，提高国际化水平。一是强化国际会展资源合作与引入。加强与国际会展组织和知名展览企业的合作，积极引进符合本地产业发展需求的国际知名展会，打造具有全球影响力的会展品牌。利用国家重大外事活动平台深化与中央部门及外国驻华机构的合作关系，提升展会的国际化程度，提高外资参展商比例。二是支持本土会展企

---

① 可研究借鉴杭州市会展集团有限公司、西安曲江国际会展集团以及国际典型案例如法兰克福展览公司、汉诺威展览公司的实践经验。杭州市会展集团有限公司于 2024 年 3 月 28 日挂牌成立，定位为杭州会展产业发展平台，有下属全资或控股企业 11 家、参股企业 1 家，拥有杭州国际会议中心、武林之星博览中心等场馆，管理杭州西湖博览会博物馆、杭州白马湖国际会议中心。

业"走出去"布局海外市场。鼓励广州本土会展企业在境外自主办展或与境外展会机构合作办展。通过强化政策和资金支持,帮助企业加快开拓海外市场。三是强化与国际展览行业权威机构的对接。积极对接 UFI 等权威机构,争取更多全球百强展会和行业领先展览项目落户广州。四是依托外事资源构建国际会展平台。充分发挥外国驻广州总领事馆和近百家境外商协会的资源优势,深化区域和国际会展业联动,构建服务粤港澳大湾区、辐射亚太的国际会展平台。

(五)强化产业联动,实现互促双赢

进一步强化会展业与本地产业的联动,实现相互促进、共同发展。一是构建产业链对接平台。依托广州会展资源优势,聚焦本土重点产业,以"供应链大会""采购洽谈会"等形式搭建精准的产业链对接平台,推动产业链上下游的高效互动与精准对接。二是加速创新成果展示与国际市场拓展。通过展会平台展示本土产业的创新技术和前沿产品,吸引国内外客户与投资者,提升市场认知度。同时,利用广州国际商贸中心地位策划国际展会,推动本土企业品牌与产品走向海外市场,提升"广州制造"和"大湾区制造"的全球竞争力。三是加强技术交流与知识传播。在专业展会举办期间召开论坛和研讨会,邀请行业专家与企业代表分享前沿技术和行业趋势,借助产业链企业集聚效应促进横向与纵向的知识交流,推动本土企业创新能力的提升。

(六)推动跨界融合,增强会展"引流"效应

推进跨界融合,增强外溢效应,强化会展业对扩大内需、对外开放和城市竞争力提升的带动作用。一是拓展招商功能,强化会展对产业的导入。充分利用大型综合展、专业展和高端会议,主动拓展会展的招商功能,深挖各类参展资源和合作机会。通过精准对接和长期跟踪,将参展商、观展客流转化为本地产业的长效合作伙伴,构建会展带动产业、产业反哺会展的双向赋能生态,增强会展对区域经济发展的拉动力。二是激发会展消费潜力,拓展

多元融合消费场景。发挥动漫节、家居展、车展等消费型展会的聚客优势，推动会展与商圈、餐饮集聚区、文化场馆、旅游景点等的精准对接。通过打造沉浸式、互动式消费场景，推动展会经济与体验式消费有机融合。三是创新"会展+全城"融合模式，扩大会展城市影响力。推广"全城皆展馆"的理念，鼓励文化艺术、时尚设计、动漫潮玩、汽车消费等展会走出传统展馆，延伸至博物馆、美术馆、音乐厅、图书馆、体育馆、历史文化街区、特色酒吧集聚区、创意餐厅等多样化场景，将会展活动与城市日常生活、文化资源深度结合，营造全城联动氛围，形成"会展+文化+生活"的融合体系。

（七）优化审批流程，确保营商环境持续优化

广州长期以来是国内最具竞争力的会展城市，但在营商环境方面仍存在一些问题亟待改进。一是简化审批流程。优化会展业审批制度，以简化、透明为原则，明确审批标准与时限，减少流程复杂和耗时过长的问题，为企业提供更充足的筹备和宣传时间，降低办展风险，提高招商招展效果与收益。二是降低安保成本。针对安保费用过高的现状，出台适配不同规模展会的指导意见，合理配置资源，并引入竞争机制控制费用。同时，鼓励应用先进科技手段如智能安防系统，减少对人力的依赖，提升安保效率。三是强化企业获得感。优化会展业营商环境，从企业实际需求出发，聚焦关键痛点。以企业感知为标尺，推动"小切口"改革，出台精准有效的举措确保政策落地见效，切实提升企业对广州会展业营商环境的认可度。

（八）建立产业智库，支撑高质量发展

依托市属综合性研究机构①，设立会展产业智库，核心职能包括以下两

---

① 会展业涉及商贸服务、产业联动、国际交往、文化交流、城市治理、宏观经济、区域经济等诸多领域。新时代，面对"端口延伸""介质改变""边界融合"等新趋势，展会的时空、场景和传播介质发生了颠覆性变化，传统的统计口径与研究方法已经无法满足产业发展需求。建立跨学科、深层次的专门研究机构是当务之急，需以系统研究与科学分析推动产业高质量发展。

个。一是行业监测与趋势分析。持续跟踪国内外主要会展城市的发展动态，监测行业变化并进行比较分析；聚焦会展产业链关键环节，及时提供前瞻性分析，为政府决策提供可靠依据。二是提升参与度，扩大话语权。积极参与或主导国际和全国会展业报告、榜单的编制与发布，展示广州在会展领域的核心优势与成就，巩固广州在会展业的重要地位，提升广州会展业的全球影响力。

B.13

广州市场采购贸易体系重构
与转型升级研究*

毛政才　王懿轩　王先庆**

摘　要：　本报告从广州专业市场的采购功能和模式出发，以市场采购贸易体系重构与转型升级为研究对象，剖析广州市场采购贸易体系的发展现状、存在的问题，探讨重构与转型升级的必要性及路径。研究发现，广州市场采购贸易体系虽有规模和特色，但在采购功能、产业链协同、市场服务等方面存在不足。本报告提出通过孵化品牌、优化供应链、加强产贸协同、拓展海外市场、建设电商选品中心等措施实现广州市场采购贸易体系重构与转型升级，以提升广州在全球贸易中的竞争力。

关键词：　市场采购　专业市场　国际贸易

引　言

在全球经济变革的背景下，市场采购贸易作为创新模式，正推动区域经济高质量发展。广州作为国际商贸中心和"千年商都"，凭借历史文化、产业资源和地理位置优势，在市场采购领域取得显著成就，但也面临国际贸易竞

---

* 本报告系广东白云学院 2024 年度重点课题"双循环新格局下国际贸易体系重构与高质量发展"（项目编号：GDBY002）的研究成果。

** 毛政才，广东白云学院市场采购研究中心执行主任、助理研究员，研究方向为区域经济、区域法；王懿轩，广东白云学院国际经济与贸易系教师，研究方向为城市经济、产业经济；王先庆，教授，广东白云学院应用经济学院院长、广东省商业经济学会会长，研究方向为产业经济、商贸流通、区域经济、消费经济等。

争加剧、供应链调整和数字经济崛起等挑战，市场采购贸易体系有待进一步优化。

市场采购是商品交易模式，也是整合供应链、提升产业竞争力、推动内外贸一体化的关键。广州市场采购贸易体系经过多年发展，已建立专业化采购网络，但在资源整合、产业链协同、品牌建设、数字化应用等方面存在不足。这些问题限制了广州在全球贸易中的影响力和竞争力，需要通过重构与转型升级来突破。

一 市场采购贸易的概念、基本模式与核心特点

（一）市场采购贸易的概念

市场采购贸易是商务工作中的固定术语，特指由符合条件的经营者在经国家商务主管部门认定的市场集聚区内进行的多品种、小批量、高频次的集合型外贸交易模式。这是一种新型贸易模式，它具有"采购即出口"的显著特征，核心是通过专业市场平台整合供应链资源，汇聚供应商与采购商，实现商品集中展示、交易与流通，形成规模化、集成化的贸易生态。这种贸易模式具有独特优势，它打破了传统贸易的一些限制，为众多中小企业参与国际贸易提供了便利途径。在经认定的市场集聚区里，商品种类丰富多样，经营者可以灵活采购。货值限制的设定既考虑了中小企业的经营规模，又保障了贸易的有序进行。而在采购地办理通关手续大大提高了贸易效率，减少了中间环节，使贸易更加顺畅。

（二）市场采购贸易的基本模式

市场采购贸易是一种独特且顺应外贸发展趋势的贸易模式。首先，符合条件的经营者是参与其中的主体，他们可以是境内外的企业或个人。这些经营者需在经国家商务主管部门认定的市场集聚区内开展采购活动。其次，该贸易模式对货值有所限制，单票报关单商品货值需在15万美元（含）以下。最后，完成采购后，要在海关指定口岸办理出口商品通关手续。这种模式有

221

效整合了市场资源，为众多中小企业及跨境电商提供了便捷的出口途径，满足了小单化、小批量、多批次的外贸需求，增强了贸易的灵活性与高效性。

与传统单点采购不同，市场采购强调平台化功能，主动对接上下游需求，协调生产、流通与消费环节。它突破了企业间直接对接的模式，形成"市场—采购商—供应商"多方协作网络，涵盖商品交易与供应链服务，是"贸易+服务"复合型业态。贸易主体包括专业市场、采购商、供应商及服务商，核心功能是将分散的中小企业供给与全球采购需求有效对接，推动贸易规模化发展。市场采购贸易与传统采购贸易模式对比见表1。

表1 市场采购贸易与传统采购贸易模式对比

对比维度	传统采购贸易模式	市场采购贸易模式
定义	企业间单点采购,以单一商品交易为主	专业市场内集合型采购,实现平台化、集成化,"采购即出口"
贸易主体	供需双方直接对接,无配套服务	专业市场、采购商、供应商及服务商多方协作
交易特点	单品种、大批量、低频次;信息分散,效率低	多品种、小批量、高频次;平台化运作,降低成本,提升议价能力
服务模式	被动服务,"等客上门",服务单一	主动服务,提供选品、撮合、定制等增值服务,提升客户满意度
核心优势	流程简单	降低成本,提升议价能力与品牌溢价;供应链协同,快速响应;数字化驱动,高效透明
适用场景	大规模、标准化产品采购,内外贸分离	与全球采购市场对接,推动内外贸一体化

资料来源：广州市花都区人民政府、广州市商务局、广州市统计局网站。

（三）市场采购贸易的核心特点

1. 单向性

市场采购贸易主要面向出口，旨在推动国内商品走向国际市场。这种单向性有助于优化贸易资源配置，提升产品国际竞争力，便于政府监管与扶持，促进出口贸易高效稳定发展，带动经济增长。

2. 经营资格开放

市场采购贸易允许境内外企业和个人申请经营资格，拓宽了贸易参与主体范围，打破了传统限制。这激发了市场活力，吸引了更多市场主体参与，促进了贸易繁荣与创新，推动市场采购贸易发展壮大。

3. 特定性

市场采购贸易限定于货物贸易，专注于实体商品交易，平台为指定市场集聚区，具备良好的基础设施和完善的贸易服务体系。在特定区域内开展贸易活动，便于管理监督，维护贸易秩序，释放集聚效应，降低交易成本，提高贸易效率，确保市场采购贸易规范有序运行。

二　广州市场采购贸易体系发展现状

（一）广州市场采购贸易方式试点及拓展

广州和浙江义乌、山东临沂一样，都是全国有影响力的商品集散地，因此广州也成为国家较早纳入市场采购贸易方式试点的城市。2016 年 9 月 8 日，商务部等八部委批复同意广州花都皮革皮具市场开展市场采购贸易方式试点。根据《广东省人民政府办公厅关于印发在广州花都皮革皮具市场开展市场采购贸易方式试点工作实施方案的通知》（粤办函〔2016〕613号）和《广州市市场采购贸易方式试点工作领导小组办公室关于公布广州花都皮革皮具市场集聚区范围的通知》（穗商务贸发〔2017〕1 号），广州市于 2017 年初开始在花都皮革皮具市场集聚区开展市场采购贸易方式试点。

广州作为国家级市场采购贸易方式试点城市，多年来积极争取国家和广东省支持拓区拓品类，积极探索发展新业态新模式，重视发展市场采购贸易，大力拓展市场采购贸易方式试点。截至 2024 年 8 月，万菱广场、中港皮具城、新大地服装城、流花服装批发市场、步云天地、南方大厦、广大商贸城、西城鞋业 8 个专业市场被纳入市场采购贸易方式试点。[①] 截至 2025

[①] 《广州现有专业市场 510 家　数字化转型取得成效》，中国新闻网，2024 年 8 月 13 日，https://www.chinanews.com.cn/cj/2024/08-13/10268091.shtml。

年 2 月底，广州市场采购贸易方式试点范围已扩展至市内 16 个专业市场，推动"广货优品"走向全球 140 多个国家和地区。2025 年 2 月 28 日，广州完成首单市场采购贸易预包装食品出口。当天，一辆装满饮料、方便面和罐头等食品的货车从广州白云区东旺食品批发市场驶出，该批货值达 2.5 万美元的预包装食品将由南沙港启运发往东南亚国家。截至 2025 年 3 月，广州可以通过市场采购贸易方式向 90 个国家和地区出口饮料、调味品、膨化食品、果蔬罐头、糖果和糕点等 10 类预包装食品。①

（二）广州市场采购贸易体系的构建

广州是全国专业市场最多、品类最全的国际商贸中心，市场采购贸易发展潜力巨大。2024 年，全市有 510 家专业市场，形成 15 个专业市场集群，商户数超 20 万户，带动就业人口超 150 万人，占全市就业人口的 10%以上。每日有 40 万名主播直播带货，品类超 100 万种。每天约有 50 万人来广州专业市场交易消费，其中 16%的客流会在市场驻留。专业市场对市场采购贸易方式的拓展十分有利。②

为响应相关文件精神，原广州市商务委③和广州市人民政府办公厅分别于 2017 年和 2020 年出台管理办法，规范化推进市场采购贸易管理工作，建立广州市场采购贸易联网信息平台，涵盖市场采购贸易各经营主体和贸易全流程，实现货物流、单证流、资金流、信息流的采集与汇聚，为贸易出口管理各部门提供数据信息支撑，为市场采购贸易各经营主体提供报关、报检、免税备案、结汇等服务，为小商品出口提供全方位一体化支持。

广州市自 2020 年开始探索市场采购贸易"广州模式"，推动市场采购贸易方式试点范围扩展，为商家提供一站式出口贸易服务。新模式下，市场

---

① 《首单广州市场采购贸易方式出口预包装食品顺利通关》，中国日报网，2025 年 3 月 1 日，http://gd.chinadaily.com.cn/a/202503/01/WS67c29f73a310510f19ee93ca.html。
② 张跃国、魏敏主编《广州国际商贸中心发展报告（2024）》，社会科学文献出版社，2024。
③ "广州市商务委"于 2019 年更名为"广州市商务局"。

采购备案时长由 40 天缩减到 5 天；货物通关、报关、验关流程只需 5 分钟。广州争取将更多专业批发市场纳入市场采购贸易方式试点，通过改革创新，打造全新的市场采购贸易链条，解决中小企业、个体工商户收结汇难、小批量货物出口难等问题，激发市场活力，充分释放国家政策红利。完善市场采购各经营主体管理体系，推动市区多部门信息共享，加强商务、海关、税务、市场监管等多部门联合监管。建立和优化对相关经营主体的监管工作方案，通过"黑白名单"制度加强规范和引导，推动市场采购贸易方式试点扩区工作稳步向好。研究和优化专业市场、场内实体商户"双备案"的新模式，压缩商户开办、上线备案等时间成本，打造市场采购综合服务中心，提供物流、报关、收汇等一揽子解决方案，让更多的中小企业和个体工商户足不出户即可在市场内完成相关备案工作和开展出口业务。从集聚区到采购商，从制度到机构，从规则到流程，广州构建了一个完整的市场采购贸易体系。

（三）广州市场采购贸易的规模

依托"千年商都"的商贸基础与政策创新优势，广州市场采购贸易体系形成了覆盖工业品、原材料、日用消费品等多领域的专业化、国际化采购网络。广州海关、广州市商务局、广州市统计局及政府公开文件统计数据显示，近年来广州市场采购贸易出口规模呈波动态势。2018 年，广州市场采购贸易出口额达 1580.9 亿元，占全市出口总额的 28.2%；2019 年，受国际贸易环境变动影响，广州市场采购贸易出口额回落至 1178.4 亿元，占全市出口总额的 22.4%；2020 年，广州市场采购贸易逆势增长 34.8%，回升至 1588.9 亿元，占全市出口总额的比重提升至 29.3%。[①] 作为全国首批市场采购贸易方式试点城市，广州依托政策创新优势，吸引了众多企业参与市场采购贸易，为出口增长提供了坚实的政策基础。同时，广州长期积累的商业资

---

① 《全力以赴拼经济！广州启动"益企行"企业服务年 四大攻坚行动护航企业》，"南方新闻网"百家号，2025 年 3 月 3 日，https：//baijiahao.baidu.com/s? id = 1825568528532871023&wfr = spider&for = pc。

源、成熟的市场体系以及广泛的贸易网络,使市场采购贸易体系能够迅速落地生根并发展壮大。

(四)广州市场采购贸易的分类

广州市场采购贸易覆盖商品种类广泛,涉及4600多个税号,主要集中于皮革皮具与箱包、美妆与洗护用品、珠宝与钻石、服装与家居用品、农产品与食品等领域。[①]

从市场分类来看,广州的专业市场可以分为内贸型市场和外贸型市场(见表2)。内贸型市场主要满足国内市场的采购需求,如江南果菜市场、一德路干货市场等。外贸型市场则主要服务国际采购商,如白马服装市场、红棉纺织品市场等。这些市场吸引了大量来自东南亚、中东、非洲等地的采购商。

表2 广州专业市场分类

市场类型	核心功能	代表市场	服务对象
外贸型	全球采购枢纽	白马服装市场、红棉纺织品市场	东南亚、中东、非洲等地的采购商
内贸型	民生保障与消费升级	江南果菜市场、一德路干货市场	国内经销商与终端消费者

资料来源:广州市商务局网站。

(五)广州市场采购贸易的客户来源

广州市场采购贸易体系通过"展会+市场"双轮驱动,构建了覆盖东南亚、中东、欧美及非洲四大区域的全球客商网络(见表3),形成了"区域聚焦、需求分层、模式多元"的贸易格局。2024年,广州市场采购贸易境外采购商数量突破50万人次,展现出强劲的国际竞争力和市场吸引力。

[①] 《广州:超1.5万家小微商户参与市场采购贸易试点》,"羊城派"企鹅号,2025年2月27日,https://news.qq.com/rain/a/20250227A08US400。

表 3　广州市场采购贸易主要客源

区域	采购商类型	核心品类	贸易特点	合作模式
东南亚	中小企业	服装、家居用品、电子产品	性价比高、交货快、需求稳定	长期合作、展会对接
中东	大型批发商、零售商	建材、五金、纺织品、高端消费品	采购规模大、注重品质与品牌	大额订单、品牌合作
欧美	品牌商、连锁零售商、进口商	时尚服装、高端箱包、化妆品、智能家居	高端化、设计导向、环保标准高	长期战略合作、品牌输出
非洲	小型零售商、个体户	服装、鞋帽、小家电	实用性强、价格敏感、潜力巨大	短期合作、现货交易

资料来源：广州市人民政府网站。

东南亚作为重要客源地，采购商以中小企业为主，核心品类集中于服装、家居用品、电子产品。得益于地理位置优势，贸易成本低、时效快，采购商单次采购量适中，注重性价比与交货速度。在合作模式上，东南亚采购商倾向于通过展会、专业市场采购活动建立长期稳定关系，2024 年参与广州展会的东南亚客商数同比增长 18%，订单履约率达 95% 以上。此外，东南亚市场对广州供应链的依赖度持续提升，尤其是在电子产品领域，广州供应商通过"定制化生产+快速响应"模式成功抢占东南亚市场份额。

中东采购商以大型批发商和零售商为主，采购规模大、订单金额高，对商品品质与品牌要求严格。核心品类包括建材、五金、纺织品、高端消费品，其中阿联酋、沙特阿拉伯客商对装饰品、家居用品的需求持续增长。2024 年中国进出口商品交易会（以下简称"广交会"）期间，中东客商数同比增长 32.6%，阿联酋客商采购装饰品订单金额超 5 亿元，展现出强劲的市场潜力。广州供应商通过"品牌化+高端化"战略，成功打入中东高端市场，尤其是在建材和纺织品领域，广州产品的市场占有率逐年提升。

欧美采购商以品牌商、连锁零售商和进口商为主，如美国沃尔玛、瑞典宜家等跨国企业通过广交会与广州商户建立长期合作关系。此外，欧美采购商对商品的品质、设计和环保标准要求较高，核心品类集中在时尚服装、高端箱包、化妆品、智能家居。贸易规模方面，2024年，欧美市场高端皮革制品订单量增长15%，美妆出口额超8亿元，法国、意大利为主要采购国。

非洲地区采购商以小型零售商和个体户为主，采购规模相对较小，但市场潜力巨大。非洲采购商的采购偏好集中在基础消费品，如服装、鞋帽、小家电等，注重产品的实用性和价格优势。但由于非洲市场的基础设施相对薄弱、物流条件不佳，其更倾向于短期合作和现货交易。据广州海关统计，2024年前7个月，广州海关关区企业与非洲的进出口贸易额约为578.0亿元，其中出口354.8亿元，主要为机电产品、劳动密集型产品。

三　广州市场采购贸易体系存在的主要问题

（一）体系化程度不高，采购功能尚未得到充分发挥

第一，广州市场采购贸易体系仍局限于传统交易，尚未充分发挥资源整合和价值创造潜力。以中间商为主导的采购活动主要集中在商品买卖和价格竞争方面，缺乏现代采购理念，导致采购流程僵化，无法为市场参与者创造更多附加值。

第二，尽管广州集聚了珠三角的制造业资源，但供应链协同机制不完善，导致资源错配。市场采购主体分散，缺乏规模化、专业化的采购联盟，增加了交易成本，造成资源浪费和效率低下。

第三，虽然广州建立了多个市场信息平台，但数据孤岛现象严重，信息分析处理依赖人工经验，缺乏大数据智能决策系统，难以实现市场信息的有效增值。市场品牌建设力度不足，专业市场以货品集散为主，缺乏差异化品牌战略，使"广州价格""广州标准"的国际影响力与贸易规模不匹配，难以满足新发展格局下的供应链枢纽节点功能要求。

（二）市场采购贸易体系与本土制造业产业链的协同度有待提升

广州市场采购贸易体系与本土制造业产业链存在显著断层，制约了产业

集群能级的提升。在原材料供给端，高端面料、精密元器件等关键材料对外依存度高，本土配套企业多集中于低附加值环节，部分专业市场仍以单一商品贸易为主，尚未形成"生产—采购—服务"闭环生态，这种结构性缺陷使产业链面临"高端失守、低端过剩"的风险。

随着全球供应链分工的调整以及国内产业结构的优化升级，广州市场的产业集群效应有所弱化。传统的"拼凑式"产业集聚模式难以满足高质量发展要求，导致产业链上的各个环节之间缺乏深度协同。虽有服装、皮具等传统产业集聚区，但企业间仍以简单地理集聚为主，缺乏技术外溢和协同创新机制，导致同质化竞争加剧。

（三）专业市场的服务能力尚未充分激发

现有服务体系难以满足市场采购贸易体系高端化发展的需求，成为转型升级的主要障碍。广州传统集散型市场的经营模式以"等客上门"为主，依赖商品批发与转口贸易，商户缺乏主动营销意识，在当前竞争激烈的环境下难以满足采购商对一站式服务的需求。

此外，现有市场服务内容同质化问题严重，大多服务商仍聚焦报关报检、物流运输等基础服务，在供应链金融、品牌咨询、合规认证等增值服务领域存在明显短板。特别是在国际化服务能力建设上，多语言服务覆盖面窄，熟悉东盟、中东等新兴市场法规的专业人才匮乏，导致企业开拓"一带一路"市场时面临较高的合规风险。数字化转型进程中的服务支撑体系尚未健全，在智能合约应用、跨境支付结算等关键环节尚未形成标准化解决方案，难以有效降低企业的制度性交易成本。

四 广州市场采购贸易体系重构与转型升级的必要性

广州市场采购贸易仍然处于试点阶段，现行的市场采购贸易体系还需要进一步完善。更重要的是，要顺应市场采购贸易的未来发展趋势，重构分散而且体系化程度较低的市场采购贸易体系。另外，广州作为国际商贸中心，

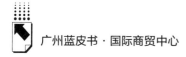

市场基础扎实，但在全国的专业市场发展版图上，其影响力却在相对弱化。深挖专业市场的贸易潜力，不仅有利于提升广州在国际贸易体系中的话语权、主导权和规则制定权，而且有利于广州专业市场在新发展格局中实现高质量发展。

（一）助力广州建设国际商贸中心，强化广州"千年商都"品牌

广州依托"千年商都"基础，正加速构建现代化市场采购贸易体系。政策层面需强化资源整合导向，通过专项资金支持物流、金融等配套服务协同发展，推动供应链数字化升级与交易模式创新。同时，应借势优化采购结构，通过国际商贸网络拓展吸引全球采购商，实现从区域枢纽向国际商贸中心的战略跃升。

（二）提升贸易话语权，重塑"广州制造"价值标杆

面对全球产业链重构趋势，广州需破解专业市场协同不足、标准化滞后、品牌溢价不足等核心问题。应重点构建现代化贸易生态圈，通过开展"广货优品"质量认证体系与国际标准接轨工程，增强在全球产业链中的资源配置能力。依托全球最大专业市场集群优势，建立覆盖服装、皮具等领域的贸易体系，重塑"广州制造"价值标杆。

（三）挣脱定价枷锁，提升贸易价格主导权

针对专业市场定价权缺失困境，需在皮革皮具等优势产业率先建立数字化交易平台，形成"广州价格"指数发布机制。借鉴国际成熟指数运作经验，将全球箱包供应链优势转化为区域性定价基准，推动从"价格接受者"向"标准制定者"转型。通过标准化体系建设和品牌价值提升，打破"量大价低"的传统贸易格局。

（四）应对规则挑战，补齐规则与标准制定权短板

聚焦珠宝、美妆等优势产业，联合国际组织推动"广州标准"纳入全

球贸易规则体系。建立智能化产品标准研发中心，前瞻性制定具有技术壁垒的质量规范。强化行业协会纽带作用，构建接轨国际的质量认证体系，在国际贸易规则重构中贡献"广州方案"。

五 广州市场采购贸易体系重构与转型升级主要对策

（一）强化品牌赋能，构筑广州市场采购竞争新优势

品牌孵化能力是衡量专业市场竞争力的关键指标。优质市场每年能培育二三十个有影响力的品牌，这些品牌通过平台提升知名度，继而发展成全国乃至全球知名品牌。这种模式为企业提供成长舞台，为市场注入发展动力。

品牌孵化需要市场平台提供全面支持，包括资源整合、展示平台搭建、营销渠道提供等，以提升品牌竞争力和影响力。广州专业市场在品牌孵化方面具有优势，形成了面向全球的培育体系。例如，白马服装市场作为领跑者，自 2010 年获"中国服装品牌孵化基地"称号后，持续加强品牌培育，设立首个商标品牌培育指导站，构建知识产权服务体系，为商户提供全方位支持。聚焦品牌孵化，围绕准入机制、品牌推广、引导提升及渠道拓展四大领域精选优质商户，提升品牌发展水平。白马服装市场通过专业孵化培育出一批有竞争力的服装品牌，这些品牌不仅在国内市场取得良好业绩，也逐步走向国际市场，提升了广州服装产业的整体形象。

（二）深化供应链整合，重塑广州市场采购高效链路

在全球贸易格局深刻变革的背景下，广州市场采购贸易体系亟须进行供应链的系统性整合与优化，不仅要实现商流、物流的高效分离，更要从采购商需求出发，构建全方位的供应链服务体系。通过重构供应链体系、强化服务功能，实现对采购全流程的高效支持和服务升级。同时，要充分发挥广州独特的区位优势，依托深厚的产业基础打造具有区域特色的现代化供应链服务模式，推动市场采购贸易体系的转型升级。

在市场采购领域，境外采购商普遍面临通关程序复杂、物流渠道不畅、

采购规模受限等多重挑战。针对这些市场痛点，专业市场需要建立供应链服务平台，整合通关、仓储、物流、金融等核心资源，为采购商提供全链条综合服务支持。这种整体性解决方案不仅能提升采购效率，更能显著降低交易成本，增强市场的国际竞争力。

作为市场采购贸易方式试点市场之一，广州中港皮具城在供应链优化方面进行了富有成效的创新实践。面对传统供应链模式存在的效率低、成本高、国际化程度不足等问题，中港皮具城通过搭建创新服务平台、推动数字化转型、整合产业链资源和提供金融服务等多维度举措，实现了供应链的全面优化升级。其中，创新服务平台整合了电商服务中心、跨境贸易服务中心和 4-IN 供应链平台等功能模块，为商户提供电商平台资源导入、线上采购商精准对接、外贸数据选品建议、主播和直播机构对接等全方位服务。① 中港皮具城的实践表明，通过供应链的系统性优化与创新，专业市场能够显著提升运营效率和服务水平，增强国际竞争力。这一经验对广州其他专业市场具有重要的借鉴意义，也为广州建设国际商贸中心提供了有益启示。

（三）推动产贸深度融合，激活广州市场采购产业动能

在全球产业链重构的背景下，市场采购与生产制造的协同发展是构建现代化产业生态系统的核心，通过整合设计、生产、展示、交易等关键环节，推动传统市场向现代化、专业化的服务平台转型升级。广州专业市场的优势在于与产业集群的深度融合，地理位置毗邻为市场采购与生产制造的协同发展提供了条件。

广州专业市场创新服务模式，为国际采购商搭建与生产制造环节的对接平台，整合设计资源，建立研发中心，提供个性化的产品设计服务，并协助精准对接优质工厂，实现全程协同。这种模式突破了传统市场的功能局限，形成了更具竞争力的价值链条。

---

① 《转型与突围：广州老牌专业市场和商户们的"二次创业"》，21 经济网，2024 年 4 月 26 日，https：//www.21jingji.com/article/20240426/herald/a8254368e7ac7a8a561599146232b58b.html。

为深化市场采购与生产制造的协同发展，越来越多的制造业企业在专业市场设立直播间或工作室，打造线上线下深度融合的展示和接单平台。这种创新模式缩短了采购商与制造商之间的距离，提升了订单对接效率，使专业市场成为连接全球采购需求与本地制造能力的战略纽带。同时，这种模式的推广为专业市场的数字化转型提供了新思路，推动传统贸易模式向智能化、数字化发展。

广州流花服装批发市场是国内较早建立的外贸服装批发市场之一，出口网络已覆盖全球 160 多个国家和地区，在推动市场采购与生产制造协同发展方面进行了富有成效的创新实践。该市场自主开发了全国首个专业市场跨境垂直服饰电商交易平台——LIUHUAMALL①，不仅为市场采购贸易提供了强有力的数字化支撑，更通过线上交易、直播带货等新型贸易方式，实现了市场采购需求与生产制造环节的无缝对接，显著提升了市场采购与生产制造的协同发展效率。这一创新实践为专业市场数字化转型提供了可复制、可推广的经验。另外，流花服装批发市场创新设立"市场采购外贸综合服务站"，为商户提供从交易、商品运输、组货拼柜、报关通关到收结汇的全流程一站式服务。② 这种综合服务模式不仅有效降低了中小企业的外贸运营成本，而且显著促进了市场采购与生产制造的协同发展。

未来，广州专业市场还需进一步深化市场采购与生产制造的协同发展，重点推进数字化平台建设、完善供应链服务体系、创新金融服务模式，打造更具国际竞争力的现代化专业市场体系。同时，要充分发挥广州在粤港澳大湾区建设中的核心节点作用，推动专业市场与制造业基地的深度融合，构建具有全球影响力的产业生态圈。

（四）构建海外市场拓展体系，拓展广州市场采购国际空间

在全球贸易格局深刻调整的背景下，广州专业市场正积极构建海外市场

---

① 《广州第 5 个试点市场落地，越秀市场采购贸易再添新动能》，广州市人民政府网站，2021年 11 月 8 日，https：//www.gz.gov.cn/ysgz/xwdt/ysdt/content/post_7875963.html。

② 《向海外出发！广州市场采购贸易拓展试点又一单出口成功》，羊城晚报网站，2020 年 9月 28 日，https：//ycpai.ycwb.com/ycppad/content/2020-09/28/content_1193753.html。

拓展体系，实现从被动等待客户到主动拓展市场的战略转变。在具体实践中，专业市场采取"抱团出海"策略，通过资源整合与统筹规划，组织数十乃至上百家商户共同参加广交会、迪拜展览会、亚洲时尚展、德国商品展、美国拉斯维加斯电子展等国内外重要展会。这种集体参展模式不仅显著降低了单个商户的参展成本，更通过规模效应提升了展示效果和品牌影响力，有效提升了广州产品在国际市场上的知名度，推动了广州产业集群与全球市场的深度对接。

以花都区为例，2023 年该区 18 家开展市场采购贸易业务的供货商及相关企业积极参加广交会，吸引了大量海外客商，取得显著成效。① 此外，在广州市商务局的政策支持和市场的统筹组织下，位于花都狮岭皮具皮革市场的企业多次组团参加国际知名展会，其中在 2023 亚太皮革展迪拜特展中，11家重点箱包皮具企业以"中国皮具之都""狮岭皮具"的品牌形象集中亮相，全面展示了产业集群的整体实力，获得了国际市场的广泛认可。② 这种以区域品牌为引领、以产业集群为支撑的国际市场开拓模式，不仅提升了广州专业市场的国际影响力，也为构建新发展格局下的对外贸易新模式提供了有益探索。

（五）打造电商选品中心，引领广州市场采购数字化变革

广州专业市场正推进电商选品中心建设，旨在从传统商品交易中心转型为现代化数据服务中心。此举不仅为海外买家提供智能化采购建议，还帮助市场掌握数据主导权，提升全球贸易话语权。电商选品中心利用产业集群优势布局直播基地，吸引不同区域市场的主播，形成专业化选品服务生态系统。主播基于区域市场特点提供选品建议和市场咨询服务，促进传统批发业

---

① 《花都区首次在广交会开设国家级市场采购贸易方式试点展示专区 18 家企业迎八方来客》，广州市人民政府网站，2023 年 5 月 6 日，https：//www.gz.gov.cn/ysgz/xwdt/ysdt/content/post_8962259.html。

② 《广东省广州市花都区狮岭镇国家外贸转型升级基地（箱包）组团参加 2023 亚太皮革展迪拜特展》，广州市花都区人民政府网站，2023 年 3 月 23 日，https：//www.huadu.gov.cn/zfxxgkml/gzshdqslzrmzf/content/mpost_8879692.html。

态与跨境电商深度融合。

电商选品中心创新运营模式，提供一站式服务，包括产品筛选、品质把控、价格谈判、物流配送，同时建立标准化产品信息库、质量管理体系和高效物流网络，帮助商户对接跨境电商渠道，推动业务模式创新升级。各专业市场根据自身特点形成特色电商选品服务模式，如美妆市场重点打造直播基地，服装市场重点发展时尚品类选品服务。

广州流花服装批发市场于 2023 年 4 月 3 日成立流花服饰跨境电商选品中心，提供产品展示、选品、供应链对接、线上推广等综合服务，并建设 24 小时共享直播间。该中心采取"平台负责供应链服务、主播专注直播带货"的模式，组织直播电商节等活动，邀请头部机构、关键意见领袖（KOL）进行合作，构建直播矩阵，实现国内外社交媒体平台全方位传播。同时，利用市场采购贸易政策优势，帮助中小微商户突破出口瓶颈，释放政策红利叠加效应。

通过建立电商选品中心，流花服装批发市场成功实现了传统服装批发市场的数字化转型，市场覆盖范围扩展至全球 160 多个国家和地区，显著提升了国际竞争力。未来，广州专业市场还需进一步加强电商选品中心建设，重点推进数字化基础设施升级、深化跨境电商服务创新、强化数据分析能力建设，打造具有全球影响力的数字贸易服务体系。

结　语

综上所述，广州市场采购贸易体系的重构与转型升级迫在眉睫且意义重大。在全球经济格局深刻变革、新发展格局加速形成的背景下，广州作为"千年商都"和重要商贸枢纽，其市场采购贸易体系虽取得一定成绩，但也存在诸多问题。通过孵化品牌、优化供应链、促进市场采购与生产制造协同发展等一系列举措，广州有望实现市场采购贸易体系的全面升级。这不仅能提升广州在全球贸易中的话语权、定价权，推动"广货优品"走向世界，而且将为构建新发展格局提供有力支撑。

B.14
推动广州汽车产业出海高质量发展的
难点及建议

李昊 何鑫 张小英 陈娟艺*

摘 要: 汽车产业对深入落实广州"产业第一、制造业立市"发展战略和推动"12218"现代化产业体系构建具有核心支撑作用,加速汽车产业出海有利于缓解广州汽车产销规模持续下行压力,提升广州汽车品牌国际影响力。近年来,广州汽车产业出海步伐明显加快,但仍面临运输环节不顺畅、国际贸易壁垒和市场风险增多、品牌竞争力有所下降、配套服务体系不完善等难点。借鉴国内外经验,本报告指出建立便捷的出口贸易机制、建设完善汽车出口贸易平台、推动政企商协同实现汽车全产业链出海的重要性,据此提出加快制定发展战略、建设汽车出口综合服务平台、政企商协同推进全产业链出海、创新出海服务机制、构筑海外经营风险防控体系等对策建议。

关键词: 汽车产业出海 汽车产业链出海 出口贸易

习近平总书记明确指出"要成为制造业强国,就要做汽车强国"①,强

---

* 李昊,博士,广州市社会科学院国际商贸研究所副研究员,研究方向为粤港澳大湾区贸易、金融;何鑫,博士,广发银行交易银行部高级经理,研究方向为跨境金融、国际法;张小英,广州市社会科学院国际商贸研究所副所长,研究员,研究方向为商贸流通、商业地理与城市经济;陈娟艺,中山大学商学院副教授,研究方向为家族企业管理。

① 《汽车大国迈向汽车强国的必由之路》,人民网,2024 年 11 月 14 日,http://theory.people.com.cn/n1/2024/1114/c40531-40360778.html。

调"一定要把民族汽车品牌搞上去"①。20世纪50年代以来,我国汽车工业在砥砺奋进中发展壮大,在自主创新中实现跨越式突破,我国成为汽车产销大国,孕育了一批知名的民族汽车品牌,构建了结构完整、有机协同的产业体系。从2023年开始,我国已经成为全球第一大汽车出口国,汽车出口成为我国工业制造业在国际上实现"弯道超车"的重要方式。广州作为全国三大汽车重点产销基地之一,汽车产业在经济发展中占据重要比重。2023年,广州明确2035年建成世界领先的中国式现代化汽车生态城的发展目标;2024年,广州进一步提出建设"12218"现代化产业体系,将大力发展汽车产业摆在重中之重的位置。推进汽车产业出海是消化广州过剩汽车产能、推进外贸强市和世界领先的中国式现代化汽车生态城建设的重点工作,也是贯彻落实习近平总书记视察广东重要讲话、重要指示精神,推进省委"1310"战略、市委"1312"部署以及落实"产业第一、制造业立市"发展战略,助力广州高质量发展的重要要求。

一 中国汽车产业出海新趋势

全球汽车出口市场面临中国的强力竞争。自2023年起,中国汽车出口量超越日本和德国,跃居全球首位。中国汽车在新能源和智能网联领域不断取得技术突破,凭借显著的性价比和卓越的创新能力受到国际市场的好评。

(一)汽车产业发展新趋势引发出口格局变动

一是全球环保法规收紧为新能源汽车发展带来契机。随着公众环保意识的日益增强以及全球环保法规的持续收紧,汽车出口商必须满足各国对排放、能效、安全性等方面的要求,特别是在欧洲、北美等发达市场,汽车企业必须通过技术创新和绿色生产应对法规压力。二是智能网联汽车与三电技术取得突破性创新。中国在新能源汽车和智能驾驶技术方面提早布局,在电池、

① 《习近平:一定要把民族汽车品牌搞上去》,中国政府网,2020年7月24日,https://www.gov.cn/xinwen/2020-07/24/content_5529705.htm。

电机、电控以及车联网技术方面实现跨越式进步，在插电混动等节能汽车方面不断创新，为智能网联新能源汽车的发展提供了充足的条件，成功绕开西方市场发动机变速箱技术壁垒，发挥性价比优势，实现"弯道超车"。在2024年英国评估机构 Brand Finance 公布的全球最有价值的100个汽车品牌中，有22个中国品牌。海关总署发布的数据显示，2024年中国汽车出口641万辆，同比增长23%，世界第一大汽车出口国地位进一步巩固。新能源汽车出口128.4万辆，其中插电混动汽车出口29.7万辆，同比增长1.9倍。

（二）"一带一路"倡议带来新的出口商机

"一带一路"倡议为中国汽车制造业开拓海外市场提供了有力支撑。由于俄乌冲突，众多欧美汽车品牌纷纷撤出俄罗斯市场，而中国汽车品牌凭借高性价比、技术创新和完整的供应链体系迅速填补了市场空白，俄罗斯成为中国汽车海外出口的主要目的地。金砖国家支付系统的推出，为金砖国家汽车出口商提供了新的支付结算途径，简化了支付流程，减少了中间环节和交易成本，提升了资金周转效率。秘鲁钱凯港的落成和投入使用，缩短了中国与南美之间的海运时长，使中国汽车能够更迅速、更便捷地进入秘鲁及南美市场。中非新一轮的产能合作，为中国汽车产业进入非洲市场开辟了广阔的空间。中国车企利用产业链优势，根据共建"一带一路"国家和地区的具体需求，提供具有性价比的汽车产品，并通过在这些国家和地区建立销售网络和售后服务体系，进一步提升品牌的知名度和市场影响力。

（三）贸易模式创新推动出口多样化发展

一方面，二手车平行出口引起重视。平行出口作为一种能够迅速帮助车企实现资金回笼的模式，以操作灵活性和程序简便性受到业界关注。然而，该模式也存在合规风险以及售后服务跟进困难等问题，长期以来被视为汽车出口领域的边缘地带，未能得到政府的明确支持。2019年，中国发布政策支持首批10个地区率先开展二手车平行出口业务，承认了二手车平行出口的合法性。截至2024年，全国开展二手车平行出口业务的省份有27个。

2023年，南沙综保区二手车平行出口业务正式落地；2024年底，广州首个二手车平行出口服务基地启用，进一步完善二手车平行出口服务链条，有力推动二手车平行出口提速。另一方面，汽车出口贸易数字化转型加速。贸易数字化有效降低了交易与沟通成本，提升了贸易效率与品质，促进了消费者与企业便捷高效互动，使消费者能够全程深入参与产品的个性化设计与配置，满足其个性化和定制化的需求。近年来，汽车出口贸易数字化转型明显加快。汽车制造商纷纷建立线上营销渠道，如网站、App、小程序等，以便与潜在客户建立沟通渠道，使汽车销售流程越发顺畅，产品透明度不断提高，选择线上交易的消费者比例逐年提高。此外，汽车空中下载技术（OTA）升级作为一种新兴的服务模式，正获得越来越多消费者的认可。

（四）2025年汽车出口趋势预测

一是智能网联与新能源汽车进一步展现性价比优势。2025年，芯片集成、多合一电驱动系统以及智能能量管理等关键技术将实现重大突破。L3级别的智能驾驶技术预计将广泛应用于各类车型。同时，全固态电池和刀片电池等技术的持续进步，将增强新能源汽车的续航能力，使新能源汽车的百公里电耗降至10kWh以下。中国新能源汽车凭借高性价比有望继续获得国际市场的青睐。

二是共建"一带一路"国家和地区在中国出口市场中占主导地位。2025年，国际形势依旧充满不确定性。在俄乌冲突背景下，中国汽车制造商在俄罗斯市场的竞争优势有望进一步巩固。同时，东南亚与拉丁美洲市场尚未达到饱和状态，非洲市场亦呈现巨大的开发潜力。然而，欧美日市场对中国新能源汽车所设立的贸易壁垒在未来一段时间内难以被彻底消除。因此，进一步优化在共建"一带一路"国家和地区的市场布局将继续作为中国汽车出口战略的核心方向。

三是跨境电商助力汽车出口贸易打破壁垒。2025年，数字贸易的发展将从传统商品领域扩展至汽车领域。互联网平台的兴起打破了地理界限，为汽车出口贸易开辟了更多渠道，有助于打破关税、配额和技术壁垒，使汽车能够更便捷地进入全球市场，更快地满足全球消费者的需求。海外仓作为汽车出口贸易的重要枢纽，在目标市场利用仓储设施实现汽车的本地化销售和配送，有效缩短交货周期、减少物流成本、提升客户体验。上汽集团、比亚迪、长城汽车等汽车制造商已在海外积极布局。

二 广州汽车产业出海现状与难点

汽车制造业对广州经济发展起到举足轻重的作用。根据广州市统计局数据，2024年广州市汽车制造业纳税额占全市规模以上工业纳税额的26.0%，位居全市35个工业大类之首。但广州本土汽车出口量占全国的比重仍然较低，2024年广州本土汽车出口量突破15万辆，占全国汽车出口量的2.3%，其中新能源汽车出口7万辆，占全国的3.3%。从车企看，广汽集团出口量达12.7万辆，小鹏汽车出口量达2.3万辆，虽然同比增速均创历史新高，但总和不及吉利集团（40.4万辆）的一半（见图1）。

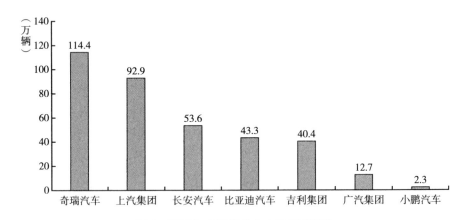

图1 2024年中国部分车企出口量对比

资料来源：广东省汽车流通协会。

（一）运输环节不顺畅

广州南沙汽车口岸是国内较大的汽车滚装码头之一，中欧班列广州国际港站点为共建"一带一路"贸易通道，广船国际是中国船舶集团下属华南地区最大、最现代化的综合舰船造修企业，彰显了广州作为全球汽车出口交通枢纽方面的显著优势，但广州汽车出口运输效率不高。一方面，陆路发货排期慢。根据广东省汽车流通协会反映，广州国际港发货排期普遍在 1~2 周甚至 2 周以上，而成都陆港发货排期可压缩至 1 周以内，由广州发货通过公铁联运经由成都至莫斯科相较于直接从广州国际港出发可以节省数日。另一方面，海运运力不足。2024 年全国主要滚装码头中，上海港滚装船运力占全国的 57.5%，而广州港仅占 8.7%，相当一部分车企和贸易商的出口业务不得已转往上海港办理。

出现以上难点的主要原因在于两方面。一方面，广州港海运航线不足。截至 2024 年，广州港汽车外贸滚装航线仅有 8 条，相较于上海港（超 80 条）明显不足，部分车企不得已选择将货物从广州发往上海再出口，大大增加了内陆运输成本。另一方面，广州国际航运滚装船运力不足。在全球五大滚装船公司中，广州港仅与 1 家有合作意向，而上海港与其中 3 家建立了合作关系。广州国际航运滚装船班次十分有限，若广州汽车出口贸易商错过了当月的某班船，则需等待半个月以上才能装船出口。而由于建造使用及闲置沉没成本高，广船国际等大型造船企业为广州建造国际航运滚装船的意愿不强。

（二）国际贸易壁垒和市场风险增多

随着国际贸易保护主义进一步抬头，2025 年广州汽车出口面临严峻形势。一方面，中国汽车出口关税歧视政策不减。2023 年初，土耳其提出对中国生产的纯电动汽车加征 40% 的关税，而对其他国家仅征收 10% 的关税。2024 年，美国财政部宣布美国生产的电动汽车中如果包含中国等国家制造或组装的电池组件，将不再有资格享受美国《通胀削减法案》提供的高达7500 美元的税收抵免。2025 年 2 月，美国宣布对包括汽车在内的中国进口商品加征 10% 的关税。另一方面，中国汽车出口反补贴调查变本加厉。欧盟为保护本土汽车产业，于 2023 年 10 月启动对中国新能源汽车的反补贴调查。2024 年 10 月 29 日，欧盟委员会称对中国新能源汽车的反补贴调查结束，决定对从中国进口的新能源汽车加征 7.8%~35.3% 的反补贴关税，为

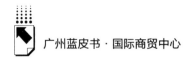

期5年，按其要求小鹏汽车反补贴税率将达20.7%，而广汽集团反补贴税率将达35.3%，严重影响汽车出口欧美市场。

出现以上难点的主要原因有两个。一是中国新能源车企发展迅速，对国际传统汽车强国车企造成威胁。欧美车企在电动化和智能化方面已经落后于中国，为了保护本土汽车市场，欧美国家纷纷以"新能源汽车产业链本土化、保护劳工就业、环境保护"等为由设立"反补贴、反倾销、碳关税"等贸易壁垒，不断为中国新能源车企的产品出口设置障碍。二是国际监管趋严，认证准入门槛高。目前，国际主要汽车认证标准包括联合国UNECE认证、欧洲E-mark认证、美国DOT认证、澳大利亚ADR认证、俄罗斯GOST认证、海湾GCC认证等。在各目标市场中，欧洲与美国的认证及法规尤为严格，包含整车安全、电池安全、数据安全、环保要求等多个方面。这不仅对中国车企在法规解读和技术标准方面提出更高的要求，而且出口的认证周期长、费用高，出口成本增加。

（三）品牌竞争力有所下降

2024年以来，广州汽车面临前所未有的挑战，特别是合资品牌销量出现断崖式下滑，产业转型形势堪忧，具体表现为传统燃油车领域优势不明显、新能源车领域创新力不足、品牌竞争力大不如前。一是传统燃油车领域优势不明显。2015年后，中国车企在发动机、变速箱上技术进步明显，产品力差距相对海外车企明显缩小。2018年，国产发动机已经接近德国大众同级别发动机。2020年后，比亚迪、一汽、东风、长安等车企推出的混动专用发动机的热效率（44%以上）已经超越丰田（40%）、日产（39%）、马自达（43%）等外资车企，部分车企还打破了某些高端配置不能在20万元以下车型配备的限制，在性价比方面显示出独特优势。广汽虽然也推出了自主品牌发动机，在热效率（42%）方面能够媲美外资车企，但较上述国内品牌仍有差距，且在性价比方面有待提升。2024年，广汽集团汽车销量同比下滑20.02%，其中广汽本田和广汽丰田两个合资品牌的销量下滑对整体销量产生了较大影响。自主品牌方面也不尽如人意，广汽埃安结束了高增长态势，全年销量同比下滑 21.90%。二是新能源车领域创新力不足。比亚迪、赛力斯等车企在三电系统、智能化配置方面加速创新，推出"易四方"技术平台、第五代刀片电池、无图自驾等新技术，而广汽集团在创新技术突破方面则表现平平。广州市统计局数据显示，2024 年广州新能源汽车产量占全市汽车总产量的比例为 22%，低于同期全国 41% 的平均水平。

出现以上难点的主要原因在于以下两方面。一方面，未能及时应对汽车产业转型挑战。以广汽集团为代表的广州汽车制造业长期以来保持良好经营态势，特别是合资燃油车在国内市场的占有率始终维持在较高水平，曾一度出现某种车型一车难求的现象，在享受红利的同时缺乏对市场变化的足够警惕性。另一方面，对发展智能网联新能源汽车的认知存在偏差。在广州合资车领域，日资方对电动汽车或者插电混动汽车的重视程度不高，错过了在中国发展电动汽车的时机，而氢能源技术又不成熟，加之其他多种因素，广汽集团未能与华为在智能化初期阶段展开合作，导致在汽车电气化、智能化转型方面落后于北京、上海、重庆、芜湖、长春等汽车工业重镇。

（四）配套服务体系不完善

2019 年至今，广州颁布了一系列新车和二手车出口政策，包括推动贸易便利化、支持企业在海外设厂、优化运输物流、加强品牌推广和市场开拓、支持和鼓励企业在汽车口岸建立二手车登记服务站等，但具体实施过程仍存在耗时长、流程多的问题。比如，汽车平行出口登记手续烦琐，需严格按照新车上牌规定预约、正式上牌，然后再摘牌进入二手车流通市场，涉及公共安全、车辆管理、交通运输管理等职能部门，耗时长、效率低、程序烦琐，不利于批量办理二手车平行出口业务。

出现以上难点的主要原因有两个。一是政策创新动力不足。二手车出口在国内尚处于试点阶段，政策尚存空白，部分职能部门出于对风险的考虑，政策创新不积极、不主动。二是部门之间未形成合力。汽车产业覆盖范围广、涉及职能部门多，部门之间责任分工不明确，产业沟通协调机制亟待完善，在整体工作统筹和项目推进上未形成合力。

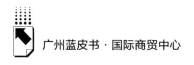

三　国内外支持汽车产业出海的经验和启示

（一）国内经验

1. 政策调整及时，扶持力度大

一是根据新形势及时调整政策。2023年，深圳推出《深圳市加快打造"新一代世界一流汽车城"三年行动计划（2023—2025年）》，并以年度为周期更新汽车出口政策。重庆发布《重庆市"渝车出海"行动计划》，提出建设全国领先的智能网联新能源汽车出口基地的发展目标。而广州仍沿用2020年发布的《广州市建设汽车国际贸易中心工作方案》《广州市人民政府办公厅关于促进汽车产业加快发展的意见》，难以应对当前汽车产业发展的新形势和新变化。二是政策扶持力度大。深圳提出对汽车制造企业和贸易型企业赴境外参加展会等给予政策支持，内蒙古明确表示为汽车企业参展展位费提供70%补贴，上海提出开辟二手车出口绿色通道等举措。广州相关政策普遍较为宏观，扶持力度相对较弱，落地效果不及预期。

2. 创新机制推进汽车出口流程便利化

一是创新机制、简化流程。苏浙地区采用无车上牌的方式，通过电子模拟上牌，大大提高二手车平行出口效率。重庆首推出口汽车故障件回收检测模式，助力汽车出口售后服务便利化。二是提供一站式服务，提升效率。上海开展新能源汽车多式联运"一箱制"服务和"全程不开箱"流程管理，压缩运输成本。义乌提供海事驻点服务，为客户提供集装箱装箱、海运危货适运申报、海事抽检查验等一站式现场服务。

3. 建设优质汽车出口贸易集散地

深汕特别合作区提出构建"一港一核三区四带"产城港融合发展新格局，深汕比亚迪汽车工业园覆盖4个大型汽车制造厂，汽车下线后仅需5分钟即可抵达小漠国际物流港区。汕尾海关为新能源汽车出口搭建绿色通道，综合运用"提前申报""预约查验""抵港直装"等便利化措施，最大限度压缩通关验放时间，提高通关效率，并完善"关地企"联络对接机制，定期会商协调解决小漠国际物流港码头进出口通关难题。柳州海关设立联络专员为新能源企业开展出口前风险评估，建立"一企一策一档"帮扶机制，联合海事部门实施"属地查验，抵港直装"通关便利化政策，打造一站式监管模式，做到"申报—查验—出证"不超过 48 小时，保障新能源汽车顺利出口。

（二）国外经验

1. 韩国：提供财政补贴，拓展海外市场，积极打造一体化二手车出口园区

一是提供财政补贴，拓展海外市场。自 20 世纪 70 年代起，韩国政府开始施行"汽车国产化"政策，旨在鼓励汽车制造商自主研发和生产汽车。以现代汽车为例，该车企于 1975 年自主开发并大量向非洲出口汽车，标志着韩国汽车出口开始了初步尝试。20 世纪 80 年代，随着全球化进程加快，现代、起亚等韩国车企开始大规模进军海外市场，尤其是在拉丁美洲、中东等地取得了显著成绩。面对 1997~1998 年的亚洲金融危机，韩国政府采取了一系列措施，包括提供财政补贴、优化产业结构等，支持汽车产业发展，这些政策为韩国汽车出口提供了有力保障，成功实现了逆境中的转型。截至 2024 年，韩国六大车企共出口了 278.26 万辆整车，创下 9 年来的新高。二是积极打造一体化二手车出口园区。韩国仁川港是韩国北部进出口贸易中心，二手车出口量占韩国总量的 70%~90%，2021 年仁川港湾公社（IPA）与 CAMAZON 股份有限公司签订协议，共同打造"仁川港智能汽车谷"，建设集停车、拍卖、检查、整备、零部件销售于一体，面积达 39.8 万平方米的二手车出口园区，计划在 2030 年实现年出口 100 万辆二手车。

2. 日本：依托海外基地实现整车出口，完善二手车出口管理体系

一是建设海外生产基地，实现产业链出海。20 世纪 60 年代，日本汽车出口量实现从 0 到 600 万辆的突破。进入 20 世纪 80 年代，以美国为代表的国家对汽车工业的贸易保护加剧，日本汽车出口开始从整车出口转向海外生

产，加快了在美国乃至全球各地建立本地工厂的进度，海外基地生产成为日本车企拓展海外市场的主要方式并持续至今。这一转变不仅帮助日本车企有效应对贸易壁垒，还进一步扩大了其在全球市场的份额。时至今日，日本依然是全球汽车出口市场的主要参与者。二是完善二手车出口管理体系。日本二手车出口管理体系非常完善。一方面，与行业协会协同制定政策法规。日本二手车流通政策除了国家层面制定的相关法律法规外，还包括日本经济产业省和国土交通省等产业主管部门及公平交易委员会、日本汽车评定协会等行业组织制定的行业规范和指导政策。另一方面，与出口国合作提高二手车出口检验效率。日本汽车评定协会、日本汽车出口检验中心有限公司等与出口国政府部门合作，结合出口国法规要求实施出口检验，出具检验报告并获得出口国政府认可，提高汽车出口的效率和信誉。

（三）对广州的启示

一是建立便捷的出口贸易机制。广州需要借助交通优势建立产销一体、便捷高效的整车出口网络，同时创新体制机制，特别是在审批流程上，要将面向消费者的检测、上牌流程与面向经销商的二手车平行出口流程区分开，进一步简化二手车出口流程，提高出口效率。

二是建设完善汽车出口贸易平台。中国汽车出口面临空前机遇期，亟须进一步完善海外售后服务体系，日韩建设汽车出口贸易平台的经验为广州汽车出口提供了重要借鉴。汽车出口贸易平台的设立能够整合汽车出口流程，形成一站式服务体系，还能加强统一监管和检测，面向国际市场宣传营销，提升汽车出口质量，形成规模和品牌效应。

三是推动政企商协同实现汽车全产业链出海。推动汽车产业出海，长期而言要通过政府、车企以及经销商协同加强在海外的营销布局，推进"全价值链"出口模式，最终实现全产业链出海。广州要在前期市场探索的基础上，适时通过"重资产"模式稳慎建设海外生产基地，推动产业集群建设，谋划全球化销售和服务网络，深度参与汽车产业链全球竞争。

四 推动广州汽车产业出海高质量发展的对策建议

（一）加快制定发展战略，激发汽车出口新动能

一是明确汽车产业出海战略总基调。建议统筹优化广州汽车产业出海布局，加强国际经贸规则研究，支持各区根据其产业特点出台促进汽车出口的政策，用好用足中央专项支持资金，分阶段有重点推进汽车产业出海，重点在测试、环保、售后等方面提升水平。二是强化核心技术自主创新。建议制定重大技术攻关政策，集中科研力量逐步突破智能网联等关键技术，支持整车企业加大出口车型开发力度，筑牢汽车出口的技术基础，巩固和拓展海外市场。三是制定差异化营销策略。建议通过举办宣介会等方式，加强与重点出口国家相关政府部门的沟通，全方位研究各国政策、法规和文化，针对不同国家的市场特点，采取"一国一策"的方式深度融入本土汽车产业链，借助当地资源增强产业发展能力，围绕汽车整车、动力电池、充电设施等领域建立完善有效的服务保障机制，推进汽车出口可持续发展。

（二）建设汽车出口综合服务平台，打造国际领先的汽车交易城

一是依托南沙自贸试验区加快建设汽车出口综合服务平台。建议依托南沙港现有建设基础，借鉴日韩二手车出口综合服务平台打造模式，建立完善出口运行分析系统和数据资料库，建设集拍卖、检测、咨询、整备于一体的综合汽车服务平台，一站式解决经销商在二手车出口方面遇到的一系列问题，打造国际二手车出口集散地。二是强化政务公共服务平台支撑。建议商务部门牵头指导相关行业组织、智库机构建设新能源汽车公共服务平台，开展政策法规、行业自律等方面的研究工作，在共性技术研发、供应链、物流、金融、法规标准等方面为企业提供公共服务。三是海陆协同健全国际物流体系。建议统筹全市海陆运力支持汽车出口业务发展。陆运方面，提高中欧班列发货总体量级，考虑建设产销一体汽车出口物流工业园，构建广州国

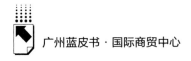

际港周边汽车物流配套服务生态；海运方面，积极把握中国与秘鲁合作开展钱凯港建设的机遇，拓展"一带一路"拉美汽车销售渠道，与广船国际协商自主建造国际航运滚装船，合力提升广州汽车出口航线运力。

（三）政企商协同推进全产业链出海，抢占国际汽车产业链重构制高点

一是政企协同推进车企"抱团出海"。建议推动本地车企与政府、经销商通过资本、技术、市场等合作建立对外投资共同体，支持车企参与海外设厂、合资、并购，优化二手车经销商海外营销布局，提高整车和零部件企业国际化水平，带动生产、技术、服务、品牌"走出去"，不断向价值链高端攀升。二是深耕共建"一带一路"国家和地区市场。建议积极对接金砖国家支付系统，主动参与中非新一轮产能合作，帮助企业积极应对国外贸易限制，为广州汽车产业出海营造公开、透明、可预期的国际贸易环境，切实推动广州汽车产业全球供应链稳定顺畅运转。三是发挥会展业优势提升国际品牌知名度。建议依托广交会优势，争取承办国际重要汽车赛事和展会，并针对潜在市场策划海外分会场，提供参展补贴和优惠措施，鼓励新车型、海外定制化车型等参展，开展汽车电影艺术节、汽车嘉年华等活动，提升广州汽车品牌国际知名度。

（四）创新出海服务机制，打造全过程一站式高效服务体系

一是创新政策简化二手车出口流程。建议建立绿色通道，参考苏浙模式对平行出口二手车进行虚拟上牌，提升合规性认证和检验检测能力，建立国际认证检验以及市场准入互认机制，为汽车出口减少烦琐的双边认证和检验检测流程，为汽车经销商降本增效。二是加快汽配服务数字化转型。建议创新汽配采购模式，搭建数字化供应链平台，注重打造线上线下一体化的"新零售"体验，充分利用跨境电商等新型贸易方式，更好地发挥广州汽配服务规模庞大、种类丰富、高效专业的优势，推动汽车出口贸易数字化转型升级。三是加大国际化人才培养力度。建议联合高校开设智能汽车相关专

业，增设国际贸易与汽车技术交叉学科，与跨国车企合作建立海外实训基地，从教育、政策、企业战略等方面构筑汽车出口人才培育和留用体系。

（五）构筑海外经营风险防控体系，为汽车产业出海保驾护航

一是建立共享平台，提升车企在海外建厂的抗风险能力。建议引导车企建立出海资源共享平台，共享制造、零部件供应、物流运输、云服务、数据库、安保等信息，共同遵守当地法律法规，高效协同开展工作，提前应对海外建厂可能带来的风险。二是整合力量推进一站式监管。建议在原汽车出口工作专班的基础上进一步整合相关部门人员和力量，在南沙港推行汽车集装箱出口一站式监管和"前置查验、批量验放"模式，实现汽车出口"提前申报—货到放行—抵港直装"，提升整车出运效率。三是加大汽车出口金融风险防范力度。建议支持金融机构与车企合作设立海外产业链建设专项基金，鼓励以"一事一议"方式扩大出口信用保险覆盖面，积极引导国内大型银行、保险等金融机构和广州汽车产业一同"走出去"，在满足出海车企和汽车经销商融资需求的同时降低海外经营风险。

商贸业运行篇

B.15
2024年广州消费品市场运行情况及建议

广州市统计局课题组*

摘 要： 2024年广州市大力推动"两新"政策落实落细，开展各项促进消费行动，多措并举助企惠民，政策"组合拳"效应显现，消费品市场运行平稳，总体规模再次突破1.1万亿元。但社会消费品零售总额累计增速低于全国全省、出行类商品对消费支撑动力不足、"穿"类消费需求呈现下降态势、通讯类消费需求不及预期、零售业企业经营承压有待破局等问题仍需关注。本文建议着力稳步提高消费底气、优化软环境提升硬实力、加大促消费活动力度、丰富新型消费场景、推动城市营销再升级，助推消费进一步筑基扩围、消费品市场健康发展、消费结构升级优化。

---

* 课题组成员：黄子晏，广州市统计局贸易外经处处长，统计师，研究方向为政府统计与公共管理；黄健芳，广州市统计局贸易外经处副处长、三级调研员，统计师，研究方向为政府统计与公共管理；周晓雯，广州市统计局贸易外经处商调队员，研究方向为政府统计与公共管理。执笔人：周晓雯。审核：黄子晏、黄健芳。

关键词： 消费品市场　国际消费中心城市　扩内需　促消费

2024 年广州市大力推动"两新"政策落实落细，开展各项促消费行动，着力提升居民消费能力，持续丰富消费场景、优化消费环境，政策"组合拳"效应显现，消费品市场运行平稳，总体规模再次突破1.1 万亿元。2024 年广州市实现社会消费品零售总额（以下简称"社零总额"）11055.77 亿元，同比增长 0.03%。[①]

一　2024年广州消费品市场运行基本情况

（一）政策持续发力，消费品市场规模连续4年实现超万亿元

随着各层级扩内需促消费政策落实落细，各项"消费促进年"活动全面推进开展，叠加节庆等消费旺季和节点，广州消费品市场潜力不断释放、规模进一步扩大，2024 年广州市社零总额再次突破 1.1 万亿元，达11055.77 亿元，比上年增加 43.15 亿元，连续 4 年实现超万亿元。近 20 年广州消费品市场展现强劲增长势头，"千年商都"底蕴深厚，不断扩容提质，2004 年社零总额 1565.46 亿元，2013 年突破 5000 亿元，2021 年突破1 万亿元（见图 1），2024 年市场规模分别是 2004 年、2014 年的 7.1 倍和1.8 倍。

（二）当月增速波动明显，全年累计增速以微增收官

从当月增速看，受需求不足、极端天气、网络零售和汽车零售增长乏力等因素影响，2024 年 3 月[②]以来社零总额当月负增长的月份有 8 个，仅 9月、10 月实现正增长。月度波动明显，3 月同比下降 2.5%；4 月、5 月降幅

[①]　如无特殊说明，本报告图表和正文数据均来自广州市统计局。

[②]　根据统计报表制度，1 月免报，2 月开始报送，1~2 月增速为累计增速，无 1 月、2 月当月增速。

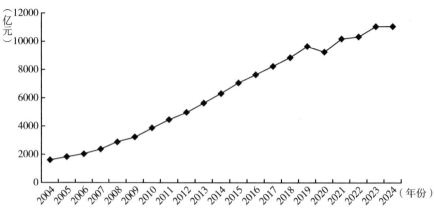

图1 2004~2024年广州市社会消费品零售总额

收窄；6月运行承压、降幅扩大，同比下降9.6%，为全年当月增速最低点；7月、8月当月增速回升企稳；随着消费品以旧换新等促消费政策密集落地，消费品市场快速回暖，9月、10月同比增速均为4.2%；各种促销策略刺激一些消费者产生提前消费行为，11月、12月促销效应相对减弱，增速又回落至负区间。

从累计增速看，社零总额1~2月同比增长6.5%，后逐步回落；1~7月同比下降0.3%，增速自2023年以来首次为负；1~8月降幅略有扩大，同比下降0.5%；随着"两新"政策持续显效，消费品市场加速回升，9月累计增速由负转正，1~9月同比增长0.1%；1~10月增速进一步回升至0.5%；全年消费品市场以微增收官，同比增长0.03%（见图2）。

（三）社零总额继续居广东省首位，增速高于沪京津

从总量看，2024年广州市社零总额（11055.77亿元），继续领跑全省，占广东省的23.1%，领先居第2位的深圳（10637.70亿元）418.07亿元、是第3位东莞（4446.26亿元）的2.5倍。在上海、北京、广州、天津、重庆5个培育建设国际消费中心城市中居第4位，比上海（17940.19亿元）、重庆（15677.37亿元）、北京（14073.65亿元）分别少6884.42亿元、4621.60亿元和3017.88亿元。

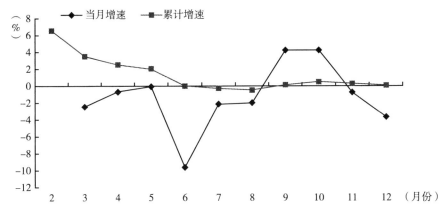

图2　2024年广州市社会消费品零售总额当月增速和累计增速

从增速看，在上海、北京、广州、天津、重庆5个培育建设国际消费中心城市中，广州社零总额增速（0.03%）位居第2，低于重庆（3.6%），高于上海（－3.1%）、北京（－2.7%）、天津（－3.1%）。在全省21个地市中，2024年广州社零总额增速位居第17，仅高于揭阳（－1.9%）、清远（－1.7%）和阳江（－0.4%），低于深圳（1.1%）（见表1）、东莞（0.5%）等城市。

表1　2023~2024年全国、广东省及主要城市社会消费品零售总额

地区	2023 年		2024 年		2024 年增速同比变化（个百分点）	2024 年广州与主要城市比较	
	社零总额（亿元）	同比增速（%）	社零总额（亿元）	同比增速（%）		总量差距（亿元）	增速差距（个百分点）
全国	471495.20	7.2	487894.80	3.5	－3.7	—	－3.47
广东	47494.86	5.8	47872.80	0.8	－5.0	—	－0.77
广州	11012.62	6.7	11055.77	0.03	－6.67	—	—
深圳	10486.19	7.8	10637.70	1.1	－6.7	418.07	－1.07
北京	14462.66	4.8	14073.65	－2.7	－7.5	－3017.88	2.73
上海	18515.50	12.6	17940.19	－3.1	－9.5	－6884.42	3.13
重庆	15130.25	8.6	15677.37	3.6	－5.0	－4621.60	－3.57
天津	—	7.0	—	－3.1	－10.1	—	3.13

二 2024年广州消费品市场运行特点

(一)批零住餐业"一降一增",商品零售为主要消费形态

2024年广州市大力实施提振消费行动,促消费与惠民生有机结合,积极提升消费者消费意愿、释放消费潜力。分行业看,住宿和餐饮业市场运行表现好于批发和零售业。广州市批发和零售业零售额连续两年超过1万亿元,2024年达10090.84亿元,占社零总额的91.3%;同比下降0.1%,增长动力较弱,市场仍需持续挖掘消费热点。住宿和餐饮业实现零售额964.93亿元,占社零总额的8.7%,增速从上年的较快增长(23.3%)放缓至同比增长1.8%,全年各月累计增速保持正增长,其中1~2月增速达10.2%,相对而言全年住宿和餐饮业零售额增长表现好于批发和零售业,增速比批发和零售业高1.9个百分点。

按消费类型分,2024年餐饮收入增速高于商品零售。商品零售规模为10130.43亿元,占社零总额的91.6%,同比下降0.1%;餐饮收入925.34亿元,同比增长1.6%。商品零售规模是餐饮收入规模的10.9倍。

(二)网络消费潜能积聚,线上消费支撑市场平稳增长

从消费渠道来看,随着数字经济和实体经济深度融合,网络消费成为扩大消费的重要引擎,持续为消费市场增长提供动力。第55次《中国互联网络发展状况统计报告》显示,截至2024年12月,我国网民规模达11.08亿人,互联网普及率达78.6%;其中,网络购物用户规模达9.74亿人,占网民整体的87.9%。[1] 2024年广州市限额以上批发和零售业通过公共网络实现商品零售额3070.00亿元,占全市社零总额的27.8%,同比增长3.9%,拉动全市社零总额增长1.0个百分点。

---

[1] 《网民规模超11亿!数字中国活力奔涌》,中国政府网,2025年1月17日,https://www.gov.cn/yaowen/liebiao/202501/content_6999530.htm。

餐饮数字化转型升级加快，线上化、智能化为消费者提供多样化的餐饮选择和个性化的服务体验，"触网"餐饮消费发展良好。2024年广州市限额以上住宿和餐饮业通过公共网络实现餐费收入156.56亿元，同比增长5.4%，高于全市住宿和餐饮业零售额增速3.6个百分点。

（三）"吃""用"类刚需消费扩大，家装家电、办公类"焕新"消费显成效，医药类健康消费提升，美妆类时尚消费潜力激发，体育娱乐类文体消费热潮高涨

2024年广州市限额以上单位在售的21个商品类别中，有13类商品零售额实现正增长，8类商品零售额同比下降，商品大类六成以上实现增长。

1. "吃""用"类刚需消费市场进一步扩大

粮油肉蛋奶果蔬等重要民生商品保供稳价，"米袋子""菜篮子"等供应充足。2024年广州市限额以上批发和零售业粮油、食品类商品实现零售额590.90亿元，占全市社零总额的5.3%，占比较上年提高0.5个百分点；同比增长9.0%，拉动全市社零总额增长0.4个百分点。其中，水产品类、蔬菜类、肉禽蛋类、粮油类、干鲜果品类商品零售额同比分别增长23.1%、12.0%、5.0%、4.8%和0.6%。随着居民生活水平逐步提升，日用品品类不断扩充，日用品需求随之增长。2024年广州市限额以上批发和零售业日用品类商品实现零售额359.27亿元，占全市社零总额的3.2%，占比较上年提高0.4个百分点；同比增长5.3%，增速比上年提高10.9个百分点。

2. 家装家电、办公类"焕新"消费成效进一步显现

广州积极推进消费品以旧换新专项行动落实落地，通过"政策+活动"协同发力，推动政企资源叠加形成聚力效应，推动消费品以旧换新工作取得成效并释放消费潜力。2024年广州市限额以上批发和零售业家具类商品表现亮眼，实现零售额52.72亿元，占全市社零总额的0.5%，同比增长55.4%，增速比上年提高46.7个百分点，拉动全市社零总额增长0.2个百分点。限额以上批发和零售业文化办公用品类、家用电器和音像器材类商品分别实现零售额218.77亿元和307.43亿元，同比分别增长9.6%和4.5%，

合计拉动全市社零总额增长 0.3 个百分点。其中，计算机及其配套产品零售额 202.16 亿元，同比增长 10.1%，增速比上年提高 2.8 个百分点。

3. 医药类健康消费进一步提升

随着健康意识的提升和医疗知识的不断普及，消费者对药品和健康管理服务的需求不断增长，健康消费需求愈加常态化。国家卫健委数据显示，2024 年我国居民健康素养水平达到 31.87%，比 2023 年提高 2.17 个百分点。城乡居民基本知识和理念素养水平为 44.46%，健康生活方式与行为素养水平为 34.45%，基本技能素养水平为 28.67%，较 2023 年分别提升 2.46 个、2.24 个、1.91 个百分点。[①] 从消费端看，医药类消费市场需求总体稳中有升。2024 年广州市限额以上批发和零售业中西药品类商品实现零售额 521.08 亿元，占全市社零总额的 4.7%，占比较上年提高 0.2 个百分点；同比增长 5.2%，增速比上年提高 3.4 个百分点，拉动全市社零总额增长 0.2 个百分点。

4. 美妆类时尚消费潜力进一步激发

广州市不断加强化妆品品牌培育和质量提升，打造化妆品产业集群，推动化妆品产业从"大体量"向"高质量"迈进。《2024 广州化妆品产业白皮书》显示，截至 2024 年 11 月，广州市化妆品生产企业数量达 1841 家，约占广东省总量的 56%，约占全国总量的 31%。在产值方面，广州市化妆品产业年产值超过 1000 亿元，占省比重超过 70%，规模居全国首位。[②] 广州化妆品产业已形成全域布局、全链条发展和多点开花的格局。在流通领域，广州拥有全国最大的化妆品交易集散地，消费空间不断拓展。2024 年广州市限额以上批发和零售业化妆品类商品实现零售额 354.09 亿元，占全市社零总额的 3.2%，同比增长 13.8%，拉动全市社零总额增长 0.4 个百分点。

[①] 《2024 年全国居民健康素养水平达到 31.87%》，中国政府网，2025 年 1 月 10 日，https://www.gov.cn/lianbo/bumen/202501/content_6997638.htm。

[②] 《【新华网】白皮书显示：广州市化妆品产业年产值超千亿元》，广东省药品监督管理局网站，2024 年 12 月 18 日，http://mpa.gd.gov.cn/xwdt/xwfbpt/mtzx/content/post_4625671.html。

5. 体育娱乐类文体消费热潮进一步高涨

2024 年，各项重磅赛事云集，运动热潮席卷而来，一系列利好政策出台，为体育消费市场发展提供了强有力的支持、赋予了无限活力。广州曾成功举办第六届全运会（1987 年）、第九届全运会（2001 年）、第十六届亚运会（2010 年），并将在 2025 年迎来首次由粤港澳三地联合举办的第十五届全运会。体育消费在挖掘消费市场潜力、助力经济增长等方面发挥了积极作用。2024 年广州市限额以上批发和零售业体育、娱乐用品类商品实现零售额 115.28 亿元，同比增长 13.1%，增速比上年提高 9.0 个百分点，拉动全市社零总额增长 0.1 个百分点（见表 2）。

表 2　2024 年广州市限额以上批发和零售业部分主要商品零售额

主要商品分类	商品零售额（亿元）	同比增速（%）	增速比上年增减（百分点）	拉动全市社零总额增长（百分点）	占全市社零总额比重（%）
汽车类	1228.29	−15.3	−20.6	−2.0	11.1
其中:新能源汽车	497.43	−12.5	−47.6	−0.6	4.5
粮油、食品类	590.90	9.0	0.1	0.4	5.3
中西药品类	521.08	5.2	3.4	0.2	4.7
服装、鞋帽、针纺织品类	454.58	−2.5	−17.8	−0.1	4.1
石油及制品类	422.04	−6.5	−3.4	−0.3	3.8
通讯器材类	410.42	−5.8	−9.2	−0.2	3.7
日用品类	359.27	5.3	10.9	0.2	3.2
化妆品类	354.09	13.8	−2.0	0.4	3.2
家用电器和音像器材类	307.43	4.5	−4.1	0.1	2.8
文化办公用品类	218.77	9.6	13.3	0.2	2.0
金银珠宝类	153.98	0.8	−5.4	0.0	1.4
饮料类	121.51	−3.4	3.9	0.0	1.1
体育、娱乐用品类	115.28	13.1	9.0	0.1	1.0
烟酒类	96.30	10.2	10.8	0.2	0.9
家具类	52.72	55.4	46.7	0.2	0.5
书报杂志类	36.74	−13.4	−11.1	−0.1	0.3

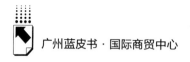

（四）11区社零总额呈"五增长、一持平、五下降"

从规模看，2024年11区位次与上年一致，天河区实现社零总额2113.48亿元，保持广州市体量最大且是唯一规模超2000亿元的成绩，占全市社零总额的19.1%。黄埔区、越秀区、番禺区、白云区分别实现社零总额1680.94亿元、1337.27亿元、1319.54亿元、1165.55亿元，均位列1000亿元梯队，分别占全市社零总额的15.2%、12.1%、11.9%和10.5%。规模超500亿元的海珠区、花都区、荔湾区社零总额分别为984.86亿元、867.56亿元和692.41亿元，合计占全市社零总额的23.0%。

从增速看，2024年黄埔区消费成绩单亮眼，社零总额同比增长6.1%，增速居各区首位，高于全市平均水平6.07个百分点，与位居第2的花都区（1.9%）相差4.2个百分点，拉动全市社零总额增长0.9个百分点。社零总额实现正增长的还有增城区、越秀区、白云区，同比分别增长1.6%、0.5%和0.1%，增速均高于全市平均水平。番禺区社零总额同比持平，其余5个区均出现不同程度下降，其中南沙区降幅为两位数，同比下降14.2%（见图3）。与上年增速相比，仅增城区实现提高1.5个百分点，其余10个区回落1.2~27.0个百分点。

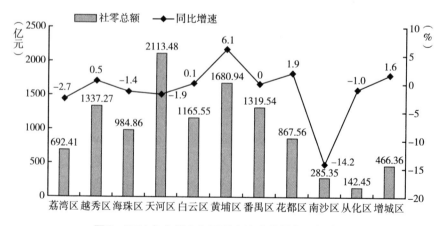

图3 2024年广州市各区社会消费品零售总额情况

三　消费品市场增长动力分析

广州市积极响应"2024年消费促进年"部署，扎实落实落细各项政策措施，出台系列支持举措，开展系列促消费活动、文旅活动，不断促进全市文旅商贸等多行业深度融合，努力激发消费活力。

（一）商贸企业扩容实现新突破

2024年5月，广州发布《广州市2024年优化营商环境工作要点》，明确了广州新一轮营商环境改革的"任务书"。营商环境不断优化，为经济社会高质量发展筑牢根基、拓展空间。截至2024年，广州市实有经营主体中有批发和零售业184.36万户，占全部经营主体的50.25%，数量比上年（168.77万户）增加15.59万户；1~12月新登记经营主体中有批发和零售业32.70万户，占比54.22%，数量比上年（27.12万户）增加5.58万户。[①]优化营商环境提质增效行动深入推进，企业全生命周期服务不断强化，企业健康发展。2024年广州市限额以上批发和零售业、住宿和餐饮业企业数量突破2万户，在库企业数量增势明显。截至2024年，广州市限额以上批零住餐业企业达22727户[②]，比2023年增加3780户，企业数量同比增长20.0%，增速比上年提高9.6个百分点。其中，限额以上批零业企业数量18854户，同比增长17.6%；限额以上住餐业企业数量3873户，同比增长32.7%，住餐业企业增势比批零业企业更加显著、企业经营预期及信心更凸显。

（二）网上零售升级实现再提高

随着营商环境不断优化、数字应用和适用场景不断完善，数字技术渗透

---

① 《2024年广州市经营主体发展情况》，广州市市场监督管理局网站，2025年1月23日，https://scjgj.gz.gov.cn/zwgk/sjfb/sczttj/content/post_10093277.html。

② 限额以上批零住餐业企业户数根据统计联网直报平台应报户数整理。

经济社会各领域,消费端和生产端数字化转型联动协同增强。近年来,广州顺应数字经济发展大势,多措并举激发电商创新动力、创造潜力和创业活力,推动电商持续健康发展。从规模看,2018 年广州市限额以上批发和零售业通过公共网络实现商品零售额突破 1000 亿元,为 1034.93 亿元,占全市社零总额的 11.75%;2021 年突破 2000 亿元,为 2209.07 亿元,占全市社零总额的 21.82%;2024 年突破 3000 亿元,达 3070.00 亿元,占全市社零总额的比重从 2016 年"八连升"至 2024 年的 27.77%。从增速看,2016~2022 年广州市限额以上批发和零售业通过公共网络实现商品零售额逐年增速均超 12%,2023~2024 年在规模达到一定阶段后有所放缓。其中,2020 年逆势高速增长,同比增长 32.5%,成为近 9 年增速最高值。2016 年以来①,广州市限额以上批发和零售业通过公共网络实现商品零售额增速均高于全市社零总额增速(见表 3),网上零售发展良好,为促进消费提供了有力支撑。

表 3　2016~2024 年实物商品网上零售情况

单位:亿元,%

年份	社会消费品零售总额		其中:限额以上批发和零售业通过公共网络实现商品零售额		
	规模	同比增速	规模	同比增速	占全市社会消费品零售总额比重
2016	7562.03	8.1	738.21	24.6	9.76
2017	8190.63	8.3	961.80	18.6	11.74
2018	8810.91	7.6	1034.93	18.4	11.75
2019	9551.57	8.4	1386.91	12.9	14.52
2020	9218.66	-3.5	1937.42	32.5	21.02
2021	10122.56	8.5	2209.07	12.6	21.82
2022	10298.15	1.7	2517.62	13.4	24.45
2023	11012.62	6.7	2835.20	8.9	25.75
2024	11055.77	0.03	3070.00	3.9	27.77

---

① 根据统计报表制度修订说明,通过公共网络实现商品零售额为 2014 年年报及 2015 年定期报表制度新增指标。

（三）消费政策护航实现再发力

2024年,《关于促进餐饮业高质量发展的指导意见》《国务院关于促进服务消费高质量发展的意见》《关于加力支持大规模设备更新和消费品以旧换新的若干措施》《关于完善现代商贸流通体系、推动批发零售业高质量发展的行动计划》《零售业创新提升工程实施方案》等政策接续出台,广州市各级有关部门积极落实、因地制宜推出细化实施方案,打出有力有效政策组合拳,着力挖掘消费潜力、激发消费活力、培育消费动能、优化消费环境,持续完善现代商贸流通体系,健全扩大消费长效机制。2024年11月25日,广州召开"拼经济稳增长·提振消费"新闻发布会,在提振居民消费方面提出"政策+服务"双轮驱动。① 广州在全省率先启动加力消费品以旧换新活动,争取中央超长期国债和省配套资金共43.7亿元,资金规模居全省第一。广州以旧换新拉动效果显现,全品类参与企业达3300家,累计带动销售额超过340亿元。

四　主要问题

（一）社零总额累计增速低于全国、全省

2024年,受国内有效需求不足、极端天气、基数逐步抬升、市场竞争激烈等多重不利因素影响,广州市消费品市场规模增速总体呈放缓回落态势。从全年趋势看,广州市社零总额增速仅1~2月(6.5%)高于全国(5.5%)、广东省(6.1%),1~3月开始均低于全国、广东省;1~7月(-0.3%)出现负增长;1~9月(0.1%)转正,但增速依然低于全国(3.3%)、广东省(0.7%);全年增速(0.03%)分别低于全国(3.5%)、

---

① 《发放亿元餐饮消费券!广州"以旧换新"带动销售额超340亿元》,广州市商务局网站,2024年11月25日,https://sw.gz.gov.cn/gkmlpt/content/9/9992/post_9992290.html#151。

广东省（0.8%）平均水平 3.47 个和 0.77 个百分点。

总体看，全国社零总额增长平稳，增速在 3.3%~5.5% 区间；广东省各月累计增速保持正增长，最高 1~2 月（6.1%）与最低 1~9 月（0.7%）相差 5.4 个百分点；广州市各月累计增速波动相对明显，最高 1~2 月（6.5%）与最低 1~8 月（-0.5%）相差 7.0 个百分点，增速差大于全国、广东省（见图 4）。

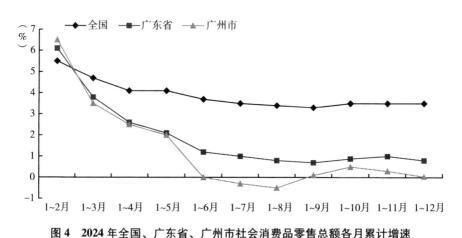

图 4　2024 年全国、广东省、广州市社会消费品零售总额各月累计增速

（二）出行类商品对消费支撑动力不足

一是受市场竞争加剧、其他地市政策分流、收入预期谨慎等因素影响，汽车消费市场遇冷。2024 年广州市限额以上批发和零售业汽车类商品实现零售额 1228.29 亿元，占全市社零总额的 11.1%，占比较上年回落 1.3 个百分点；同比下降 15.3%，增速比上年（5.3%）低 20.6 个百分点，拉低全市社零总额增速 2.0 个百分点。其中，新能源汽车类商品 2024 年 1~4 月零售额同比下降 2.6%，累计增速为 37 个月以来首次负增长；2024 年实现零售额 497.43 亿元，同比下降 12.5%，降幅比 1~4 月扩大 9.9 个百分点。

二是受新能源替代效应、价格下行、需求下降等因素影响，石油类商品零售规模持续回落。2024 年广州市限额以上批发和零售业石油及制品类商品实现零售额422.04亿元，占全市社零总额的3.8%，占比较上年提高0.2个百分点；增速自2023年1~6月（-1.6%）开始持续为负，2024年同比下降6.5%，降幅比上年扩大3.4个百分点，拉低全市社零总额增速0.3个百分点。

（三）"穿"类消费需求呈现下降态势

服装行业终端零售增长动力不足，2024年"穿"类消费总体呈放缓趋势，服装、鞋帽、针纺织品类零售额从1~2月同比增长10.2%的较快增速回落至负增长；下半年以来，除了1~9月微增0.6%，其他各月累计增速均为负增长，1~12月为最低谷。2024年广州市限额以上批发和零售业服装、鞋帽、针纺织品类商品实现零售额454.58亿元，占全市社零总额的4.1%；同比下降2.5%，增速比上年低17.8个百分点，与"吃""用"类差距较大，比粮油、食品类（9.0%）和日用品类（5.3%）分别低11.5个和7.8个百分点。其中，服装类商品实现零售额351.49亿元，占该大类的77.3%，同比下降1.6%，增速比上年低18.0个百分点；鞋帽类、针纺织品类商品零售额同比分别下降3.1%和13.0%，降幅大于该大类平均水平，增速比上年分别低13.3个和29.5个百分点。

（四）通讯类消费需求不及预期

受技术进步带来的耐用性提升、产品更新迭代周期放慢，以及市场有效需求不足、促销活动力度不一、行业内竞争、消费观念向可持续化转变等多重因素影响，通讯器材类商品需求较弱，消费新热点相对不足。2024年广州市限额以上批发和零售业通讯器材类、可穿戴智能设备类商品分别实现零售额410.42亿元和2.90亿元，同比分别下降5.8%和34.5%；合计拉低全市社零总额增速0.2个百分点。全年趋势看，通讯器材类零售额波动较大，1~2月同比增长20.9%，拉动社零总额增长0.7个百分点；1~6月增速由正转负，同比下降11.7%，拉低社零总额增速0.5个百分点；1~12月降幅较上半年收窄，但未扭转负增长局面，同比下降5.8%，增速比上年低9.2

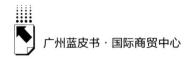

个百分点，行业复苏进程仍需夯实。其中，作为主导产品的智能手机零售额399.00亿元，同比下降3.6%，增速比上年低13.5个百分点。

（五）零售业企业经营承压有待破局

受成本压力、电商平台普及、同质化竞争、抗风险能力相对较弱、创新不足等因素叠加影响，零售业企业发展承压。零售业企业负增长面明显，头部零售企业支撑力相对减弱。2024年广州市限额以上零售业企业零售额下降的数量占全部零售业企业数量近六成。按单位规模划分，大型零售业企业单位数占比较低，占全部零售业企业数量的2.5%，但负增长面最大，达61.4%，大型零售业企业零售额同比下降7.4%，增速比上年低17.2个百分点；中型零售业企业负增长面达60.0%，中型零售业企业零售额同比下降0.7%，增速比上年低32.8个百分点。从零售业态看，有店铺零售降幅扩大，2024年限额以上零售业企业有店铺零售业态延续上年负增长态势，同比下降7.7%，降幅较上年扩大7.6个百分点；二是无店铺零售增速回落，无店铺零售业态零售额同比增长3.8%，增速比上年回落6.8个百分点。

五 对策建议

（一）找准惠民落脚点，着力稳步提高消费底气

消费是经济增长的重要引擎，一头连着生产发展，一头连着民生福祉。广州应坚持以满足人民日益增长的美好生活需要为出发点和落脚点，加强民生保障，夯实居民消费基础，提振消费信心，多点发力、多措并举让消费者敢于消费。持续完善援企稳岗扩就业政策体系，针对重点群体开展职业技能培训，搭建多样化就业对接平台，持续推动多渠道灵活就业，着力扩大就业岗位，聚力抓好稳就业、促增收相关工作。不断完善社会保障制度和救助体系，增加中低收入群体收入，降低医疗、教育、卫生、住

房、养老、育幼等社会服务成本，增强基本公共服务均衡性和可及性，做好民众基本保障，把促消费和惠民生结合起来，消除居民生活后顾之忧，提升居民消费意愿。

（二）找准服务共鸣点，着力优化软环境提升硬实力

随着消费日益成为拉动经济增长的重要力量，营商环境进一步成为关注点。一方面，良好的营商环境是吸引投资的基础，广州应以经营主体需求为导向，围绕提升政务服务效能、强化金融支撑、加强法治监管、创新体制机制、减税降费等多方面优化营商环境，接续出台各类助企纾困政策，全力解决影响和制约企业发展的难题，支持经营主体做大做强，将优化存量、拓展增量相结合，激发市场活力，有效促进经营主体在穗健康发展。另一方面，顺应居民消费升级趋势，推动公共服务与消费业态相匹配，加强消费监督，持续加强消费者权益保护工作，继续落实好《广州市"民生十大工程"五年行动计划消费者权益保护领域实施方案（2023—2027年）》等政策措施，全力营造放心、安心、舒心的消费环境。

（三）找准市场需求点，着力加大促消费活动力度

加大力度推动大规模设备更新和消费品以旧换新相关配套政策落地见效，明确对不同类别产品的补贴方案，简化以旧换新政策的操作流程，扩大宣传推介、做好政策解读，提高消费群体参与度，充分发挥汽车、家电、家装厨卫、通讯器材等重点领域消费的带动作用，激活存量市场。强化产供销、上下游、政银企、线上线下协同，整合多方资源，形成以旧换新政策实施合力。通过"政策+活动+场景"多方驱动，进一步加强市场资源聚集，广泛开展各类羊城欢乐购、国际购物节、美食节、音乐节、直播电商节、精品消费月、促消费主题活动、特色展销活动等，高效提升促消费扩内需等相关政策有效衔接，最大限度释放政策红利、提升政策效应，放大惠民利企作用、调动各方积极性，加强促消费活动的牵引作用。

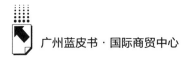

（四）找准业态融合点，着力丰富新型消费场景

落实好《关于打造消费新场景培育消费新增长点的措施》，大力发展绿色消费、数字消费、健康消费、银发消费等，积极引导各大商贸企业打造更多消费新场景，进一步促进线上线下互动融合发展，促进传统消费市场向"新"方向发展，通过优化服务、提升消费体验等，提高企业竞争力，深挖和释放消费新活力。加快改造传统商业综合体和街区，持续打造特色消费集聚示范区，积极招引名品名店，挖掘壮大免税经济、首店首发首秀、国货潮品、"她经济"等消费热点，合理布局业态，避免同质化竞争。加快业态融合发展，打造文旅、体育、演艺、展会、商务、住宿、购物、饮食等多位一体、产业链条健全的消费圈，强化关联行业发展良性循环，助力培育建设国际消费中心城市。

（五）找准品牌引爆点，着力推动城市营销再升级

深入挖掘本地文化内涵和特色亮点、独特优势和潜在魅力，开展系列城市营销宣传活动，促进公共服务功能提档升级，持续擦亮"千年商都""美丽花城""食在广州""会展之都""广式服务"等金字招牌，进一步提升城市知名度和影响力，促使广州成为各地消费者休闲、旅游、消费、康养的首选目的地。积极协调相关职能部门强化资源整合，不断探索创新营销理念、方法和渠道，加快形成联动政府和市场、融通虚拟和现实、贯穿线上和线下的商旅文体健融合消费矩阵，找准引爆点，持续打造宣传本土消费品牌，助力"羊城消费新八景"城市消费 IP 高质量"出圈"，统筹提升服务消费，以更具创意和吸引力的方式展现羊城魅力，深度释放消费潜力，全面提升广州万亿消费市场能级。

B.16
2024年广州外贸形势分析及2025年展望

陈万灵　蒋　韵[*]

摘　要： 2024年，广州外贸保持底子稳、结构好、动力足的发展态势，进出口总额达1.12万亿元，比上年增长3.0%。从结构看，广州进出口产品结构不断优化升级；民营企业进出口比重呈上升趋势，而国有企业、外资企业进出口比重有所下降；代表自主品牌的一般贸易占比不断提升，加工贸易占比则呈下滑趋势；跨境电商继续居全国前列。2024年广州外贸稳中有进、优中有升，2025年广州外贸将面临更多外部因素冲击，若政策发力点与产业升级节奏匹配，初步估计全年外贸仍有希望实现3%的增长。

关键词： 外贸形势　经贸环境　广州外贸

一　2024年广州外贸发展情况

（一）进出口贸易缓慢复苏

2018年以来，地缘政治风险加剧，全球经贸环境不确定性增加，广州外贸增长动力明显不足。2018~2024年，广州货物贸易进出口总额年均增长率为1.04%，其中出口年均增长率为2.51%，进口年均增长率为-1.11%。2022~2023年，受外部大环境的影响，广州外贸连续两年下降。2024年广州进出口

---

* 陈万灵，广东外语外贸大学国际经济贸易研究院教授、博士生导师，广州新华学院学科带头人，研究方向为国际贸易理论与政策；蒋韵，广东外语外贸大学国际经济贸易研究院博士研究生，研究方向为国际贸易与经济发展。

总额为 11238.38 亿元、同比增长 3.0%，出口总额为 7005.48 亿元、同比增长 7.8%，进口总额 4232.89 亿元、同比下降 4.0%。按美元计，2024 年广州货物贸易进出口总额 1579.58 亿美元，同比增长 1.72%；出口总额 984.61 亿美元，同比增长 6.40%；进口总额 594.97 亿美元，同比下降 5.18%（见表 1）。

表 1　2018~2024 年广州货物贸易进出口情况

单位：亿美元，%

年份	进出口		出口		进口		顺差
	总额	增速	金额	增速	金额	增速	
2018	1484.83	3.70	848.51	-0.50	636.32	9.80	212.19
2019	1449.40	-2.39	762.20	-10.17	687.20	8.00	75.00
2020	1375.80	-5.20	782.80	2.70	593.00	-13.90	189.80
2021	1674.70	21.60	976.40	24.83	698.30	17.35	278.10
2022	1639.45	-2.10	926.75	-5.06	712.69	2.05	214.06
2023	1553.04	-4.84	925.53	-0.13	627.51	-11.99	298.02
2024	1579.58	1.72	984.61	6.40	594.97	-5.18	389.64
2018~2024 年均增速	—	1.04	—	2.51	—	-1.11	—

资料来源：历年《广州外经贸白皮书》、广州海关。

2024 年，广州货物贸易进出口总额增速为 3.0%，较广东增速 9.8% 和全国增速 5.0% 低。其中出口增速比全国高、比广东低；进口增速为 -4.0%，广东与全国则分别为 12.5% 和 2.3%（见表 2）。

表 2　2024 年中国、广东省和广州市货物贸易进出口情况

单位：亿元，%

地区	进出口		出口		进口	
	总额	同比	金额	同比	金额	同比
中国	438468	5.0	254545	7.1	183923	2.3
广东	91126	9.8	58916	8.4	32211	12.5
广州	11238	3.0	7005	7.8	4232	-4.0

资料来源：根据中华人民共和国海关总署统计快讯、广州海关、广州市统计局、广东统计信息网简报、广东省商务厅数据整理。

国内外经贸形势复杂严峻，加上广州内需变化的不确定性，导致广州外贸增速波动较大。2024年，广州进出口增速整体呈先降后升的"V"字形变化：第一季度增速下滑，第二季度增速回升，第三和第四季度情况相对稳定。其中出口增速1~4月下降，4月达到谷值-43.5%，6月达到第一个峰值25.6%，此后保持相对平稳；进口增速先降后升，4月达到第一个峰值2.7%，8月后增速较为平稳（见图1）。

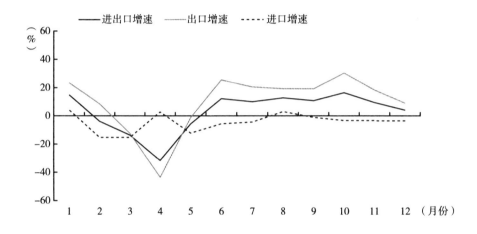

图1　2024年广州进出口增速月度变化

资料来源：广州海关。

（二）进出口产品结构略有调整

2024年广州进出口产品结构有所调整。从出口构成看，2024年广州农产品出口占比为1.40%，比上年下滑0.01个百分点；机电产品进口占比为45.20%，比上年下降1.09个百分点；高新技术产品进口占比为11.55%，比上年增加0.4个百分点。从进口构成看，农产品进口占比同比上涨0.44个百分点，机电产品进口占比下降0.25个百分点，高新技术产品进口占比提升2.31个百分点（见表3）。

2018~2024 年，广州农产品进出口份额整体呈提升趋势，机电产品进出口份额整体均下降，高新技术产品进出口份额则有所波动。

表3 2018~2024 年广州进出口产品结构
单位：亿美元，%

年份	出口额	出口构成			进口额	进口构成		
		农产品	机电产品	高新技术产品		农产品	机电产品	高新技术产品
2018	848.51	1.10	50.36	15.44	636.32	9.23	47.07	28.27
2019	762.20	1.12	51.30	14.45	687.20	8.18	44.94	29.47
2020	782.80	1.30	49.70	14.32	593.00	11.80	42.40	26.13
2021	976.40	1.14	49.70	15.82	698.30	12.30	37.40	22.86
2022	926.75	1.30	48.68	14.26	712.69	14.46	35.41	22.73
2023	925.53	1.41	46.29	11.15	627.51	16.36	32.74	21.19
2024	984.61	1.40	45.20	11.55	594.97	16.80	32.49	23.50

资料来源：广州海关。

（三）民营企业进出口份额继续攀升

2024 年，广州国有企业、外资企业进出口占比较上年下降，民营企业进出口占比有所上升（见表4）。2022~2023 年国有企业进出口额连续正增长，2024 年进出口额为 204.83 亿美元、同比下降 5.11%，占广州进出口总额的 12.97%、比上年下降 0.93 个百分点。民营企业作为广州外贸发展的重要力量，2024 年进出口额为 901.59 亿美元、比上年增长 4.92%，占广州进出口总额的 57.08%、比上年提升 1.75 个百分点。外资企业进出口额继续呈下降走势，2024 年为 467.46 亿美元、比上年下降 0.95%，占广州进出口总额的 29.59%、比上年减少 0.8 个百分点。可见，民营企业在助力广州外贸高质量发展方面发挥了越来越重要的作用。

表4　2018~2024年广州进出口主体结构

单位：亿美元，%

年份	进出口总额	国有企业		民营企业		外资企业	
		金额	占比	金额	占比	金额	占比
2018	1484.83	193.18	13.01	637.11	42.91	636.20	42.85
2019	1449.40	197.37	13.62	640.50	44.19	612.95	42.29
2020	1375.80	155.83	11.27	667.43	48.59	527.76	38.32
2021	1674.70	177.20	10.58	884.47	52.81	597.46	35.68
2022	1639.44	211.94	13.54	855.32	52.17	553.79	33.78
2023	1553.04	215.87	13.90	859.28	55.33	471.92	30.39
2024	1579.58	204.83	12.97	901.59	57.08	467.46	29.59

资料来源：广州海关。

（四）外贸市场呈现多元化格局

从主要贸易伙伴看，广州对美国、中国香港贸易呈增长态势，对欧盟、东盟、日本、非洲和拉丁美洲等则呈下降趋势。以美元计，2024年广州外贸总额同比增长1.72%。其中，广州对美国出口增长10.24%，对中国香港增长31.40%；广州对欧盟出口下降0.39%，对东盟下降4.35%，对日本下降8.39%，对非洲下降7.7%，对拉丁美洲下降18.34%。广州对美国贸易的上升空间依然存在，中国香港是广州重要的进出口市场。

从进出口市场结构看，广州外贸市场保持相对稳定。2024年，广州前五大贸易经济体依次是欧盟、东盟、美国、中国香港和日本，占比分别为16.2%、14.3%、14.2%、7.7%和6.7%，总计占比59.1%（见图2），比上年提高0.29个百分点。欧盟是广州第一大贸易伙伴，东盟对广州外贸也举足轻重，中国香港市场份额已超越日本、较日本高0.3个百分点；韩国和俄罗斯的份额同比分别提升0.13个和0.33个百分点，中国台湾与墨西哥则同比分别下降0.09个和0.16个百分点。

从出口看，2024年美国、欧盟、东盟、中国香港、非洲为广州出口

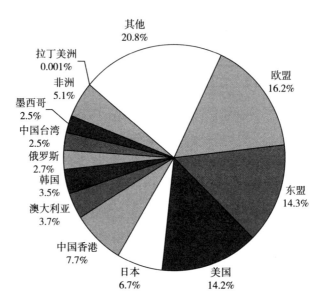

图 2　2024 年广州进出口贸易市场结构

资料来源：广州海关。

前 5 位经济体，出口额同比分别增长 12.72%、9.26%、-7.70%、32.19% 和 -6.74%，在广州出口总额中的占比分别为 16.86%、15.40%、13.65%、11.52% 和 6.15%，合计占比 63.58%。2024 年，广州主要出口市场构成变化不大，对美国、欧盟的出口占比有所提高；美国仍然是广州第一大出口国，出口额达 166 亿美元，占比从 2023 年的 15.92% 上升为 16.86%；对欧盟出口额为 151.62 亿美元，占比从 2023 年的 14.99% 上升为 15.40%。对东盟、中国香港、非洲出口占比下降，其中对东盟出口额为 134.41 亿美元，占比从 2023 年的 15.73% 下降为 13.65%；对中国香港出口额为 113.42 亿美元，占比从 2023 年的 9.27% 下降为 11.52%；对非洲出口额为 60.56 亿美元，占比从 2023 年的 7.02% 下降为 6.15%。广州出口市场结构未出现大的变动，对发达国家（地区）的出口额占比持续提升。

从进口看，2024 年广州进口前 5 位经济体分别为欧盟（17.51%）、东盟（15.35%）、日本（10.61%）、美国（9.91%）和澳大利亚（7.26%），合计60.64%，同比提升0.47个百分点，其增速分别为-11.74%、1.05%、39.51%、3.81%和10.42%。

（五）贸易方式继续调整：一般贸易上升，加工贸易下降

近年来，广州高度重视跨境电子商务、保税物流等新型贸易方式及其新业态的发展，一般贸易进出口额整体持续上升，加工贸易进出口额呈波动下滑趋势。2024年，广州一般贸易进出口额为1128.84亿美元，同比增长5.20%，占比从2023年的69.10%上升到71.46%；加工贸易进出口额为285.39亿美元，同比下降6.16%，占比从2023年的19.58%下降到18.07%（见表5）。另外，保税物流进出口总额为135.21亿美元、较上年下降8.33%，占广州进出口总额的8.56%、占比减少了0.78个百分点。

表5　2018~2024年广州不同贸易方式进出口情况

单位：亿美元，%

年份	进出口总额	一般贸易		加工贸易	
		金额	占比	金额	占比
2018	1484.83	696.36	46.90	402.08	27.08
2019	1449.40	709.82	48.97	362.24	24.99
2020	1375.80	706.70	51.37	280.31	20.37
2021	1674.66	923.66	55.15	353.04	21.08
2022	1639.44	1048.59	63.96	333.55	20.34
2023	1553.04	1073.00	69.10	304.13	19.58
2024	1579.58	1128.84	71.46	285.39	18.07
2018~2024年年均增速	1.04	8.38	—	-5.55	—

资料来源：广州海关。

从出口看，2024年广州一般贸易出口额达722.69亿美元，比上年增长9.46%，占出口额比重从2023年的71.34%上升到73.40%。加工贸易出口额为187.65亿美元，同比下降1.51%，所占比重从2023年的20.58%下跌到19.06%。可见，广州出口贸易结构不断优化，一般贸易出口份额持续上升，而加工贸易出口份额持续下降（见表6）。

表6　2018~2024年广州不同贸易方式出口情况

单位：亿美元，%

年份	出口额	一般贸易		加工贸易	
		金额	占比	金额	占比
2018	848.51	313.59	36.96	241.75	28.49
2019	762.20	320.16	42.00	214.97	28.20
2020	782.80	340.41	43.49	167.13	21.35
2021	976.33	489.04	50.09	207.01	21.20
2022	926.75	593.50	64.04	196.03	21.15
2023	925.53	660.24	71.34	190.52	20.58
2024	984.61	722.69	73.40	187.65	19.06
2018~2024年年均增速	2.51	14.93	—	-4.13	—

资料来源：广州海关。

从进口看，2024年广州一般贸易进口额达406.15亿美元，同比下降1.60%，但占广州进口额比重从2023年的65.78%上升至68.26%；加工贸易进口额为97.74亿美元，同比下降13.97%，占比从18.10%降至16.43%。可见，一般贸易对广州进口贸易的影响较大（见表7）。

表7　2018~2024年广州不同贸易方式进口情况

单位：亿美元，%

年份	进口额	一般贸易		加工贸易	
		金额	占比	金额	占比
2018	636.32	382.77	60.15	160.34	25.20
2019	687.20	389.66	56.71	146.79	21.36
2020	593.00	366.29	61.77	113.18	19.09
2021	698.33	434.61	62.24	146.03	20.91
2022	712.69	455.09	63.86	137.51	19.29
2023	627.51	412.76	65.78	113.61	18.10
2024	594.97	406.15	68.26	97.74	16.43
2018~2024年年均增速	-1.11	0.99	—	-7.92	—

资料来源：广州海关。

（六）跨境电商和数字服务贸易有新突破

2024年，广州数字贸易（包括跨境电商和数字服务贸易）加速渗透传统外贸体系，在政策红利、技术创新与区域协同中实现"量质双升"。

广州是最早开展跨境电商试点的口岸城市之一，2013年广州获批开展跨境电商业务，成为中国6个跨境电商业务试点城市之一，开启了"千年商都"跨境电商发展之路；2016年获批国家跨境电子商务综合试验区，当年跨境电商进出口额突破百亿元关口，2022年突破千亿元关口，2023年达2000亿元，2024年达2500亿元，占外贸总额的22.25%（见表8）。截至2024年9月，广州已集聚跨境电商企业超1000家，形成了从政策优惠、平台集聚到物流便利、金融创新等环节完整的跨境电商产业生态圈。① 广州拥有拼多多跨境电商平台Temu、速卖通等跨境电商平台头部企业，24家跨境电商园产业区集聚众多上下游企业，产业生态越发完善。进出口商品包括服装、化妆品、箱包皮具、珠宝首饰等传统贸易商品，以及新能源与高科技产品，进口侧正面清单税号约1400个，出口侧常用税号3000~5000个，且均为广州跨境电商优势产业，供应链完善。

表8　2018~2024年广州跨境电商贸易情况

单位：亿元，%

年份	跨境电商进出口额	广州进出口总额	占广州进出口总额比重
2018	246.80	9811.59	2.52
2019	385.90	10001.04	3.86
2020	472.00	9531.92	4.95
2021	742.70	10824.94	6.86
2022	1375.90	10948.18	12.57
2023	2000.00	10913.09	18.33
2024	2500.00	11238.38	22.25

资料来源：广州市商务局、广州海关及《广州统计年鉴2024》。

---

① 《海关助力跨境电商、展会经济成外贸发展新动能》，广州日报大洋网，2024年10月21日，https://news.dayoo.com/gzrbrmt/202410/21/170628_54735239.htm。

广州数字服务贸易高速发展。2018 年数字服务贸易额 55.07 亿美元，2022 年为 411.23 亿美元，年均增长 65.31%。2023 年数字服务贸易额为 450 亿美元左右，2024 年达 750 亿美元。广州人工智能、大数据企业出海，服务东南亚、中东企业数字化启航；游戏和数字内容海外市场发行提速，云计算、工业互联网赋能海外制造业数字化，形成"广州技术+海外场景"模式。2025 年，广州数字服务贸易将在政策突破、技术赋能、区域协同中迅猛发展，若能在跨境数据流通、数字金融等方面形成差异化优势，则有望从外贸大市迈向全球数字贸易标杆城市。

二 广州外贸发展机遇

（一）新兴市场助推广州出口市场多元化

美国关税政策的不确定性对我国外贸产生一定影响，广州应重视外贸市场多元化，加强与共建"一带一路"国家的合作，开拓东盟、中东、非洲、拉美等新兴市场，降低关税壁垒。共建"一带一路"倡议取得许多历史性成就，中国与共建国家建立了若干良好的合作平台和运行机制。金砖国家扩员，新兴市场与发展中国家有望成为全球经济发展和贸易的"加速器"。目前金砖国家在全球货物贸易中占比达 20%，但金砖国家内部贸易占各自对外贸易额比重仅为 10% 左右，说明金砖国家内部的贸易合作潜力较大，为广州外贸发展提供了新机遇。

《区域全面经济伙伴关系协定》（RCEP）全面生效和中欧投资协定谈判的不断推进持续释放红利。2024 年，我国对 RCEP 其他成员国进出口 13.16 万亿元，同比增长 4.5%。随着 RCEP 影响力的不断扩大，RCEP 成员国之间贸易投资合作不断深化，有利于广州开拓多元化贸易市场。中国与欧盟互为主要贸易伙伴，中欧合作将进一步增加中欧之间以及双方对第三方的贸易和投资活动。2025 年 3 月，欧盟委员会表示希望将搁置四年的《中欧全面投资协定》重新提升日程，中欧合作将给世界经济包容性增长带来稳定性和确定性。

（二）科技赋能产业升级和价值链跃升，外贸发展提"质"向"新"

近年来，人工智能、新能源、航天、医疗等多个领域实现突破性进展，中国科技呈现应用引领、局部突破、生态完善的特点，有望实现高附加值产品突围和数字化转型。

广州培育发展新质生产力卓有成效，不断塑造发展新动能新优势，将为各国提供更多高端、智能、绿色产品。在迈向高端化的过程中，广州积极推动海洋工程等高端装备产业的快速发展。2024年广州船舶和海洋工程装备出口额达192.2亿元，同比增长5.1%，为全球航运市场提供了10万标箱的集装箱运力，助力缓解全球航运压力，为全球海运贸易供应链稳定提供了保障。在智能化方面，广州推动科技创新和产业发展融合，智能操控、语音交互等新技术得到广泛应用，传统优势产品焕发新生机。在绿色化方面，广州新能源汽车等绿色产业蓬勃发展，2024年电动载人汽车、锂电池、光伏等"新三样"产品出口合计156亿元，增长19.29%，占出口总额的比重提高了0.2个百分点，为全球绿色低碳转型贡献了广州力量。

（三）政策支持与制度创新助力外贸稳增长

国内超大规模市场需求、稳固的内需、优良的市场环境是广州外贸得以快速发展的主要外部原因。广东省连续召开高质量发展大会，为广州打造高水平开放平台、建设现代化产业体系提供了指引。

2024年5月，财政部、海关总署、国家税务总局联合发布《关于延续执行中国进出口商品交易会展期内销售的展品税收优惠政策的通知》，对中国进出口商品交易会展期内的相关商品给予税收优惠政策。2024年1月，广东印发《中国（广东）自由贸易试验区提升战略行动方案》，明确支持广东自由贸易试验区南沙片区建设高水平对外开放引领区、打造高水平国际贸易枢纽区。广州印发《广州市推进粤港澳大湾区国际一流营商环境建设三年行动方案（2024—2026年）》《广州市贸易强市总体规划（2024—2035年）》，明确提出树立产业友好型、企业友好型、企业家友好型营商环境建设理念，提出六大方面24项改革举措共107项重点任务，以实施更多创新型、引领型改革助力广州建成国际一流营商环境标杆城市。"部级—省级—市级"政策组合拳形成政策合力，在优化营商环境、支持外贸新业态、创新贸易便利化措施等多方面为广州外贸高质量发展提供政策支持。

三 2025年广州外贸发展展望

受贸易摩擦、地缘冲突和成本上升等因素影响，2025年广州外贸企业面临较大考验。根据近年来广州外贸走势和GDP增速情况，预计2025年广州进出口增幅不会太大，总体呈现稳中有进、优中有升的态势，有望实现3%的增速，进出口总额重返1600亿美元，继续保持全国外贸的重要地位。

美国对贸易伙伴全面加征对等关税之"危"，可能给中国外贸带来新"机遇"。2025年，贸易紧张局势的压力及连锁反应可能给广州进出口增长造成负面影响，全球各地区分化趋势或许会更加明显，全球贸易布局可能也会受到波及。美国贸易保护主义加强了对伙伴国家的"壁垒"作用，但中国或许仍是美国伙伴国家出口市场的重要选择。

"五外联动"政策组合拳继续发力，推动广州外经贸发展。广东省政府工作报告指出，目前广东经济社会还面临不少难关和挑战，全球外部环境巨大变化给经济带来不利影响。广东作为外贸大省，面对贸易保护主义的挑战和冲击，2025年要继续挑起大梁，优化"五外联动"配合，推动外贸与外资同频共振、"引进来"和"走出去"一体发展、引资与引智协同联动，打造高水平对外开放枢纽。具体措施包括：稳量提质，助力外贸发展；打造大湾区统一大市场，吸引外资；主动对接国际经贸规则；等等。广州将持续利用"五外联动"政策组合优势，加快把粤港澳大湾区建设成为全球数字贸易领航区，推进内外贸一体化发展。

高质量共建"一带一路"有助于深挖广州市场多元化潜力。广州作为中国南方的经济重镇、国际贸易的核心枢纽，担当着海上丝绸之路起点城市的重要角色，与共建国家和地区有深厚的历史渊源，经贸合作空间巨大。

"一带一路"倡议已吸引全球超 3/4 国家和 32 个国际组织加入,金砖国家扩员,非盟跻身 G20 行列,发展中国家的群体性崛起将推动世界经济增长,有力促进世界外贸格局向多元化发展。广州积极参与高质量共建"一带一路",不断扩大国际贸易"朋友圈",有助于广州在全球范围内调动资源,参与构建外贸多元化格局,提升广州在全球外贸中的话语权。

世界各国需求逐步恢复,外需新变化指向新动能。新质生产力已成为当下"新风尚"。在 2024 年 10 月广交会首期线下展览中,参与品牌企业达 968 家,专精特新"小巨人"、制造业单项冠军及国家级高新技术企业等超 4200 家,电子产品及家电、新能源汽车及智慧出行、工业自动化及智能制造等展位超 8700 个,"新三样"、数字技术、智能制造相关企业约 3600 家,一批人形机器人、智能设备、无人驾驶产品等首次亮相。[①] 跨境电商、海外仓等外贸新业态成为不少外贸企业的选择,跨境电商因其线上交易、非接触式交货、交易链条短,已成为广州外贸的一支重要力量。

参考文献

《2024 年广州外贸"成绩单"出炉 进出口同比增 3% 连续四年破万亿》,《广州日报》2025 年 1 月 21 日。

《跨境电商进出口规模 9 年增 136 倍,广州再出招培育自主品牌》,《南方都市报》百家号,2024 年 12 月 11 日,https://baijiahao.baidu.com/s? id = 18181182460980161817&wfr = spider&for = pc。

《广州海关:外贸发展提"质"向"新",高端化、智能化、绿色化成果丰硕》,金羊网,2025 年 1 月 20 日,https://money.ycwb.com/2025-01/20/content_53194630.htm。

[①] 《新企业、新产品、新技术、新业态大量涌现 外贸"风向标"指向新动能》,新华网,2024 年 4 月 30 日,https://www.xinhuanet.com/20240430/8eea703ab6ad4bdd923bcfd39967616c/c.html。

B.17
2024年广州餐饮业发展特点
及2025年展望

梁志锐　庄彦青　程光明*

摘　要： 　2024年，在培育建设国际消费中心城市的背景下，广州市商务局会同相关部门以"食在广州"品牌为支点，撬动餐饮业价值链重构。广州餐饮业呈现"多维突破"特征，市场规模稳步扩大、餐饮结构多元包容、餐饮消费渐趋理性、消费场景不断创新。但广州餐饮业发展存在市场竞争加剧、居民消费信心不足、数字化发展不均衡、高端餐饮人才短缺、市场化推广不足等问题，基于此，本文从深化产业融合、强化品牌建设、提升数字化水平、优化市场环境、加强人才培养等方面提出广州稳定和扩大餐饮消费、推动餐饮业高质量发展的对策建议。

关键词： 　餐饮业　食在广州　服务消费

一　2024年广州餐饮业发展特点和存在的问题

2024年，广州餐饮营业额超千亿元，增速领跑一线城市。线上消费迸发裂变势能，住宿餐饮企业通过公共网络实现餐费收入增长5.4%，线上线下从"渠道整合"迈向"场景共生"。

---

* 梁志锐，广州市商务局商贸服务处处长；庄彦青，广州市商务局商贸服务处副处长；程光明，广州市商务局商贸服务处二级主任科员。

（一）广州餐饮业发展特点

1. 市场规模庞大且网点密度高

从规模维度看，根据《广州市餐饮业高质量发展规划（2024—2035年）》，2024年广州餐饮商事登记市场主体超过24万家，每万人拥有餐厅近134家，网点密度居全国之首，餐饮一刻钟便民生活圈全城覆盖，展现出强大的餐饮消费潜力和良好的行业发展前景。2024年这一优势持续巩固，为餐饮市场的繁荣奠定了坚实基础。

2. 餐饮结构多元且粤菜主导地位稳固

从结构维度看，广州餐饮业形成以粤菜为先、海纳百川、国际多元的特点。截至2024年，粤式餐饮门店超10万家，其中正餐类门店4.8万家，粤式餐饮门店数量占广州餐饮门店数量的比重超40%，门店数全国第一；其他地方特色菜类正餐门店3.5万家；国际美食类门店2.1万家且呈持续增长趋势。[①] 2024年，粤菜在传承经典的基础上不断创新，同时各地美食和国际餐饮品牌不断涌现，满足了消费者多样化的口味需求。

3. 理性消费成为新趋势

从消费维度看，在消费者更多追求低价、便利餐饮，而以商务宴请、公司团建为主的高端餐饮需求日益收缩的背景下，2024年广州正餐服务营业额增速（2.5%）处于低位，而快餐服务（6.8%）、饮料与冷饮服务（11.2%）增长势头良好，[②] 呈现出消费理性化的趋势。

4. 消费场景不断创新

从场景维度看，广州餐饮与旅游、文化、娱乐等产业深度融合，消费场景多元，满足不断变化的消费者需求。例如，"餐饮+旅游"使游客在品尝美食的同时感受广州的历史文化和城市风光；"餐饮+文化"通过举办美食文化节、主题餐饮活动等，让消费者在就餐过程中体验文化魅力；"餐饮+

---

① 《广州市餐饮业高质量发展规划（2024—2035年）》，广州市商务局，2024年3月，https：//sw. gz. gov. cn/attachment/7/7595/7595905/9621817. pdf。

② 数据来自广州市统计局经济分析材料，内部文件。

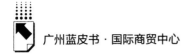

零售"模式逐渐兴起，餐饮企业通过开发零售产品，拓宽销售渠道，增加收入来源。

同时，广州夜间经济繁荣，夜间餐饮消费市场潜力巨大。众多餐饮企业、美食街区、夜市等延长营业时间，打造特色夜间消费场景，吸引大量消费者在夜间外出就餐，为广州餐饮业带来了新的发展机遇，如点都德实现了从早餐到夜市的全时段覆盖，通过提供不同时段的产品和服务组合满足不同年龄段消费者的需求。

（二）广州餐饮业发展存在的问题

1. 市场竞争加剧

餐饮市场主体数量众多，竞争激烈。小品牌在成本压力和市场竞争下出清加速，而瑞幸咖啡、肯德基等大品牌凭借品牌影响力、资金实力和抗风险能力，不断稳定市场地位。同时，日本炭烤汉堡排「挽肉と米」、清心手作等新兴餐饮品牌不断涌现，带来新的经营理念和菜品，加剧了市场竞争的激烈程度。

2. 居民消费信心不足

中低收入群体预防性储蓄倾向较高，工资性收入增速放缓与医疗养老等社会保障压力叠加，制约消费意愿释放。从居民储蓄看，广州市存款余额呈增长态势，其中住户存款增速远远高于存款余额，而居民储蓄大幅增加将降低居民购买力，在高成本和消费理性趋势下，中高端餐饮经营压力持续增大，导致行业整体增长动力不足。

3. 数字化发展不均衡

九毛九集团、岭南集团等部分大型餐饮企业和连锁品牌积极推进数字化转型，利用线上平台进行营销推广、外卖配送等，但仍有超过八成的中小餐饮企业依赖传统运营模式，线上订单占比不足30%，① 缺乏专业的数字化人才和技术支持，在数字化运营方面存在困难，难以适应市场发展的新趋势。

---

① 调研数据。

4.高端餐饮人才短缺

广州缺乏高端餐饮人才培养的高等教育机构和专业的研究机构，导致餐饮业在菜品研发、经营管理、市场营销等方面的高端人才相对匮乏，限制了行业的创新发展和品质提升。

5.市场化推广不足

餐饮投融资市场不够活跃，多数餐饮企业依靠自身积累，缺乏外部资金支持。同时，餐饮企业在品牌推广、市场拓展方面多为单打独斗，缺乏行业的有效整合和协同，难以形成强大的市场影响力。

二 推动广州餐饮业发展的主要举措

（一）政策支持与引导

1.出台专项规划

广州市商务局发布《广州市餐饮业高质量发展规划（2024—2035年）》，明确发展目标、任务和举措，围绕经济规模、市场主体、餐饮人才三大维度建立高质量发展指标，以文化引领、科技赋能、生态协同为核心，提出"强文"行动、"强链"行动等六大高质量发展行动，为广州餐饮业的长远发展提供了战略指引，广州是五大国际消费中心城市中率先出台餐饮业发展规划的城市。

2.发放消费券促消费

贯彻中央"把促消费和惠民生结合起来"的部署要求，广州市商务局遴选银联、美团、抖音等平台，组织发放1亿元"食在广州"政府餐饮消费券。定位在粤港澳大湾区的消费者均可领取消费券，设置"200-50""500-100""1000-200"三档券面额度。加强政策宣传，联合各区商务部门、行业协会举办活动宣讲会。支持近2000家企业加入活动，陶陶居、椰林海鲜码头、寿司郎等企业客流量显著攀升，并带动米其林、黑珍珠等精致餐饮迎来消费高峰，进一步释放餐饮消费潜力，资金撬动比达5.46%。

3. 兑现产业链扶持政策

对"餐饮+"、预制菜、数字化等优秀项目给予最高 200 万元经营贡献奖励，对餐饮类展览活动给予最高 150 万元补贴，支持行业协会和专业机构举办餐饮上下游产业展会，促进餐饮产业链发展。2024 年市级财政共拨付住宿餐饮行业支持资金超 1 亿元。其中，奖励新增限额以上住宿餐饮企业 737 家，推动行业入库纳统企业数量同比增长 21.2%；奖励扩大经营规模项目 144 个，政策覆盖行业营业额增量 112.29 亿元；补助具有示范引领性的转型升级项目 42 个，[①] 推动住宿餐饮企业连锁化、数字化发展。

（二）品牌建设与推广

1. 擦亮"食在广州"品牌

支持米其林餐厅发布会、全国餐饮品牌大会等在广州举办，提升广州餐饮业影响力和美誉度。策划举办首届 Young 城点心季，在北京路商圈、永庆坊、珠江夜游码头等旅游地标设置点心打卡装置，扩大传播效应；举办 2024 年广州国际美食节，创新举办第二届广州精品美食周，将行业盛会升级为城市盛事。广州市市场监督管理局会同商务、文旅部门开展"食在广州"评价认证工作，52 家餐厅、28 个品牌食品和 6 家名店分别获评"食在广州"星级餐厅、品牌食品和名店，[②] 推动餐饮企业品质化发展。

2. 培育壮大市场主体

开展"强企"行动，梳理认定一批餐饮老字号，推动传统餐饮企业数字化转型升级。实施广式点心拓展战略，支持以点都德为代表的广式点心企业拓展国内外市场，建立核心品类标准体系，形成统一的地理形象标识。

3. 打造特色餐饮集聚区

构建"5+3+N"餐饮集聚区总体布局体系，在中心城区品质化提升餐

---

① 数据来自广州市商务局。
② 《广州发布第二批"食在广州"星级餐厅、品牌食品、品牌名店名单》，广州市人民政府网站，2025 年 1 月 27 日，https://www.gz.gov.cn/zwgk/zdly/spypaq/xyxx/spcy/content/post_10096199.html。

饮核心区，在外围城区差异化打造餐饮特色区。集中资源培育建设越秀北京路美食区、海珠广州塔—琶醍美食集聚区、天河CBD中西特色美食集聚区，培育N个满足大众需求的特色餐饮集聚区，推动区域餐饮协同发展。

（三）产业融合与创新

1. 推动"餐饮+"多元融合

推出"羊城消费新八景"城市IP，以八大开放场景为牵引，融合商旅文体健资源，推动餐饮消费与经典旅游、文化展演深度联动。结合美食地图推出四季美食旅游精品线路，联动广交会发布67件"必购必带"城市礼物，将广式点心、潮汕牛肉火锅等特色餐饮纳入文旅消费场景。

2. 促进餐饮全产业链发展

实施"强链"行动，贯通餐饮全产业链，探索构建"链主企业+服务平台+产业基金+链上企业"产业生态体系。强化科技金融赋能，提升预制菜流通能级，带动广州餐饮产业链高质量发展。

3. 鼓励创新消费场景

会同市公安、交通、文广旅、市场监管、城管等部门，认定首批15个都会级羊城夜市先行区，鼓励餐饮企业创新消费场景，发展夜间餐饮经济。支持打造花都田美夜市、海珠琶醍等夜间美食街区、夜市等，延长餐饮企业营业时间，丰富夜间消费业态，满足消费者多样化的夜间消费需求。

（四）人才培养与行业交流

1. 加强餐饮人才培训

开展"强技"行动，推动"厨房革命"，强化厨师、餐饮专业人才培训，持续开展星级"粤菜师傅"认定，提升餐饮服务品质，为行业发展提供人才支持。

2. 促进粤港澳大湾区餐饮合作

通过"共建世界美食之都"行动，打造粤港澳大湾区餐饮创新创业平台，强化人才培养合作、共创绿色餐饮良好环境。探讨香港"优质旅游服务计划"、澳门"星级旅游服务认可计划"走进广州，结合国家钻级酒家标准，在粤港澳大湾区范围内认定陶陶居、点都德等一批推荐餐厅，促进湾区交流合作。

三 2025年推动广州餐饮业高质量发展思路

"食在广州"是广州极具影响力的城市名片，历经千年沉淀，在国内外享有盛誉。这一金字招牌代表着丰富多样的美食、精湛的烹饪技艺和独特的饮食文化，吸引了大量游客和美食爱好者前来品尝体验。广州的粤菜以鲜、嫩、滑、爽、香、脆为特点，擅长煎、炒、烹、炸、炖、烤等多种烹饪技法，拥有众多经典菜品和特色小吃，如白切鸡、烧鹅、乳猪、肠粉、点心等，深受消费者喜爱。同时，广州是超大城市，常住人口众多，消费市场规模庞大。2024年末广州常住人口1897.8万人，实际管理人口超2400万人，[①] 庞大的人口基数为餐饮行业提供了稳定的消费群体。下一步，广州将从以下五个方面发力，稳定和扩大餐饮消费，推动餐饮业高质量发展。

（一）深化产业融合，拓展发展空间

1. 加强"餐饮+旅游"深度融合

结合广州丰富的旅游资源，打造更多以美食为主题的旅游线路和产品，将广州的著名景点与特色餐饮街区串联起来，让游客在游览景点的同时品尝地道的广州美食。加强与旅游景区、旅行社的合作，将餐饮体验纳入旅游行程规划，提高游客在餐饮方面的消费体验和停留时间。推动餐饮企业与酒店合作，开发特色餐饮套餐，提升酒店的餐饮服务品质，吸引更多游客入住。

2. 推动"餐饮+文化"创新融合

深挖广州饮食文化底蕴，打造以粤菜为核心、中外餐饮融合发展、满足

---

① 《2024年广州市人口规模及分布情况》，广州市统计局网站，2025年3月27日，https：//tjj. gz. gov. cn/stats_newtjyw/tjsj/tjgb/qtgb/content/post_10186269. html。

不同消费需求的餐饮服务体系。继续办好广州国际美食节、精品美食周、Young城点心季等活动，举办更多具有文化特色的餐饮活动，展示广府美食及文旅风情，让消费者在品尝美食的同时感受广州历史文化魅力。鼓励餐饮企业打造文化主题餐厅，从餐厅的装修风格、菜品设计、服务等方面体现文化特色，提高餐饮产品的文化附加值。加强与文化机构、艺术团体合作，开展文化演出、展览等活动，丰富餐饮消费的文化体验。

3. 促进"餐饮+零售"协同发展

把握餐饮零售化趋势，研发推出高品质预制食材，提供送餐上门、美食定制等增值服务，培育匹配航空、高铁和校园等场景的团餐业态。支持企业打破传统、深耕社区，如将点心铺等开设在社区附近，或通过电商平台、连锁便利店等渠道，方便居民随时随地购买，扩大零售产品的销售范围，扩大餐饮企业的收入来源。推动餐饮企业与零售企业、商业综合体合作，开展联合营销活动，如在超市内、商业综合体外广场设置餐饮体验区，举办美食促销活动等，实现餐饮与零售的相互引流。鼓励餐饮企业打造线上线下一体化的零售模式，通过线上平台进行产品销售和品牌推广，线下门店提供体验和配送服务，提升消费者的购物便利性和满意度。

（二）强化品牌建设，提升品牌影响力

1. 培育和扶持本土餐饮品牌

充分发挥粤菜大本营的优势，深入挖掘早茶、夜宵等广州特色餐饮文化，丰富美食品鉴、非遗传承、文化融合等粤菜消费场景，打造世界粤菜文化体验中心。通过政策支持、资金扶持、培训指导等方式，帮助餐饮企业提升品牌形象和市场竞争力。鼓励餐饮企业进行品牌创新，推出符合市场需求和消费者口味的新产品、新服务。推动餐饮供应链、餐饮服务、餐饮消费融合发展，贯通从农业资源到餐桌的餐饮产业链条，鼓励餐饮企业品牌化、连锁化经营。

2. 加强品牌宣传和推广

加强对广州名店名厨名菜名点的宣传推广，结合新媒体打造宣传矩阵，提升"食在广州"品牌海内外知名度和影响力。利用电视、报纸、网络媒体、社交媒体等平台,开展全方位、多层次的宣传活动,展示广州餐饮的特色和魅力。创新培育高水平、高质量美食类活动,支持行业协会、市场主体举办各类餐饮展会赛事,展示广州餐饮文化魅力。支持餐饮企业加强国际交流合作,如支持相关企业机构在春秋两季广交会期间举办"食在广州"美食文化节等,推动广州餐饮品牌走向世界,提升国际知名度和影响力。

3.维护和提升品牌声誉

建立健全餐饮品牌监管机制,加强对餐饮企业的质量监督和管理,确保餐饮产品的质量和安全。加强对餐饮品牌知识产权的保护,打击侵权行为,维护品牌的合法权益。鼓励餐饮企业加强自律、诚信经营,提高服务质量,树立良好的品牌形象,提升消费者对广州餐饮品牌的信任度和忠诚度。

(三)提升数字化水平,创新经营模式

1.推动餐饮企业数字化转型

鼓励餐饮企业加大数字化投入,利用互联网、大数据、人工智能等技术提升经营管理水平和服务质量。推动餐饮企业开展线上营销,利用社交媒体、外卖平台、会员系统等进行精准营销和客户关系管理,提高客户黏性和复购率。支持餐饮企业建设数字化厨房,实现食材采购、库存管理、菜品制作等环节的智能化和信息化,提高运营效率,降低成本。

2.发展智慧餐饮服务

推广智慧餐厅模式,利用智能点餐设备、无人配送机器人等,提升消费者的就餐体验。建设餐饮大数据平台,收集和分析消费者的需求和行为数据,为餐饮企业的产品研发、市场推广和经营决策提供数据支持。推动餐饮企业与金融机构合作,开展移动支付、电子发票等数字化金融服务,提高支付便利性和财务管理效率。

3.创新餐饮经营模式

支持餐饮企业规范用好特许经营模式,在全国范围内开设加盟店,扩大

企业品牌影响力、提高市场份额，同时降低单一门店的经营风险。利用直播带货、短视频营销等方式拓宽餐饮产品的销售渠道。鼓励餐饮企业与网红、美食博主合作，进行产品推广和品牌宣传，提高品牌的曝光度和影响力。开展线上线下互动的营销活动，如线上抽奖、线下体验等，吸引消费者参与，增强品牌的话题性和用户黏性。

（四）优化市场环境，促进公平竞争

1. 完善政策支持体系

落实落细《广州市促进服务消费高质量发展的若干措施》，做强餐饮、住宿等服务消费领域。持续推进餐饮业政策兑现工作，加大对餐饮企业的扶持力度，推动餐饮业规模化、数字化发展。在税收、租金、融资等方面给予更多优惠政策，降低餐饮企业的经营成本。加强对中小餐饮企业的扶持，提供创业培训、贷款担保等服务，帮助中小餐饮企业发展壮大。完善餐饮行业标准体系，加强对餐饮企业的规范管理，确保餐饮产品的质量和安全。

2. 加强市场监管

市场监管部门加强对餐饮企业的日常监管，加大对食品安全、环境卫生、价格等领域违法行为的打击力度，维护公平竞争的市场秩序。建立健全公平竞争审查制度，推进企业诚信经营，完善促销活动监管信息平台，形成监管合力，营造安全放心的消费环境。组织开展诚信兴商宣传月暨放心消费节活动，培育诚信兴商典型企业。持续开展商贸领域信用体系建设，提升企业信用建设水平。

3. 优化消费环境

会同交通、属地街道等部门和单位，加强餐饮消费场所的基础设施建设，改善交通、停车等条件，提高消费者的就餐便利性。加强对餐饮服务质量的监督和管理，提高餐饮企业的服务水平和消费者满意度。与市场监管部门密切联动，规范餐饮企业预付式收费等行为，加强消费者权益保护，建立健全消费者投诉处理机制，及时处理消费者的投诉和纠纷，营造良好的消费环境。

（五）加强人才培养，提高行业素质

1. 加大餐饮人才培养力度

深入实施"粤菜师傅"工程羊城行动，培育认定一批厨艺精湛、素质优良、结构合理的"粤菜师傅"人才队伍。加强与高校、职业院校的合作，开设餐饮相关专业课程，培养适应行业发展需求的专业人才，包括厨师、餐饮管理人员、市场营销人员等。鼓励餐饮企业开展内部培训，提高员工的业务技能和服务水平。建立餐饮人才培训基地，为餐饮企业提供专业的培训和技能鉴定服务。

2. 吸引和留住高端人才

制定优惠政策，吸引国内外高端餐饮人才到广州发展。提供良好的职业发展空间、薪酬待遇和生活环境，吸引优秀的厨师、餐饮企业家、行业专家等人才落户广州。建立餐饮人才激励机制，对在餐饮行业做出突出贡献的人才给予表彰。

B.18
2024年广州会展业发展动态及趋势

黎　慧　李建党*

摘　要： 会展业是现代服务业的重要组成部分和经济社会发展的重要平台，链接生产与消费、供给与需求、国际与国内，具有"临时产业集群"、高效率供需配对与成交、最新及前沿信息荟萃、大客流聚集等特征。2024年，广州作为国际重要会展中心城市，进一步优化促进会展业加快发展的政策措施，强化展会项目培育引进，推进会展业国际化、品牌化、数智化、绿色化发展，助力经济高质量发展。

关键词： 会展业　国际会展中心　广州

一　2024年广州会展业发展现状与特点

2024 年，广州市深入贯彻党的二十大和二十届二中、三中全会精神，全面贯彻落实习近平总书记对广东、广州系列重要讲话和重要指示精神，认真落实广东省委"1310"具体部署、省政府工作要求和市委"1312"思路举措，聚力抓好经济建设中心工作和高质量发展首要任务，加力落实国家和广东省一揽子稳增长政策特别是增量政策，推动会展业高质量发展取得新进展。

（一）展览业规模创新高

据中国会展经济研究会《2024 年度中国展览数据统计报告 1.0》，2024

---

* 黎慧，广州市商务局会展促进处处长；李建党，广州市商务局会展促进处三级调研员。

年全国线下展览总数为 8916 场，展览总面积为 14678.66 万平方米，平均每个展览面积为 1.65 万平方米，较上年展览总数增加 1113 场，展览总面积增加 164.66 万平方米，比上年分别增长 14.26% 和 1.13%。广州市线下展览总数为 437 场，展览面积 1208.34 万平方米，平均每个展览面积为 2.76 万平方米。展览数量比上年增长 39.17%，占全国的 4.9%；展览面积比上年增长 2.29%，占全国的 8.23%，展览数量和展览面积均创历史新高。全市重点场馆举办展览 358 场，展览面积 1185.55 万平方米、比上年增长 8.5%，参展参观累计 2313.06 万人次、比上年增长 30.7%，展览面积和参展参观人次创历史新高。全市主要专业展馆举办经贸类展览 279 场、与上年持平，展览面积 1160.68 万平方米、比上年增长 7.01%，累计参展参观达 1509.99 万人次、比上年增长 2.14%。中国进出口商品交易会（广交会）展馆全年举办展会 102 场，合计展览面积 855 万平方米，蝉联全国单体展馆展览面积第一。

（二）会议业保持较快增长

2024 年，全市重点场馆接待会议 6406 场、比上年增长 13.7%，其中 100 人以上跨市会议 2348 场、比上年增长 15.3%；接待参会人员 106.88 万人次、比上年增长 14.7%，其中 100 人以上跨市会议接待参会人员 86.91 万人次、比上年增长 19.9%。2024 年"读懂中国"国际会议（广州）于 2024 年 12 月 2~4 日在广州越秀国际会议中心举办。2024 年 12 月 3 日，国家主席习近平向 2024 年"读懂中国"国际会议（广州）致贺信。"读懂中国"国际会议已成功举办七届，是世界了解中国发展战略最具影响力的平台之一。2024 年 12 月 11~12 日，2024 从都国际论坛在西班牙马德里举办。2024 年 12 月 12 日，国家主席习近平向 2024 从都国际论坛致贺信。从都国际论坛创办于 2014 年，已成功举办八届，2024 年首次在海外召开。论坛旨在深入探讨世界和平、经济发展和文化交流等各领域的重要议题，推动区域和全球合作，是中国与世界深度交流的新型高端平台。

（三）展会引进、培育成效显著

在北京和上海举办 2024 广交会展馆推介会、沪穗两地会展交流活动，开展会展业招商推介和交流合作。加强与英富曼会展集团、中建科工集团、中粮会展（北京）公司、中国机床工具工业协会、中国电子学会、中联橡胶股份有限公司、博罗那展览（上海）有限公司等知名会展机构会谈交流，促进展览项目落户。组建小分队上门招商，赴成都、上海等地走访重点会展企业，开展会展业调研和招商工作。全年新引进或新举办展会 45 场，创近年新高，合计展览面积 67.88 万平方米，同比增长 32.9%。新增展会中，29 场（64.44%）由市外企业举办。全年新落户组展服务企业 7 家，其中上市公司米奥兰特落户华南总部，法国 ABE 和中联橡胶等注册子公司。

（四）大型展览支撑作用明显

2024 年，全市展览面积 10 万平方米以上大型展会 16 场（其中 20 万平方米以上有 11 场），合计展览面积 621.64 万平方米，面积占比51.46%。其中，春秋两届广交会展览面积保持稳定，每届 155 万平方米；另外 14 场展会规模实现增长，第 53 届中国（广州）国际家具博览会、2024 广州国际照明展览会、第 30 届华南国际印刷工业展览会等展览面积增势迅猛，分别比上年（届）增长 25.6%、13.42%、24.48%；灯光音响展首次突破 20 万平方米，涂料展首次突破 10 万平方米。第 22 届广州国际汽车展览会、2024 广州国际照明展览会、2024 中国广州国际家具生产设备及配料展览会分别入选《进出口经理人》"2024 年世界商展 100 大排行榜"第 39、42、69 位。广州 14 个会展项目入选中国会展经济研究会"2024 年全国展览规模前 100 名项目"，其中第 135、136 届广交会，第 53 届中国（广州）国际家具博览会，中国（广州）国际建筑装饰博览会分别居第 1、2、3、8 位。

（五）国际化水平有效提升

2024 年，全市共举办国际展 84 场，合计展览面积 695.67 万平方米，数量、展览面积比上年（57 场、481.12 万）分别增加 47.37%、44.59%。境外参展参观参会 296.36 万人次，比上年增长 46%。其中，境外参展观展 295.05 万人次，比上年增长 45.7%；境外参加会议 13169 人次，比上年增长 159.3%。全年共有 17 家会展企业在越南、新加坡、俄罗斯等 11 个国家和地区举办展会 46 场，出海办展场次是 2023 年的 3.07 倍，数量创近年新高。

（六）数智化、绿色化发展富有成效

数字化、智能化信息技术在会展业的应用日益广泛深入，覆盖展会策划与组织、营销与推广、运营与管理各环节，提升了会展效率和体验，重塑了会展业的生态和运营模式，推动了行业创新和可持续发展。第 13 届中国（广州）国际金融交易博览会（金交会）精心打造的小程序平台，集成了即时更新的展会资讯、一键触达的智能导航以及丰富多元的互动体验，为参会者编织了一张便捷、智能的信息网络。依托大数据与云计算，小程序能够精准捕捉每位参会者的个性化需求，量身打造专属观展路线与信息推送。在展会管理方面，物联网技术通过遍布展场的传感器与监控设备，实现了对人流、物流等关键数据的实量实时采集与分析，为展会主办方提供了全面、精准的数据洞察与决策支持。第 136 届广交会首次推出的广交会 App 吸引了约 8.7 万人次下载使用，成为广受欢迎的掌上"参会助手"。广交会展馆优化线上对外服务平台（网页、小程序），提升展馆服务水平、证件申报效率，同时借助信息技术和线上服务平台，探索实施货车预约进场、统一驻馆搬运服务。

广交会、建博会、家博会、美博会等行业龙头展会提倡绿色布展、引导绿色参展、呼吁绿色撤展、践行绿色宣传。第 136 届广交会在 100% 绿色展位的基础上，首次实现碳中和。鸿威世界宠物博览会成为国内宠物行业首个碳中和展会。美博会实现原材料消耗减少90%、碳排放量减少532吨、能源消耗减少68%、废弃物填埋减少52%等事实层面的低排放低能耗，带动行业的绿色转型升级。

（七）广交会综合效应有效扩大

精心组织实施属地保障，服务广交会安全顺利圆满举办。第135届广交会吸引了24.6万名境外采购商线下参会，刷新纪录。广州交易团共有参展企业840家，展位数2556个，累计意向成交26.47亿美元，在全国交易团排名第二（广东交易团排名第一）。广州市商务局统筹各区资源和市场主体力量，投入超5000万元打造"广交会有礼"主题活动，推出超150场优惠活动。发动银联、美团点评、抖音等平台开展"舌尖上的广交会"主题促销活动。启动2024年"YOUNG城YEAH市"广州夜间消费季，公布"美食+""旅游+""艺术+""文化+"花样玩法。广百、友谊、天河城等10个离境退税"即买即退"试点商店为客商提供"广式消费"新体验，天河路商圈推出"广交会客商畅游畅玩指南"。策划举办文艺精品演出400多场，推出一日游特色旅游线路40条，全方位丰富文旅消费供给。在广交会现场开设投资广州服务站，搭建从采购商到投资者的转化平台，有针对性地开展靶向招商洽谈，挖掘潜在投资项目线索59条。第136届广交会境外采购商首次突破25万人大关，创历史新高。广州交易团参展企业907家，组织场内外贸易对接活动250场，意向成交26.59亿美元，同比增长0.45%。推出食在广州寻味体验游、商贸广州时尚购物体验游等精品旅游线路50条。组织各大商圈、商超百货、品牌商户、旅游景区等推出广交会客商专属优惠。发动银联与外商集中度较高的商圈联合推出外卡支付优惠。举办国际购物节、精品美食周、咖啡文化节等促消费活动120多场，艺术演出、文博展览等精选文旅活动200多场。设立投资广州服务站，组织招商骨干驻点招商，举办汽车产业推介、新型材料外贸转型升级基地推介等配套招商活动25场。组织走进海珠、越秀、南沙等对接考察活动4场。走访展商超1200家次，接受客商咨询超800人次，挖掘投资项目线索80余条，项目线索数远超上届。

二 2025年广州会展业发展面临的挑战与机遇

从国内外经济发展态势和广州会展业发展现状来看，2025年，国际贸易保护主义抬头，全球经济形势不确定性增加，外部环境变化带来不利影响。在国内需求不足、部分企业生产经营困难等多重因素影响下，企业参展意愿持续下降，组展单位招展、组展难度增大。同时广州会展业发展存在一些薄弱环节。一是中小型展会下行压力较大。2024年，广州展览面积下降超过5%的经贸类展会达43场，少数经贸类展会延期或取消。在经济预期和部分企业经营未明显好转的前提下，企业参展预算减少，参展商更青睐大型优质展会，中小型展会经营面临极大的压力。二是部分产业低迷导致展会发展后劲乏力。根据对相关展会的调研，与房地产相关的建材、陶瓷、门窗类，与出生率、结婚率相关的婚庆、教培类展会主办方表示受到较大冲击。2024年广州组织婚庆用品类展会3场，较2023年减少2场，合计展览面积7.4万平方米、同比下降37.5%，累计参观参展5.92万人次、同比下降52.13%。乐器展、幼教展等教育培训相关展会主办方反映行业萎缩导致招展较为困难。2024年华南幼教展虽然勉强维持规模，但参观参展人数下降了47.4%，2025年计划将面积减至2024年的一半。三是大型展会数量偏少。受场馆结构、办展主体以民营为主等因素的影响，广州大型展会数量偏少，2024年单展面积超10万平方米的大型展会仅16场，而同期上海57场、深圳22场。

同时，广州会展业发展面临良好的发展机遇。一是扩大国内需求为会展业发展注入新动力。2024年中央经济工作会议提出实施提振消费专项行动，推动中低收入群体增收减负，提升消费能力、意愿和层级；加力扩围实施"两新"政策，创新多元化消费场景，扩大服务消费，促进文化旅游业发展；积极发展首发经济、冰雪经济、银发经济。相关政策的实施将有力促进全方位扩大国内需求，为会展业发展注入新动力。二是建设现代化产业体系为会展业带来新增长点。中央经济工作会议提出以科技创新引领新质生产力发展，建设现代化产业体系。随着战略性新兴产业、未来产业的发展壮大，新技术新产品新场景大规模应用，为展会题材、模式创新提供了新机遇。三是技术进步为会展业发展赋予新动能。人工智能及其应用的蓬勃发展、物联网技术的日益成熟、VR/AR等技术的广泛应用，推动了会展业的智能化和数字化转型，数字展览的沉浸式体验等增强了展览的吸引力。

三　推进广州会展业高质量发展的对策与建议

广州会展业高质量发展要以习近平新时代中国特色社会主义思想为指导，深入贯彻党的二十大精神，以国际化、市场化、品牌化、专业化、数字化、绿色化为引领，对标国际最高标准、最高水平，聚集优质资源，壮大会展业主体，提升展会整体竞争力，优化会展经济发展生态圈，打造一流营商环境，提升会展业服务高质量发展和构建新发展格局的能力和水平，努力推进广州实现老城市新活力、"四个出新出彩"。

一是擦亮广交会"金字招牌"。贯彻落实习近平主席致广交会贺信精神以及李强总理出席广交会相关活动讲话精神，严密组织广交会属地服务保障工作，助力打造"永不落幕"的广交会、"引领市场"的广交会，推动广交会越办越好。以服务保障广交会为牵引，联动策划与广交会同步的商旅文融合活动，以展促招、以展促贸、以展促消，用好广交会资源，放大广交会综合效应。

二是拓展发展空间。积极推动空港博览中心二期建设工作，确保空港博览中心项目如期建成投入使用。深化"一主两副"核心的会展场馆布局，发挥琶洲会展集聚区的示范和引领，谋划在北部和南部建设会展载体。鼓励现有会展场馆智能化改造，建设智慧管理平台，实现信息化服务。

三是激发市场活力。对标国际顶级展会，推动建博会、家博会、照明展、美博会等全球规模领先展会进一步创新业态、优化服务、提升国际影响力。推动广州设计周、广州国际车展、物流展等优质展会提升质量和效益，朝业内领先的顶流展会方向发展。继续培育认定品牌展会，适时打造一批产业引领型、市场引领型行业标杆展会。鼓励具备实力的会展企业优化市场布局和发展战略，以收购、兼并、控股、参股、联合等方式加快拓展新赛道、布局新市场，提升经营管理和规模化发展水平。支持本土有实力的企业研究开发会展大模型，支持展会企业提升数字化应用能力，研发数字会展新模式。

四是加大招展引会力度。加强会展业宣传推介，加大展会活动引进力度，尤其是加大引进外资会展项目力度。完善展会培育引进工作机制，围绕服务"21+8"现代化产业体系，按照"一产业一展会"目标任务，强化行业主管部门在展会引进和培育方面的主体责任。对标新质生产力要求，筛选与广州优势产业和战略性新兴产业适配的优质会展项目，在低空经济、人工智能、新型储能等新赛道上培育新质生产力展会。积极引进策划半导体、集成电路、智能制造、生物医药、信息技术、创意设计等未来产业题材展会。加强与国际展览业协会（UFI）、国际大会及会议协会（ICCA）、国际协会联盟（UIA）等国际组织交流合作，吸引世界商展100强、行业领先展会到广州办展办会，争取更多更优国际品牌会展企业、项目、高端会议、论坛、年会等落地。

五是扩大综合效应。各区、各重点产业牵头部门利用大型综合展、专业展，以及国际投资年会、《财富》世界500强峰会、中国（广州）全球采购与投资大会等高端会议、论坛等，持续做好招商工作，拓宽渠道挖掘投资线索，把参展的优质客流转化为潜在的投资机遇。发挥各类动漫节、家居展、车展、游艇展等消费类展会优势，助力培育消费新增长点。

六是优化政策体系。落实《广州市关于促进会展业高质量发展的若干措施（暂行）》，制定《广州市品牌展会认定办法（暂行）》，推进出台广州市会展业发展条例，支持会展项目培育引进、做大做强，推动会展业品牌化、国际化、数字化进程。鼓励金融机构加大对会展产业链上下游企业金融支持。推行容缺受理、免申即享，简化项目申报环节和流程，提升业务办理的信息化、网络化和无纸化水平，提高项目申报效率。

七是优化保障机制。完善工作机制，引导各部门共同打造规范有序、企业满意、法治化、国际化的会展营商环境,进一步提高会展业服务保障水平。完善对展前、展中、展后举报投诉、知识产权保护和维权援助、处置机制。科学合理确定展馆内外、周边安保人员、交通协管员数量,鼓励采用高科技手段参与管理,降低企业办展成本。鼓励展馆方结合淡旺季实际,在场租等费用方面对中小办展企业给予适度优惠支持。创新入境展品查验监管模式,提高企业参展便利度。大型国际展会期间在主要通关口岸现场设立便捷通道,为参展人员和展品提供通关便利。

附 录

2012～2024年广州市商贸业发展指标

表1 2012～2024年广州市国内贸易发展主要指标

单位：亿元

类别	2012年	2013年	2014年	2015年	2016年	2017年	2018年	2019年	2020年	2021年	2022年	2023年	2024年
社会消费品零售总额	4899.69	5566.77	6252.71	6994.42	7562.03	8190.63	8810.91	9551.57	9218.66	10122.56	10298.15	11012.62	11055.77
批发和零售业零售额	4391.23	5011.09	5655.48	6333.97	6856.87	7442.88	8020.79	8692.13	8545.05	9324.52	9532.19	10067.92	10090.84
住宿和餐饮业零售额	508.46	555.68	597.22	660.45	705.15	747.75	790.12	859.44	673.61	798.04	765.96	944.70	964.93

资料来源：《广州统计年鉴2024》《2024年广州市国民经济和社会发展统计公报》。

表2 2012~2024年广州市对外经贸发展主要指标

类别	2012年	2013年	2014年	2015年	2016年	2017年	2018年	2019年	2020年	2021年	2022年	2023年	2024年
商品进出口总值(亿美元)	1171.67	1188.96	1305.90	1338.68	1293.09	1432.50	1485.05	1450.19	1376.12	1674.52	1639.43	1553.04	1579.58
商品进口总值(亿美元)	582.52	560.89	578.77	527.01	511.32	579.30	636.55	687.96	593.94	698.33	712.58	627.51	594.97
商品出口总值(亿美元)	589.15	628.07	727.13	811.67	781.77	853.20	848.50	762.23	782.18	976.19	926.85	925.53	984.61
商品进出口总值(亿元)			8022.80	8306.28	8541.02	9715.52	9811.59	10001.04	9531.92	10824.94	10948.18	10914.28	11238.38
商品进口总值(亿元)			3555.15	3271.71	3382.26	3923.09	4204.09	4742.68	4108.57	4513.68	4752.76	4411.64	4232.89
商品出口总值(亿元)			4467.65	5034.57	5158.76	5792.43	5607.50	5258.36	5423.35	6311.26	6195.42	6502.64	7005.48
合同使用外资金额(亿美元)	68.02	71.14	80.40	83.63	99.01	133.91	399.59	395.29	222.34	224.78	189.57	256.66	34.68
实际使用外资金额(亿美元)	45.75	48.04	51.07	54.16	57.01	62.89	66.11	71.43	70.85	82.68	87.84	69.17	32.48

注：从2014年开始，海关总署全面公布以人民币计价的各类海关统计数据。
资料来源：2012~2024年广州市国民经济和社会发展统计公报。

表3 2012~2024年广州市会展业发展主要指标

类别	2012年	2013年	2014年	2015年	2016年	2017年	2018年	2019年	2020年	2021年	2022年	2023年	2024年
重点场馆展览面积(万平方米)	828.97	831.75	858.57	861.70	896.50	989.60	1019.96	1024.02	471.00	683.81	414.42	1089.50	1185.55
10万平方米以上大型展会(个)	13	16	16	16	16	15	15	17	8	13	9	13	15
广交会展馆举办展览面积(万平方米)	639.00	—	—	632.00	642.00	600.23	—	752.40	—	462.00	278.08	784.00	855.00

注：重点场馆展览面积为中国进出口商品交易会展馆、保利世贸博览馆、广州白云国际会议中心、东方宾馆等20个场馆及宾馆酒店举办展览的总面积，广交会展馆举办展览面积使用广州市统计局的统计口径。
资料来源：广州市商务局。

表4 2012~2024年广州市物流业发展主要指标

类别	2012年	2013年	2014年	2015年	2016年	2017年	2018年	2019年	2020年	2021年	2022年	2023年	2024年
货运量（亿吨）	7.61	8.91	9.66	10.01	10.80	11.74	12.78	9.50	9.25	9.82	9.05	9.29	9.51
货运周转量（亿吨公里）	4938.39	6822.44	8633.55	9050.42	15386.42	21259.68	21487.17	21472.65	21619.75	21887.01	22181.60	22907.51	24411.35
港口货物吞吐量（亿吨）	4.51	4.73	5.00	5.20	5.44	5.9	6.13	6.27	6.36	6.51	6.56	6.75	6.87
集装箱吞吐量（万标箱）	474.36	550.45	1661.00	1759.00	1884.97	2037.20	2192.21	2323.62	2350.53	2446.65	2485.76	2541.44	2645.13

资料来源：《广州统计年鉴2024》《2024年广州市国民经济和社会发展统计公报》。

表5 2012~2024年广州市旅游业发展主要指标

类别	2012年	2013年	2014年	2015年	2016年	2017年	2018年	2019年	2020年	2021年	2022年	2023年	2024年
旅游业总收入（亿元）	1911.09	2202.39	2521.82	2872.18	3217.18	3614.21	4008.19	4454.59	2679.07	2885.89	2246.03	3309.49	3528.23
旅游外汇收入（亿美元）	51.45	51.69	54.75	56.96	62.72	63.14	64.82	65.30	14.59	10.77	10.68	26.79	35.70
接待过夜旅游者（万人次）	4809.57	5041.92	5330.00	5657.95	5940.56	6275.62	6532.55	6773.15	4182.59	4307.73	3824.17	5544.97	5881.38
入境游旅游者（万人次）	792.21	768.20	783.30	803.58	861.87	900.48	900.63	899.43	209.73	164.77	154.12	377.41	501.11
境内旅游者（万人次）	4017.36	4273.72	4546.75	4854.37	5078.69	5375.14	5631.93	5873.72	3972.86	4142.96	3670.05	5167.55	5380.27

资料来源：2012~2024年广州市国民经济和社会发展统计公报。

社会科学文献出版社

皮 书

智库成果出版与传播平台

❖ 皮书定义 ❖

皮书是对中国与世界发展状况和热点问题进行年度监测，以专业的角度、专家的视野和实证研究方法，针对某一领域或区域现状与发展态势展开分析和预测，具备前沿性、原创性、实证性、连续性、时效性等特点的公开出版物，由一系列权威研究报告组成。

❖ 皮书作者 ❖

皮书系列报告作者以国内外一流研究机构、知名高校等重点智库的研究人员为主，多为相关领域一流专家学者，他们的观点代表了当下学界对中国与世界的现实和未来最高水平的解读与分析。

❖ 皮书荣誉 ❖

皮书作为中国社会科学院基础理论研究与应用对策研究融合发展的代表性成果，不仅是哲学社会科学工作者服务中国特色社会主义现代化建设的重要成果，更是助力中国特色新型智库建设、构建中国特色哲学社会科学"三大体系"的重要平台。皮书系列先后被列入"十二五""十三五""十四五"时期国家重点出版物出版专项规划项目；自2013年起，重点皮书被列入中国社会科学院国家哲学社会科学创新工程项目。

皮书网

（网址：www.pishu.cn）

发布皮书研创资讯，传播皮书精彩内容
引领皮书出版潮流，打造皮书服务平台

栏目设置

◆ **关于皮书**
何谓皮书、皮书分类、皮书大事记、
皮书荣誉、皮书出版第一人、皮书编辑部

◆ **最新资讯**
通知公告、新闻动态、媒体聚焦、
网站专题、视频直播、下载专区

◆ **皮书研创**
皮书规范、皮书出版、
皮书研究、研创团队

◆ **皮书评奖评价**
指标体系、皮书评价、皮书评奖

所获荣誉

◆ 2008 年、2011 年、2014 年，皮书网均
在全国新闻出版业网站荣誉评选中获得
"最具商业价值网站"称号；
◆ 2012 年，获得"出版业网站百强"称号。

网库合一

2014 年，皮书网与皮书数据库端口合
一，实现资源共享，搭建智库成果融合创
新平台。

皮书网

"皮书说"
微信公众号

权威报告·连续出版·独家资源

皮书数据库
ANNUAL REPORT(YEARBOOK)
DATABASE

分析解读当下中国发展变迁的高端智库平台

所获荣誉

- 2022年，入选技术赋能"新闻+"推荐案例
- 2020年，入选全国新闻出版深度融合发展创新案例
- 2019年，入选国家新闻出版署数字出版精品遴选推荐计划
- 2016年，入选"十三五"国家重点电子出版物出版规划骨干工程
- 2013年，荣获"中国出版政府奖·网络出版物奖"提名奖

皮书数据库　　"社科数托邦"
　　　　　　　微信公众号

成为用户

　　登录网址www.pishu.com.cn访问皮书数据库网站或下载皮书数据库APP，通过手机号码验证或邮箱验证即可成为皮书数据库用户。

用户福利

- 已注册用户购书后可免费获赠100元皮书数据库充值卡。刮开充值卡涂层获取充值密码，登录并进入"会员中心"—"在线充值"—"充值卡充值"，充值成功即可购买和查看数据库内容。
- 用户福利最终解释权归社会科学文献出版社所有。

数据库服务热线：010-59367265
数据库服务QQ：2475522410
数据库服务邮箱：database@ssap.cn
图书销售热线：010-59367070/7028
图书服务QQ：1265056568
图书服务邮箱：duzhe@ssap.cn

社会科学文献出版社 皮书系列
SOCIAL SCIENCES ACADEMIC PRESS (CHINA)

卡号：199929485986
密码：

基本子库 SUB DATABASE

中国社会发展数据库（下设 12 个专题子库）

紧扣人口、政治、外交、法律、教育、医疗卫生、资源环境等 12 个社会发展领域的前沿和热点，全面整合专业著作、智库报告、学术资讯、调研数据等类型资源，帮助用户追踪中国社会发展动态、研究社会发展战略与政策、了解社会热点问题、分析社会发展趋势。

中国经济发展数据库（下设 12 专题子库）

内容涵盖宏观经济、产业经济、工业经济、农业经济、财政金融、房地产经济、城市经济、商业贸易等 12 个重点经济领域，为把握经济运行态势、洞察经济发展规律、研判经济发展趋势、进行经济调控决策提供参考和依据。

中国行业发展数据库（下设 17 个专题子库）

以中国国民经济行业分类为依据，覆盖金融业、旅游业、交通运输业、能源矿产业、制造业等 100 多个行业，跟踪分析国民经济相关行业市场运行状况和政策导向，汇集行业发展前沿资讯，为投资、从业及各种经济决策提供理论支撑和实践指导。

中国区域发展数据库（下设 4 个专题子库）

对中国特定区域内的经济、社会、文化等领域现状与发展情况进行深度分析和预测，涉及省级行政区、城市群、城市、农村等不同维度，研究层级至县及县以下行政区，为学者研究地方经济社会宏观态势、经验模式、发展案例提供支撑，为地方政府决策提供参考。

中国文化传媒数据库（下设 18 个专题子库）

内容覆盖文化产业、新闻传播、电影娱乐、文学艺术、群众文化、图书情报等 18 个重点研究领域，聚焦文化传媒领域发展前沿、热点话题、行业实践，服务用户的教学科研、文化投资、企业规划等需要。

世界经济与国际关系数据库（下设 6 个专题子库）

整合世界经济、国际政治、世界文化与科技、全球性问题、国际组织与国际法、区域研究 6 大领域研究成果，对世界经济形势、国际形势进行连续性深度分析，对年度热点问题进行专题解读，为研判全球发展趋势提供事实和数据支持。

法律声明

"皮书系列"（含蓝皮书、绿皮书、黄皮书）之品牌由社会科学文献出版社最早使用并持续至今，现已被中国图书行业所熟知。"皮书系列"的相关商标已在国家商标管理部门商标局注册，包括但不限于 LOGO（ ）、皮书、Pishu、经济蓝皮书、社会蓝皮书等。"皮书系列"图书的注册商标专用权及封面设计、版式设计的著作权均为社会科学文献出版社所有。未经社会科学文献出版社书面授权许可，任何使用与"皮书系列"图书注册商标、封面设计、版式设计相同或者近似的文字、图形或其组合的行为均系侵权行为。

经作者授权，本书的专有出版权及信息网络传播权等为社会科学文献出版社享有。未经社会科学文献出版社书面授权许可，任何就本书内容的复制、发行或以数字形式进行网络传播的行为均系侵权行为。

社会科学文献出版社将通过法律途径追究上述侵权行为的法律责任，维护自身合法权益。

欢迎社会各界人士对侵犯社会科学文献出版社上述权利的侵权行为进行举报。电话：010-59367121，电子邮箱：fawubu@ssap.cn。

社会科学文献出版社